신약의 사람들

실패를 딛고 삶으로 증인이 된 마가 ◀ 오로지 하나님만 드러낸 소리 세례자 요한

신약의 사람들

믿음으로 마리아와 예수를 보호한 요셉

말씀이 삶이 되다

성령으로 용감하게 하나님을 증언한 베드로 ◀ 진리에 목말라 한밤에 예수를 찾아온 니고데모 ◀ 삶으로 다친자의 이웃이 된 사마리아인 ◀ 다가올 심판과 천국을 전달한 증인 사도 요한

지형은 지음

하늘의 영광을 보고 순교한 스데반 ◀ 세계의 중심 로마로 복음을 들고 나아간 바울 ◀ 관용과 사랑이 충만한 바울의 믿음직한 동역자, 빌레몬

EBS BOOKS

세상 속에서 신자로 살아가는 일은 결코 쉬운 일이 아니다. 우리는 신자로 부름 받고 세상에 보내졌지만 세상은 하나님의 창조 이야기가 아닌 다른 이야기로 살아가기 때문이다. 그런 의미에서 신자는 우리가 무슨 이야기 안에 존재하는지 지속적으로 기억해야 한다. 이 책의 저자는 우리 일상에서 잊혀져가는 성경 이야기의 기억을 신약의 증인들과 증언을 통해 복원한다. 말씀을 삶으로 드러내기 원하는 모든 신자들에게 이 책은 중요한 길잡이가 되어 줄 것이다.

— 김관성(낮은담침례교회 담임목사)

저자는 맑고 깨끗한 언어로, 말씀이 삶이 되었던 신약의 사람들을 우리에게 소개하고 있다. 말씀하신 그대로 살았던 예수와 삶에서 삶으로 이어졌던 증인들이 바로 그들이다. 말씀이 삶이 되었던 그들의 이야기는 오늘 우리를 비추고 반성하는 거울이 되고, 새로운 사회와 역사를 바라보는 창문이 되고 있다. 그들의 이야기를 쫓아가는 것은 그리스도인이 걸어야 할 '오래된' 새 길을 찾는 여정이 될 것이다. 그들의 아름다운 말씀과 삶의 증언에 여러분을 초대한다.

— 박노훈(신촌성결교회 담임목사)

이 책을 읽으면 속독을 하는 느낌이 든다. 군더더기 하나 없는 짧은 문장으로 숨 쉴 새도 없이 독자들로 달려가게 한다. 접속어도 없고, 뚝뚝 끊어 놓은 짧은 문장으로 박진감을 높여 놓아서 그렇다. 거기에 신약의 이야기를 인물들 중심으로 끌어가니 흥미진진하다. 그런데 주마간산으로 달려가지 않고 곳곳에 장치들을 이어놓았다. 그의 풍부한 지식이 숨은 그림처럼 담겨 있다. 성경해석의 5천 년 역사가 녹아있고, 그 배경과 뜻이 배어 있다. 그래서 가볍지 않다. 아주 가벼운데 가볍지가 않다. 그리고 끝에 가서는 복음 앞에서 우회하지 못하도록 독자를 꽉 잡는다.

— 조성돈(실천신학대학원대학교 목회사회학 교수)

신앙의 본질은 말씀이 우리의 삶 가운데 작동하는 데 있으며 그것도 언제나 현재진행형이라야 한다고 이 책은 증언한다. 말씀이 인도하는 삶을 산 신약시대 인물들을 추적·소개하면서 물량주의와 양적 성장에 매몰된 채 겸손·겸양·겸비·겸허 없는 교회공동체에 보내는 저자의 일갈은 준엄하고 집요하다. 읽는 내내 예수 그리스도가 내 안에 있음을 고백할 수 있는지를 따져 묻는 청량한 긴장감을 맛보았다. 공감을 권한다.

— 조용래(한일의원연맹 사무총장, 전 국민일보 편집인)

성경은 성령 하나님께서 증인들의 기억과 증언을 사용하셔서 기록된 하나님의 말씀이다. 증인의 기억과 증언은 얼마나 중요한지 모른다. 그래서 심지어 요즘 설교학에서는 설교를 더 이상 선포(proclamation)라기보다 "증언으로서의 설교(The Witness of Preaching)"라고 말한다. 지형은 목사님이 "기억과 증언"이라는 가장 중요한 핵심 단어를 가지고 거룩한 상상력을 통하여 신약성경의 메시지를 정리하였다. 이 책은 하나님께서 한국 교회에 주시는 좋은 선물이다. 모든 성도에게 일독을 권한다.

— 주승중(주안교회 위임목사)

복음의 증인들은 자신들의 증언이 풍문에 그치지 않기 위해 삶으로 그것을 증명해내야 했다. 그들은 비록 핍박과 박해가 움트는 한복판일지라도 벼랑 끝 사지로 삶을 내던졌다. 복된 소식이 실제가 되도록 거친 토대를 자처했다. 『신약의 사람들』은 그 역사의 헌장(憲章)으로 우리를 초대한다. 그곳에서 우리는 이 땅에 성육신하신 예수님을 인격적으로 만나고 하나님의 임재를 경험하며 그 역사적 증언에 근접하게 될 것이다. 나아가 신약의 사람들이 어떻게 그런 모진 삶을 이겨냈는지 깨달을 것이다.

— 최성은(지구촌교회 담임목사)

성서는 낯선 시대 낯선 문화를 배경으로 기록된 다양한 문헌의 모음집이다. 저자는 마가 이야기로 시작하여 기독교 복음을 풀어간다. '말씀-삶'이라는 구도로써, 그리스도인들에게 퇴적된 기억과 증언이 단순한 '앎'이 아니라 삶이 되어 역사를 변혁한 원동력이라고 설명한다. 페이지 수에 놀랄지도 모르지만, 한 자리에서 다 읽을 수 있을 정도로 가독성이 좋다. 중간 중간 일반 독자를 배려한 상세한 설명에서 사람을 대하는 저자의 평소 모습이 보인다. 진지한 독자라면 세상 보는 눈이 달라질 것이다.

— 최주훈(중앙루터교회 담임목사)

지형은 목사님은 사색하는 목회자요, 정돈된 생각을 글로 선명하게 풀어내는 작가이다. 이 책은 크게 두 가지 주제를 다루고 있는데, 예수님의 가르침에서 심장이 무엇인지 그리고 예수의 증인들이 어디를 가리키고 있느냐는 것이다. 예수님의 삶은 제자들을 통하여 세상 속으로 전해져서 세상의 소금과 빛이 되었고, 소금의 짠 맛과 빛의 밝힘으로 '예수님의 가르침과 삶'을 증언하는 이정표가 되었다. 이 책은 이러한 삶의 현장으로 독자를 초대한다. '증언이 가리키는 곳'을 올곧게 바라보게 한다.

— 한규삼(충현교회 담임목사)

차례

증인들, 증언하기 시작하다

예수의 사람들

예수의 삶

기억과 증언

기억은 점점 퇴색했다. 그리 정확하지 않은 단편적 인상들이 눌리고 쌓이고 굳어져 퇴적층처럼 되기도 했다. 어떤 사람들은 그것을 진리라고 믿었다. 비틀린 기억들이 사람들을 갈라놓았다. 증언은 늘 새로웠다. 온 몸으로 전해지며 정신과 영혼을 살게 했다. 삶을 바꾸었다. 증언은 증인들의 삶에서 삶으로 이어졌다. 시간의 강이 그렇게 오래 흐르는데도 증언을 듣고 깨달은 사람들의 마음과 영혼이 아이의 아침 같았다. 그들이 또 증인이 되었다. 삶을 변화시키는 증언들이 기록되었다. 기록된 증언이 증인들의 직접적인 말처럼 영향을 끼쳤다.

존경받는 사람 중에서도 기억과 증언을 혼동하는 이들이 있었다. 개인과 집단의 기억은 그렇게 사람 사는 데서 나름 작동하며 이어졌다. 증언은, 어떤 힘 때문인지는 몰라도 늘 새로웠다. 사람에서 사람으로 전해질 때마다 증언을 통해 새로운 기운이 넘쳤다. 사람들은 그 증언을 듣고 삶으로 춤췄다. 증언의 힘에는 이해하지 못할 점이 적지 않았다. 증언 자체와 그것을 전하는 증인이 뗄 수 없이 이어져 있었다. 근거는 그분 예수 그리스도의 말씀이었다. 성령의 힘으로 끊임없이 말씀이 삶이 되고 있었다. 가만히 생각하면 신비로운 일이었다.

이 이야기는 신약 성경에 기초를 두고 있다. 주후 1세기에 기록된 이 신약 문서는 기본적으로 신앙고백이며 그 증언이다. 그러나 동시에 역사 자료이기도 하다. 그 시절의 역사와 문화를 담은 삶의 기록이다. 수많은 사람이 치밀하고 지독하게 신약 성경의 신뢰성을 비난하고 공격해 왔다. 엄밀하고 객관적인 비판도 끊임없이 이어졌다. 오늘날 존재하는 신구약 성경은 전승된 인류 역사의 사료 가운데 가장 엄격한 비평을 견디어 낸 본문이다. 이 책 이야기를 신약 성경의 기록을 중심으로 전개했다. 각 장의 제목 모두를 신약 성경 본문에서 그대로 가져온 것도 그래서다. 신약 성경의 인용은 '새번역'을 사용했다. 간혹 다른 번역을 사용할 때는 번역본을 밝혔다.

이천 년이라는 시간과 문화의 차이 때문에 이해하기 어려운 부분은 명시적인 기록 사이를 읽어내는 작업이 필요했다. 행간읽기다. 신앙적인 해석에서는 거룩한 상상력이라고 표현할 수 있다. 그러나 이 작업이 소설 집필 같은 창작이 되지 않도록 극히 조심했다. 기록된 본문을 꼼꼼히 읽고 그 범위 안에서 충분히 합리적으로 거룩한 상상력을 사용했다. 거룩한 상상력과 창작 사이에 명징한 경계선을 그을 수 없는 경우가 많다. 그러나 글의 내용만큼은 할 수 있는 만큼 최대한 애를 써서 소설이 되지 않게 했다. 명시적인 본문의 울타리를 벗어나지 않았다. 거룩한 상상력을 포함하여 기록된 본문을 해석하는 작업을 '말씀 묵상'이라고 부른다.

필요한 경우에 신약 성경 이외에 동시대에서 또는 그 이후 시대에서 전해져 온 기독교 전승도 사용했다. 사람이 사는 어느 집단에서나 그 집단에서 이어져 내려온 전승은 삶을 이해하는 데 필요한 요소다.

신약 성경에 등장하는 사람들과 사건들의 연대 계산을 하는 데도 이천 년 시공간의 장벽이 펼쳐져 있다. 신약 성경의 주인공인 예수의 탄생과 공적 활동과 십자가 처형 시기도 확정하기가 쉽지 않다. 사람들과 사건들 가운데 일부만 연대를 확정할 수 있을 뿐이다. 그러나 신약 성경이란 문헌 자체의 이런 상황이 역으로 이 문헌의 성격과 목적을 말해준다. 역사 자료가 아니라 신앙고백이며 증언이라는 점 말이다. 신약 성경이 대략 주후 1세기 100여 년에 관한 내용이고 기록된 시기도 그렇다는 점을 인식하는 것이 연대의 토대다. 이 시공간 안에서 큰 흐름으로 연대를 추정하는 것으로도 신약 성경이 말하려는 메시지를 파악하는 데 부족하지 않을 것이다.

우리는 보고 들은 것을 말하지 않을 수 없습니다.

사도행전 4장 20절

PART 1

증언이
가리키는 곳

하나님이시여, 당신은 우리 인간의 마음을 움직여 당신을 찬양하고 즐거워하게 하십니다. 당신은 우리가 당신을 향해서 살도록 창조하셨기 때문에 우리 마음이 당신 안에서 쉴 때까지는 편안하지 않습니다.

당신께서는 경건하지 않은 사람들에게는 참다운 기쁨을 주시지 않고 당신만을 목적으로 예배하는 자들에게만 주십니다. 그러므로 당신만이 그들의 기쁨이 됩니다. 참다운 행복은 당신 안에서, 당신을 향하여, 그리고 당신 때문에 기뻐하는 것입니다. 이것 외에 참 행복은 없습니다.

— 어거스틴(Augustinus, 354~430)의 '고백록'

그러므로 믿음과 선행의 실천으로 허리를 묶고 복음서의 말씀이 이끄는 대로 주님의 길을 걸어가자. 우리를 당신의 나라로 부르시는 그분을 만나자. 주님께서 복음서에서 말씀하셨다.

"내 말을 듣고 그대로 행동하는 사람은 자기 집을 반석 위에 지은 슬기로운 사람과 같다. 비가 내려 홍수가 나고 바람이 불어 그 집에 들이쳤지만 무너지지 않았다. 그 집을 반석 위에 세웠기 때문이다."

주님께서는 산상설교를 이렇게 마치면서 우리가 날마다 삶의 행동으로 당신의 거룩한 가르침에 응답하기를 기다리고 계신다.

— 누르시아의 베네딕트(Benedictus von Nursia, 대략 480~550)의 '수도 규칙'

그는 맨몸으로 달아났다

철없는 어느 젊은이의 삶에서 이야기를 시작하자. 유대인 마가는 증언을 전달한 사람, 곧 증인 중의 하나였다. 신약 성경 이야기에서 마가는 가장 중요한 인물은 아니어도 중심인물 가운데 하나다. 당시 유대인들이 그랬듯이 마가도 히브리식 이름과 헬라식 이름을 갖고 있었다. 마가는 헬라어 이름이고 히브리어 이름은 요한이다. 그는 예루살렘에서 자랐다. 그의 가문에 구약 시대 내내 이어져 온 메시아 대망(메시아를 간절하게 기대하는 마음)이 흐르고 있었을 것이다. 어머니 마리아와 삼촌 바나바는 구약 성경에 기록된 예언의 말씀을 묵상하며 살았다. 마가는 집안 사정이 넉넉했고, 그의 집은 예루살렘 성 안에서 꽤 큰 축이었다. 교회라고 불린 신앙인 공동체가 마가의 집 다락방에서 시작되었다. 로마제국 전역에 사는 유대인들이 예루살렘에 가장 많이 모이는 절기 오순절에 이 다락방에 모인 사람들에게 성령이 내리면서다. 예수를 따르는 제자들과 예수의 모친 마리아를 중심으로 120명 정도가 거기 있었다.

마가네 집은 나사렛 사람 예수와 일찍부터 친분이 있었다. 어머니와 삼촌은 예수가 구약 성경을 가르치며 하나님 나라를 선포할 때 깊이 귀 기울여 들었다. 당시 유대인은 로마제국의 통치 아래에 있었다. 유일신 여호와를 믿는 유대인에게 다신교를 숭배하는 로마제국과 그 문화를 받아들이는 일은 정치 사회적인 굴종을 넘어 신앙적으로 큰 굴욕으로 다가왔다. 유대 민족을 과거 다윗 왕 시대의 찬란한 상태로 회복시킬 구세주가 온다는 구약 성경의 약속은 경건한 유대인들에게 생존의 힘과 희망이었다. 구약 성경의 언어인 히브리어로 메시아, 신약 성경의 언어인 헬라어로 그리스도란 두 단어는 뜻이 같다. '기름 부음을 받은 사람'이다. 어떤 일을 위해서 임명되었다는 뜻이다. 내용을 살려 번역하면 하나님이 보낸 구세주(救世主), 곧 세상을 구원하는 주님이다. 마가의 어머니와 삼촌은 예수를 구세주로 믿었다.

메시아 대망(大望). 즉 메시아를 간절히 기다리는 유대인의 신앙과 연관하여 구약 성경 시대에서 마가가 살던 그 시기까지 이스라엘 민족의 역사를 간략하게 살펴보자. 이스라엘은 주변 강대국에 눌려 살면서도 간절하게 메시아를 그리며 꿋꿋하게 삶을 이어갔다. 다윗과 그의 아들 솔로몬 두 왕이 40년씩 이어서 통치하던 주전(主前, 그리스도 탄생 전, B.C.(Before Christ)라고도 표기) 10세기 초부터 주전 926년까지가 이스라엘의 전성기였다. 솔로몬이 죽고 다음 왕의 세대로 이어지면서 바로 나라가 남북으로 갈라졌다. 북왕국 이스라엘은 주전 722년에 앗시리아에게 짓밟혀 먼저 망했고 남왕국 유다는 주전 587년에 바벨론에 정복되면서 초토화되었다. 예루살렘 멸망 이후 바벨론 포로 시기가 시작된다.

북왕국과 남왕국이 기울어가던 시대에 예언자들이 하나님의 심판과 먼 훗날의 회복을 예언했다. 다윗의 가문에서 구원자 메시아가 온다고 했다. 바벨론에서 예루살렘으로 1차 귀환이 있었던 것이 주전 539년이고 곧 성전 재건이 시작되는데 얼마 가지 못해 중단되고 만다. 그 이후에 추가로 이어진 귀환자들에 의하여 예루살렘 성전이 겨우 재건된다. 그러나 이스라엘 민족은 바벨론제국 이후 근동 지방의 패권을 장악하는 페르시아, 이집트, 시리아에 계속해서 예속되어 살았다. 주전 163년부터 백 년 정도 마카베오와 하스몬 왕조로 독립적인 시기를 누리다가 다시 로마제국에 예속된다.

마가네 집에 메시아를 기다리는 정신과 신앙이 흐르고 있었다. 어머니 마리아와 삼촌 바나바는 예수를 메시아로 믿었다. 마가네 집과 예수의 친분을 충분히 짐작하게 하는 것이 최후의 만찬이다. 삼 년에 걸친 예수의 공적인 사역이 십자가 처형으로 이어진다. 십자가에 달리기 전날 예수가 열두 제자와 함께 마지막 저녁 식사를 한 장소가 마가네 집 다락방이다. 예수는 이 식사 자리에서 빵과 포도주를 상징으로 삼아 자기가 십자가에 처형될 것을 예고한다. 예수의 죽음과 부활과 승천 후에 성령이 강림하면서 시작된 교회 공동체는 이날 만찬에서 예수가 명령한 대로 성만찬(聖晚餐, 거룩한 저녁 식사)을 신앙의 예식으로 이어간다. 마가는 훗날 자신이 기록한 글에서 최후의 만찬을 준비하는 과정을 이렇게 전한다.

무교절 첫째 날에, 곧 유월절 양을 잡는 날에, 제자들이 예수께 말하였다.

"우리가 가서, 선생님께서 유월절 음식을 드시게 준비하려 하는

데, 어디에다 하기를 바라십니까?"

예수께서 제자 두 사람을 보내시며 말씀하셨다.

"성안으로 들어가거라. 그러면 물동이를 메고 오는 사람을 만날 것이니, 그를 따라가거라. 그리고 그가 들어가는 집으로 가서, 그 집 주인에게 말하기를 '선생님께서 하시는 말씀이, 내가 내 제자들과 함께 유월절 음식을 먹을 내 사랑방이 어디에 있느냐고 하십니다' 하여라. 그러면 그는 자리를 깔아서 준비한 큰 다락방을 너희에게 보여 줄 것이니, 거기에 우리를 위하여 준비를 하여라."

제자들이 떠나서, 성안으로 들어가서 보니, 예수께서 말씀하신 그대로였다. 그리하여, 그들은 유월절을 준비하였다. (마가복음 14장 12~16절)

마가는 십대 시절 자연스럽게 예수라는 분을 가까이할 기회가 있었고 어머니와 삼촌처럼 예수를 메시아로 믿게 되었다. 이런 마가가 예수와 연관하여 평생 잊지 못할 실수 또는 실패의 기억이 두 가지 있었다. 하나는 예수의 생애 마지막에 일어난 사건이고 다른 하나는 예수의 죽음, 부활, 승천 이후에 시작된 복음의 전파 과정에서 발생한 사건이다. 첫 번째 사건 이후 15년 정도가 지난 후였다. 첫 번째 사건을 보자.

마가네 집 다락방에서 최후의 만찬을 마친 후에 예수는 제자들과 함께 기도하러 겟세마네 동산으로 간다. 날은 벌써 어두웠다. 쌀쌀한 기운이 옷 사이를 파고든다. 눈짓으로 말리는 어머니를 보면서 마가도 일행을 따라나섰다. 예수는 저녁 식사 자리에서 스승을 팔아넘기려고 빠져나간 제자 가룟 유다를 생각한다. 에루살렘 성 동쪽 문을 나가면 조금 내리막이다. 성전이 있는 성전산과 동쪽의 감람산을 가르는 기드론 골짜기를 잠시 지나서 별로 가파르지 않은 오르막길을 걷는다. 잠시 후에 벌어질 일을 생각하며 예수가 말한다.

"너희가 다 나를 버릴 것이다. '내가 목자를 치리니 양들이 흩어질 것'이라고 기록된 성경 말씀이 이루어진다. 그러나 나는 다시 살아나서 너희보다 먼저 갈릴리로 갈 것이다."

예수는 스가랴서의 말씀을 떠올리면서 얘기하고 있다. 예수는 이 예언의 말씀을 묵상하면서 얼마나 많이 기도했던가. 하늘 아버지가 심판과 구원을 집행하는 그 날이 너무 참혹하게 힘들지 않도록 얼마나 간구했던가.

> 칼아, 깨어 일어나서, 내 목자를 쳐라. 나와 사이가 가까운 그 사람을 쳐라. 나 만군의 주가 하는 말이다. 목자를 쳐라. 그러면 양 떼가 흩어질 것이다. 나 또한 그 어린 것들을 칠 것이다. (스가랴 13장 7절)

이전에 벌써 예수가 제자들에게 자신에게 닥칠 수난을 예고했다. 삼 일 후에 살아난다는 얘기도 했지만, 십자가의 죽음이 워낙 강렬해서 부활(復活 죽은 사람이 살아남)은 제자들의 귓전에 닿았다가 흩어졌다. 자기 죽음을 예고하는 예수의 목소리가 캄캄한 밤중에 제자들의 마음을 찔렀다. 베드로가 큰 소리로 말한다. 불안한 마음이 목소리를 키웠다.

"다른 사람이 다 주님을 버린다고 해도 저는 그렇지 않을 것입니다!"

예수가 베드로를 바라보며 말한다. 예수의 눈길이 깊고 길다. 베드로를 지나 그의 마음과 영혼에 이른다. 예수의 자상한 눈길이 지금의 베드로를 지나 앞으로 걸어갈 그의 삶으로 이어진다.

"내가 진정으로 너에게 말한다. 오늘 밤에 닭이 두 번 울기 전에 네가 세 번 나를 모른다고 할 것이다."

이번에는 주님이 자신의 진심을 몰라준다는 서운함이 베드로의 목소리를 더 키웠다.

"내가 주님과 함께 죽는 한이 있어도 절대로 주님을 모른다고 하지 않겠습니다!"

다른 제자들도 서둘러 베드로처럼 말한다. 스승을 옹위하는 제자들의 목소리가 밤을 가르며 서쪽 성전산과 동쪽 감람산으로 올라간다. 얼마 오르다가 밤의 무게에 눌려 기드론 골짜기로 사그라진다. 겟세마네 동산에 들어서서 예수는 제자들과 떨어져서 혼자 기도한다. 얼마를 기도했을까, 예수는 아주 절절하게 하늘 아버지께 간구한다. 자신이 져야 할 십자가를 앞에 놓고 이 십자가 말고 다른 길은 없느냐고 애절하게 부르짖는다. 그러나 아버지의 뜻대로 하시라고 순명(殉命)하며 기도의 자리에서 일어선다. 입장은 정

20

해졌다. 스승 예수가 몸부림하며 기도할 때 제자들은 자고 있었다.

예수가 제자들을 깨워 겟세마네 동산에서 나올 때 저쪽에서 불빛이 보였다. 발소리가 가까워진다. 그들은 대제사장들이 예수를 잡아들이기 위해 조직한 체포조였다. 칼과 몽치(무기로 사용되었던 짤막하고 단단한 몽둥이)를 든 그들에게 제자들은 별 저항을 하지 못했다. 도망가기 바빴다, 모두. 이때 상황이 마가복음에 이렇게 기록되어 있다.

> 제자들은 모두 예수를 버리고 달아났다. 그런데 어떤 젊은이가 맨몸에 홑이불을 두르고, 예수를 따라가고 있었다. 그들이 그를 잡으려고 하니, 그는 홑이불을 버리고, 맨몸으로 달아났다. (마가복음 14장 50~52절)

예수가 체포되는 상황이 사복음서 모두에 기록되어 있는데 맨몸으로 달아난 젊은이 이야기는 마가복음에만 있다. 맨몸은 겉옷 안에 입는 속옷만 두른 상태를 말하는 것일 테다. 많은 성경학자가 이 젊은이를 마가로 본다. 긴급한 상황에서 제삼자가 이토록 구체적으로 관찰하기는 어려웠을 것으로 보고 복음서 저자의 체험이라고 추측한다. 앞에서 예수가 최후의 만찬을 마치고 마리아의 집을 나설 때 마가가 따라갔다고 한 것은 이런 해석을 전제한 것이다.

평생을 살면서 마가는 이 사건을 잊을 수 없었다. 겟세마네로

가는 길에 베드로를 비롯한 제자들이 예수를 버리지 않겠다고 큰 소리칠 때 마가도 같은 생각을 가졌을 것이다. 예수의 생애를 기록하면서 홑이불을 버리고 도망친 자기 모습을 써넣는 심정이 어떠했을까. 마가는 자신의 부끄러운 모습을 적나라하게 고발했다. 나약하기 짝이 없는 인간 본성을 자기 경험으로써 묘사했다.

신구약 성경에서 하나님의 사람이라고 불릴 만큼 믿음이 깊고 인격이 아름다운 사람들에게 공통점이 있다. 실수와 실패, 악행과 범죄를 저질렀다는 것과 나중에 회개하고 회복했다는 것이다. 대표적인 사람으로는 다윗 왕이 있다. 다윗의 통치 기간은 이스라엘 역사에서 최전성기였다. 하나님은 다윗의 가문에서 메시아가 나온다는 말씀의 약속을 주셨다. 구약 성경의 이스라엘 왕 중에서 왕뿐 아니라 제사장의 역할까지 겸한 것으로 보이는 사람은 다윗이 유일하다. 이 정도로 유명하고 중요한 인물이니 표본으로 삼을 만하다. 그런데 이 사람에게 허물과 실패가 많았다.

가장 대표적인 것이 간통과 살인 교사죄다. 자기 수하의 충직한 장군 우리아의 부인 밧세바를 자기 침실로 불러들여 간통했다. 이일을 감추려고 비열한 방법으로 상황을 조작하다가 계획대로 되지 않자 총사령관 요압을 시켜서 우리아를 전장 최전선에 세워 전사하게 했다. 파렴치하다. 간음, 거짓말, 살인 교사죄가 온통 혼합된 일을 저질렀다. 그러나 하나님이 다윗을 깊이 사랑한 것은 그가 회개했기 때문이다.

다윗의 회개는 값싼 회개가 아니었다. 참다운 회개는 인간관계에서 저지른 죄나 실수와 연관하여 다른 사람에게 끼친 피해를 갚는 것까지 포함한다. 돈을 떼어먹었으면 그 돈을 갚아야 회개다. 마음에 상처를 주었다면 상대방에게 진심으로 사과해야 회개다. 성경에서 말하는 회개는 세 가지를 포함한다. 먼저 하나님과의 관계다. 자신이 저지른 일을 하나님의 눈앞에서, 그러니까 하나님의 말씀에 비추어 정직하게 살피는 것이다. 죄로 드러나면 둘러대거나 합리화하지 말고 진솔하게 '내가 죄인입니다' 하고 자백해야 한다. 다음은 사람과의 관계다. 내가 저지른 죄 때문에 피해를 보거나 상처를 입은 사람이 있으면 그 사람에게 가서 용서를 빌어야 한다. 관련된 피해를 구체적으로 갚아야 한다. 마지막은, 새로운 방향으로 돌이켜 사는 것이다. 다윗이 이렇게 회개했다.

성경에서 의인이라는 표현은 도덕 윤리적으로 아무런 흠결이 없거나 신앙적으로 완전한 사람을 가리키지 않는다. 죄와 허물이 있지만 하나님의 은혜로 용서받은 사람을 말한다. 용서받은 죄인이 의인이다. 마가가 그런 사람이었다. 마가의 실수와 실패에서 더 결정적인 다른 사건을 추적해 보자. 이 사건과 그 후의 회개와 회복이 마가를 하나님의 사람으로 만들었다.

요한은 예루살렘으로 돌아갔다

　　요한이라고도 불린 마가가 얽혔던 겟세마네 동산의 사건은 그렇게 지나갔다. 예수는 체포되어 고문과 심문을 받고 십자가에 달려 처형되었다. 그러나 예수는 삼 일 후에 부활했다. 다시 살아난 예수가 사십 일 동안 제자들을 만나며 사명을 주고 승천한다. 예수가 하늘로 오르고 열흘이 지나서 예수가 예고한 대로 예루살렘의 교회 공동체에 성령이 임했다.

　　그들은 성령에 사로잡혔다. 그들의 인격과 일상, 곧 삶이 변하기 시작했다. 삶 전체를 걸고 십자가에 처형된 예수를 그리스도로 믿었다. 예수의 사람이 되었고 예수가 가르친 말씀의 사람이 되었다. 거룩한 영에 사로잡힌 그들은 곧 움직이기 시작했다. 기독교(基督敎), 곧 그리스도를 주님으로 믿는 신앙 공동체가 사회 현상으로 역사 한가운데서 탄생했다. 마가의 삼촌 바나바는 그런 초기 공동체의 중심인물이었다.

　　예루살렘의 신앙 공동체를 지독하게 증오하며 박해한 사람들 가운데 사울이라는 사람이 있었다. 사울의 헬라식 이름은 바울이다. 이 사람은 극적인 상황에서 박해자에서 전도자로 반전을 경험한다. 예수 믿는 사람들을 잡아 오려고 체포 영장을 갖고 다메섹으로 가는 길에 부활한 예수를 만나서 회심을 체험한다. 마가의 삼촌 바나바는 바울이 회심을 체험하기 이전부터 바울을 알고 있었을 것이다. 둘 다 예루살렘에서 살았다. 바나바는 초기 교회 공동체의 지도자였고 바울은 그 공동체를 공격하는 선봉장이었다.

바울이 회심한 후 바나바는 바울을 적극적으로 지지하며 격려했다. 바울이 회심 후 자기 고향인 소아시아의 다소에 내려가 있을 때 바울을 기독교 사역 현장에 불러들인 사람이 바나바였다. 이방인 지역인 시리아 안디옥에 역동적인 이방인 신앙 공동체가 자라고 있었고 예루살렘 교회가 바나바를 파송했다. 바나바는 마음에 두고 있던 바울을 생각했다. 로마제국의 헬라 문화권에서 태어나고 자란 바울이 안디옥의 이방인 사역에 적임자라고 생각했을 터다.

바나바와 바울이 안디옥 교회에서 사역하면서 땅 끝까지 가서 모든 민족에게 예수 그리스도를 전하려는 사명이 더욱 강렬해졌다. 안디옥 교회가 바나바와 바울을 선교사로 파송한다. 기독교 역사에서 최초의 선교사다. 이때 마가가 삼촌과 바울의 조수로 동행한다. 바울의 1차 전도 여행이다. 초기 교회의 역사를 담은 사도행전에서 관련 기록을 보자. 이 기록에서 다시 요한이 등장하는데 마가의 헬라식 이름이다.

> 바나바와 사울은, 성령이 가라고 보내시므로, 실루기아로 내려가서, 거기에서 배를 타고 키프로스로 건너갔다. 그들은 살라미에 이르러서, 유대 사람의 여러 회당에서 하나님의 말씀을 전하였다. 그들은 요한도 또한 조수로 데리고 있었다. 그들은 온 섬을 가

로질러 바보에 이르렀다. (사도행전 13장 4~6절)

바울과 그 일행은 바보에서 배를 타고, 밤빌리아에 있는 버가로 건너갔다. 그런데 요한은 그들과 헤어져서 예루살렘으로 돌아갔다. (사도행전 13장 13절)

마가는 도중하차 했다. 버가에서 마가는 왜 집으로 돌아갔을까? 마가의 행보가 잘못된 것이었음이 분명하다. 나중에 바울이 2차 전도여행을 떠날 때 마가를 데리고 갈 것인가를 두고 바나바와 심하게 다투었다. 결국, 둘은 따로 전도팀을 꾸리고 갈라섰다. 사도행전의 기록을 보자.

며칠 뒤에, 바울이 바나바에게 말하였다.
"우리가 주님의 말씀을 전파한 여러 도시로 신도들을 다시 찾아가서, 그들이 어떻게 지내고 있는지를 살펴봅시다."
그런데 바나바는 마가라는 요한도 데리고 가려고 하였다. 그러나 바울은, 밤빌리아에서 자기들을 버리고 함께 일하러 가지 않은 그 사람을 데리고 가는 것을 좋게 여기지 않았다. 그래서 그들은 심하게 다툰 끝에, 서로 갈라서고 말았다.
바나바는 마가를 데리고, 배를 타고 키프로스로 떠나갔다. 그러나 바울은 실라를 택하고, 신도들로부터 주님의 은혜가 함께 하기를 바라는 인사를 받고서, 길을 떠났다. (사도행전 15장 36~40절)

바울은 마가가 전도팀을 제멋대로 이탈하여 복음을 전하는 책임을 저버렸다고 보았다. 마가는 왜 도중하차 했을까? 여러 가지 추측이 가능하다. 하나는 마가가 유약했을 것이라는 짐작이다. 버가에서 이어지는 여정은 험난한 토레스 산맥을 넘어 내륙으로 가는 길이었다. 길도 험하고 강도를 만날 위험도 많았다. 마가는 두려웠을 것이다. 다른 하나는 어머니가 보고 싶어서 돌아갔을지 모른다. 마가의 모친 마리아가 과부였다고 하니 애틋했을 것이다. 또 다른 것은 선교팀의 지도력이 변경된 상황이다. 갑자기 중심 지도자가 바뀐다. 위에서 인용한 사도행전 13장 13절을 보라. 바울이 일행의 지도자로 나온다. "바울과 그 일행은 …." 지도자가 바나바에서 바울로 바뀐 이유가 무엇인지는 성경에 나오지 않는다. 마가에게 이런 상황이 불만이었을지 모른다.

시리아 안디옥 교회의 지도자 명단도 그렇고 이 교회에서 파송된 선교사 일행을 가리키는 표현도 그렇고 언제나 마가의 삼촌 바나바가 지도자였다. 그런데 키프로스 섬의 서쪽 끝에 있는 바보에서부터는 바울이 지도자로 나온다. 지도자의 교체는 바나바가 바울을 세워주었다고 보는 학자들이 많다. 맞는 해석일 것이다. 선교 현장에서는 자신보다 바울이 지도자로서 훨씬 더 적임자라고 바나바가 판단한 것이다. 바보에서 유대인 거짓 선지자 바예수를 바울이 인상적으로 제압한 사건이 계기였는지도 모른다.

그들은 온 섬을 가로질러 바보에 이르렀다. 거기서 그들은 어떤 마술사를 만났는데, 그는 거짓 예언자였으며 바예수라고 하는 유대인이었다. 그는 총독 서기오 바울을 늘 곁에서 모시는 사람이었다. 이 총독은 총명한 사람이어서, 바나바와 사울을 청해서, 하나님의 말씀을 듣고자 하였다.

그런데 이름을 엘루마라고 번역해서 부르기도 하는 그 마술사가 그들을 방해하여, 총독으로 하여금 믿지 못하게 하려고 애를 썼다. 그래서 바울이라고도 하는 사울이 성령으로 충만하여 마술사를 노려보고 말하였다.

"너, 속임수와 악행으로 가득 찬 악마의 자식아, 모든 정의의 원수야, 너는 주님의 바른 길을 굽게 하는 짓을 그치지 못하겠느냐? 보아라, 이제 주님의 손이 너를 내리칠 것이니, 눈이 멀어서 얼마 동안 햇빛을 보지 못할 것이다."

그러자 곧 안개와 어둠이 그를 내리덮어서, 그는 앞을 더듬으면서, 손을 잡아 자기를 이끌어 줄 사람을 찾았다. 총독은 그 일어난 일을 보고 주님을 믿게 되었고, 주님의 교훈에 깊은 감명을 받았다. (사도행전 13장 6~12절)

바울의 자유로운 선교 방식이 보수적인 유대교 신앙을 가진 마가에게 큰 걸림돌이 되었다고 보는 학자들도 있다. 어쨌든 마가는 도중에 포기했고 초기 기독교 공동체의 큰 지도자 바울에게는 주님의 일에 함께할 수 없는 사람이 되었다. 이제 마가는 초기 기독교 사역의 무대에서 퇴장한다. 이로부터 15년 정도가 흘렀다. 바울이 쓴 편지에 갑자기 마가가 등장한다. 골로새서와 빌레몬서 두 편지의 마지막 인사를 보자.

나와 함께 갇혀 있는 아리스다고와 바나바의 사촌인 마가가 여러분에게 문안합니다(마가가 여러분에게 가거든 잘 영접하라는 지시를 여러분이 이미 받았을 줄 압니다). (골로새서 4장 10절)

그리스도 예수 안에서 나와 함께 갇힌 에바브라가 그대에게 문안합니다. 나의 동역자인 마가와 아리스다고와 데마와 누가도 문안합니다. (빌레몬서 1장 23~24절)

골로새서와 빌레몬서는 바울이 감옥에 갇혀 있을 때 쓴 편지다. 마가는 바울과 함께 그리스도를 위해 고난을 받으며 사역하고 있었다. 마가는 변했다. 그동안 어떤 일이 있었을까? 복음 사역의 현장에서 도망한 젊은이가 어떻게 해서 복음을 전하기 위해 고난을 기꺼이 감당하는 사람이 되었을까? 이 두 편지가 기록되고 몇 년이 더 흐른 뒤에 바울의 또 다른 옥중 서신에 또 마가가 등장한다. 이 편지는 바울이 자기 믿음의 아들인 디모데에게 보낸 유언 같은 편지다.

나는 이미 부어드리는 제물로 피를 흘릴 때가 되었고, 세상을 떠날 때가 되었습니다. 나는 선한 싸움을 다 싸우고, 달려갈 길을 마치고, 믿음을 지켰습니다. (디모데후서 4장 6~7절)

그대는 속히 나에게로 오십시오. 데마는 이 세상을 사랑해서 나를 버리고 데살로니가로 가고, 그레스게는 갈라디아로 가고, 디도는 달마디아로 가고, 누가만 나와 함께 있습니다. 그대가 올 때에, 마가를 데리고 오십시오. 그 사람은 나의 일에 요긴한 사람입니다. (디모데후서 4장 9~11절)

바울은 마가가 자신에게 꼭 필요한 사람이라고 말하고 있다. 죽기 전에 마지막으로 보고 싶은 사람이 마가였다. 초기 기독교의 양대 기둥이라면 유대인의 사도인 베드로와 이방인의 사도인 바울이다. 바울에게 믿음의 아들이 디모데라면 베드로에게는 마가였다. 디모데후서보다 나중에 기록된 베드로전서에서 베드로가 마가를 이렇게 언급한다.

여러분과 함께 택하심을 받은 바빌론에 있는 자매 교회와 나의 아들 마가가 여러분에게 문안합니다. (베드로전서 5장 13절)

바빌론(바벨론)은 당시 로마제국의 수도인 로마를 가리킨다. 순교하기 전에 베드로는 로마에 있었고 마가도 거기에 있었다. 마가는 신앙의 대선배들이 복음을 위해 순교하는 그 현장에 복음의 용

사로 서 있었다. 도망자였던 마가가 하나님 나라의 최전선에 우뚝 설 수 있게 된 사연이 확실하지는 않다. 어쨌든 마가는 자신이 저지른 잘못을 깊이 회개하고 다시금 복음의 일꾼으로 회복되었다.

그는 어떻게 회복되었을까? 그의 주변을 돌아보면 그 실마리가 보인다. 그를 사랑하고 아끼는 주변 사람의 사랑과 권면이 있었다. 그의 어머니 마리아와 삼촌 바나바가 중심적인 역할을 했으리라고 충분히 짐작된다. 어머니라는 존재, 왜 안 그랬겠는가. 어떤 자녀든 그가 훌륭한 점이 있다면 거의 예외 없이 그 어머니의 사랑과 헌신 덕분이다. 더구나 마가의 어머니 마리아는 예수의 삶을 보고 그 가르침을 들으면서 깊은 신앙을 가진 여인이었다. 삼촌 바나바는 다른 사람을 이끌어 격려하며 세우는 데 탁월한 사람이었다. 바나바의 본명은 요셉이다. '위로의 아들'이란 뜻을 가진 이름 바나바는 사도들이 그에게 붙여준 별명이다. 실의와 절망에 빠진 사람들을 위로하고 좌절한 사람들을 다시 세우는 데 워낙 탁월해서다. 이 사람이 초기 교회 공동체에서 참으로 보석 같은 사람이었다. 바울과 바나바가 갈라선 후에 바나바가 조카 마가를 데리고 고향 키프로스 섬으로 내려갔다. 좌절에 빠진 이 젊은이가 회복하도록 도왔다. 우리는 나중에 좀 더 자세하게 바나바를 만날 것이다.

누구나 실수하고 실패한다. 죄에서 자유로운 사람은 아무도 없다. 신약 성경에 하나님의 사람으로 기록된 이들도 마찬가지다. 마가가 대표적인 사람 중 하나다. 그러나 마가는 회개하고 회복되었다. 하나님의 은혜를 받은 신약 성경의 인물들은 예외 없이 사회에서 소외된 사람들, 범죄자들, 낙오자들이었다. 이들은 용서받고 용납되었다. 사람이 변한다는 것은 신약 성경의 가장 중요한 가르침이다. 반전의 은혜가 삶의 여정에 선물처럼 다가온다. 결정적인 상황에서 실패하고 위기의 상황에서 절망한 사람 누구에게나 예기치 못한 기회가 찾아온다. 낯선 초대가 이들을 회복하게 한다. 다시 노래하며 춤추게 한다. 마가는 그렇게 다시 삶의 의미를 찾았다. 어떤 실수나 실패의 자리에서도 다시 일어설 수 있다는 것을 삶으로 보여준 마가, 이 사람에서 신약 이야기를 시작하는 까닭이다. 그가 회복의 은혜를 경험하고 살아가면서 맺은 열매가 있다. 최초의 복음서인 마가복음이다. 기독교의 가르침에서 심장에 해당하는 단어 '복음'을 예수의 삶과 사역에 연결하는 일이 마가복음에서 시작되었다.

복음의 시작은 이러하다

신약 성경 시대에 로마제국에서 쓰이던 언어는 여러 가지였다. 아람어는 페르시아제국이 고대 근동지역을 장악하면서 제국 내에서 공용어가 되었다. 유대 민족도 아람어를 쓰는 세계에서 살았다. 마케도니아의 알렉산더가 헬레니즘 제국을 건설하면서 헬라어가 점점 그 자리를 대신했다. 로마제국이 지중해를 중심으로 유럽과 아시아와 아프리카를 통치할 때 라틴어는 제국의 공식 언어였다. 로마가 그리스를 비롯한 헬라 문화권 지역을 정복했는데 정신세계에서는 그리스 문화를 받아들이면서 헬라어, 곧 그리스어가 로마제국에서 일반화되었다. 특히 상류층에서 인기 있는 언어로 사용되었고 그리스어가 모국어인 사람들이 로마제국 상류층 집안의 가정교사로 높은 대우를 받았다.

히브리어는 유대 민족의 언어였다. 적어도 예루살렘을 중심으로 유대 지방에서는 히브리어가 일상적으로 사용되었을 것이다. 이스라엘 지역 이외의 로마제국 영토에서 태어나고 자란 디아스포라 유대인의 경우에는 히브리어에 익숙하지 못하기도 했다. 예수가 살았던 주후 1세기에 팔레스타인 지역의 언어는 이렇게 아람어, 라틴어, 헬라어, 히브리어가 함께 쓰였다.

예수 시대에 여러 언어가 함께 쓰인 정황이 신약성서의 중요한 사건에 나온다. 예수의 십자가 처형 장면이다. 예수는 로마 총독 빌라도가 주재한 법정에서 십자가에 달리는 사형 판결을 받는다. 사형이 집행되면서 십자가가 세워지고 거기에 예수가 못 박힌다. 그 십자가의 맨 위쪽에 죄명이 적힌 패가 있었는데 세 가지 언어로 기록되었다.

예수께서 십자가를 지시고 '해골'이라 하는 데로 가셨다. 그곳은 히브리 말로 골고다라고 하였다. 거기서 그들은 예수를 십자가에 못 박았다. 그리고 다른 두 사람도 예수와 함께 십자가에 달아서, 예수를 가운데로 하고, 좌우에 세웠다. 빌라도는 또한 명패도 써서, 십자가에 붙였다. 그 명패에는 '유대인의 왕 나사렛 사람 예수'라고 썼다.

예수께서 십자가에 달리신 곳은 도성에서 가까우므로, 많은 유대 사람이 이 명패를 읽었다. 그것은, 히브리 말과 로마 말과 그리스 말로 적혀 있었다. 유대 사람들의 대제사장들이 빌라도에게 말하기를 "'유대인의 왕'이라고 쓰지 말고, '자칭 유대인의 왕'이라고 쓰십시오" 하였으나, 빌라도는 "나는 쓸 것을 썼다" 하고 대답하였다. (요한복음 19장 17~22절)

히브리 말 즉 히브리어는 유대인의 언어, 로마 말은 라틴어, 그리스 말은 헬라어다. 라틴어는 로마제국의 공식 언어로서 처형의 죄명을 공식화하는 것이었고 히브리어는 유대인들이 읽을 수 있게 하는 것이었다. 헬라어는 당시 로마제국 전역에서 가장 광범위하게 사용되는 언어였다. 마가는 나사렛 사람 예수가 구약 성경에 계속해서 예언된 세상의 구세주(히브리어로 메시아, 헬라어로 그리스도)라는 것을 전하기 위해 예수의 생애를 기록했다. 마가는 예수에 관한 이야기가 세상 모든 사람에게 복되고 기쁜 소식이라는 것을 믿었고 이 이야기를 모든 사람이 듣기를 원했다. 마가는 예수 이야기의 시작과 끝을 이렇게 기록한다. 시작 부분은 마가의 서술이고 끝 부분은 예수의 입에서 나온 명령이다.

하나님의 아들 예수 그리스도의 복음의 시작은 이러하다. (마가복음 1장 1절)

또 예수께서 그들에게 말씀하셨다. "너희는 온 세상에 나가서, 만민에게 복음을 전파하여라." (마가복음 16장 15절)

이 두 문장에 아주 중요한 정보가 담겨 있다. 예수는 누구인가? 하나님의 아들이며 그리스도다. 그에 관한 이야기는 복음(福音), 곧 사람을 구원하는 복된 소식이다. 예수의 제자들과 그들의 모임인 교회 공동체의 사명은 이 복음을 모든 민족에게 전하는 것이다.

신약 성경 전체 27권의 책 중에 예수의 생애를 다룬 것이 넷이다. 책의 이름은 각각의 저자 이름과 그 뒤에 공통으로 '복음'이란 단어를 붙여서 부른다. 신약 성경에 수록된 순서로 하면 마태복음, 마가복음, 누가복음, 요한복음이다. 이 네 권을 사복음서(四福音書)라 부른다. 이 책들에 복음이란 단어가 붙은 것이 넷 중 가장 먼저 기록된 마가복음 덕분이다.

마가는 당시 일반 사회에서 사용되던 헬라어 '유앙겔리온'의 뜻을 염두에 두고 이를 기독교 신앙의 '복음'으로 해석해서 사용했다. 유앙겔리온은 좋다, 아름답다는 뜻을 가진 접두어 '유'와 소식, 소식을 전하는 사자를 뜻하는 '앙겔로스'가 붙은 말이다. 이 단어는 로마제국의 문화에서 황제에 관한 기쁜 소식을 뜻했다. 야만족의 침입을 물리치거나 반란을 제압한 승전의 소식도 마찬가지였다. 특히 황제와 관련된 일이 유앙겔리온이었다. 황제의 아들이 태어나거나 황제가 친히 방문한다는 것은 복음이었다. 로마 황제는 신의 아들로서 신적인 존재로 여겨졌다. 황제 신격화는 제국의 통치를 위해 의도적으로 계획되어 진행되었다.

주전 44년에 카이사르가 암살된 후 이듬해에 카이사르의 양자인 옥타비아누스가 마르쿠스 안토니우스, 레피두스와 더불어 일종의 정치 군사적 협약을 맺으면서 삼두 정치의 시대가 시작되었다. 이들 중에서 옥타비아누스가 두 사람을 누르고 실질적인 단독 통치자가 된다. 주전 27년 옥타비아누스가 존엄한 자의 뜻을 가진 아우구스투스 칭호를 받으면서 로마는 사실상의 황제가 통치하는 시대로 들어간다. 이때부터 주후 180년까지 200년 정도 로마제국은 구조적인 제도와 외적인 사회 질서로는 평화로운 시대를 누린다. 이 시기를 '팍스 로마나'(Pax Romana, 로마의 평화)라고 부른다.

로마의 평화를 보장하는 황제는 신의 대리자로 추앙받았고 한 걸음 더 나아가서 신의 아들 혹은 신이었다. 당시는 로마제국이 문명 세계였고 그 바깥은 야만족의 땅이었다. 제국의 땅이 세상 자체였다. 황제는 이 영역을 평화롭게 유지하고 질서와 안전을 보장하는 '세상의 구세주'였고 복음의 주체였다. 그러나 로마의 평화는 로마제국의 권력층 또는 적어도 로마 시민권을 가진 사람들이 누릴 수 있었다. 노예나 피지배 민족들에게는 가혹한 통치 방법이 자주 동원되었다. 정치 군사적인 반란이나 경제의 기본 구조를 흔드는 일은 잔혹하게 진압되었다. 본때를 보여주기 위해서 반란자들을 죽이는 유명한 방법이 십자가 처형이었다. 로마의 평화는 억압당하는 사람들에게는 피의 평화였다.

마가가 유앙겔리온이란 단어를 예수 그리스도에게 적용한 것은 로마제국의 근본 틀을 뒤집는 것으로 해석할 수 있다. 로마 황제가 신의 아들이 아니라 나사렛 사람 예수가 참 신이며 유일신 하나님의 아들이다. 황제가 세상의 구세주가 아니다. 예수가 세상의 그리스도(구세주)다. 예루살렘의 종교 권력을 장악하고 있던 대제사장들은 예수가 자신들의 권력에 위협이 된다고 판단했다. 죽일 방법을 제국의 반역죄에 걸었다. 그들은 당시 로마 황제가 소유했다 여겼던 신적인 존엄을 교활하게 이용했다. 로마 총독 빌라도의 법정에서 대제사장들이 집요하게 고발한 초점을 보라.

> 빌라도는 예수를 놓아주려고 힘썼다. 그러나 유대 사람들은 "이 사람을 놓아주면, 총독님은 황제 폐하의 충신이 아닙니다. 자기를 가리켜서 왕이라고 하는 사람은, 누구나 황제 폐하를 반역하는 자입니다" 하고 외쳤다.
> 빌라도는 이 말을 듣고, 예수를 데리고 나와서, 리토스트론이라고 부르는 재판석에 앉았다. (리토스트론은 히브리 말로 가바다인데, '돌을 박은 자리'라는 뜻이다.) 그날은 유월절 준비일이고, 때는 낮 열두 시쯤이었다. 빌라도가 유대 사람들에게 말하였다.
> "보시오, 당신들의 왕이오."

그들이 외쳤다.

"없애 버리시오! 없애 버리시오! 그를 십자가에 못 박으시오!"

빌라도가 그들에게 말하였다.

"당신들의 왕을 십자가에 못 박으란 말이오?"

대제사장들이 대답하였다.

"우리에게는 황제 폐하밖에는 왕이 없습니다."

이리하여 이제 빌라도는 예수를 십자가에 처형하라고 그들에게 넘겨주었다. (요한복음 19장 12~16절)

빌라도는 유대의 종교 권력자들이 예수를 고발하는 죄목, '유대인의 왕'이라는 것을 그저 시끄럽고 지긋지긋한 유대인 내부의 종교 문제로 보았다. 그러나 예수가 참 신의 아들이며 세상의 구세주라는 마가의 선언은 결국 로마제국을 뒤집었다. 주후 1세기 말 정도에는 로마제국이 본격적으로 기독교를 박해하기 시작했다. 제국의 여기저기에서 신앙인들이 그리스도를 믿는다는 이유로 잔혹하게 고문을 받으며 순교의 길을 걸었다. 예수 그리스도를 통해 자신을 계시하신 하나님밖에는 다른 신이 없다는 신앙을 고백하며 황제의 신상에 절하기를 거절한 결과였다.

마가가 전하는 복음은 로마제국의 복음과 다르다. 로마의 평화(Pax Romana)로 상징되는 제국의 복음은 로마 시민들에게 해당하는 제한된 평화다. 군사력의 승리에 근거하여 다른 민족의 피 위에 세워진 복음이다. 그러나 마가가 증언하는 하나님의 아들 예수 그리스도의 복음은 인류 전체가 누리는 보편적 평화다. 남의 피가 아니라 예수의 보혈 위에 세워졌다. 체포와 심문과 십자가의 처형에 이르는 자기희생이 이 복음의 중심 메시지다. 마가복음의 구조를 '긴 서론이 붙은 수난 이야기'라고 하는데 참 정확한 통찰이다. 십자가의 죽음을 포함한 수난 이야기가 마가복음의 마지막 부분, 14~16장에 나온다. 앞의 긴 부분은 서론이 된다.

마가가 예수를 그리스도로 믿는 것을 복음이라고 표현하면서 마가의 예수 이야기는 최초의 복음서가 되었고 이어 세 개의 다른 복음서가 기록되었다. 신약 성경에 있는 다른 문서들, 특히 사도 바울이 쓴 편지들에 복음이란 단어가 훨씬 많이 나온다. 기록 연대로 보면 바울의 서신들 가운데서 적어도 초기의 것들은 마가복음보다 앞선다. 그러나 바울 서신은 이미 예수를 믿는 사람들을 대상으로 삼았기 때문에 복음에 관해서 삼인칭 방식으로 설명하고 해석한다.

마가복음은 다르다. 마가는 주로 예수 그리스도에 관해서 아직 알지 못하는 사람들을 독자로 생각했다. 그들에게 예수 그리스도의 복음을 일인칭 방식으로 서술하여 전한다. 마가복음에서는 예수가 직접 말하고 저자는 최대한으로 예수의 삶과 가르침을 전달한다. 마가는 이런 방식으로 이미 신앙을 가진 독자들에게는 예수가 누구인지 다시금 깊게 생각하게 한다. 예수의 승천과 성령의 강림으로 교회가 시작되고 한 세대가 지난 상황에서 교회 공동체에 자신의 근본, 곧 예수 그리스도의 복음을 깊이 묵상하게 하는 것이다. 마가복음 이후에 기록된 세 개의 복음서도 이런 점에서는 마찬가지다.

복음은 근본적으로 하나님께서 하신 일을 말한다. 하나님께서 사람에게 오셨다는 이야기다. 그러니 기쁘고 복된 소식이다. 예수 그리스도가 이 복음을 전한다. 복음의 소유권은 예수 그리스도에게 있다. '예수 그리스도의' 복음이라는 표현에 이 뜻이 담겨 있다. 예수 그리스도는 복음의 소유권자며 복음을 전하는 주체다. 그러나 마가복음에서 예수와 복음, 이 둘의 관계는 더 깊다. 이 최초의 복음서에서 한 곳을 보자.

> 예수께서 말씀하셨다. "내가 진정으로 너희에게 말한다. 나를 위하여, 또 복음을 위하여, 집이나 형제나 자매나 어머니나 아버지나 자녀나 논밭을 버린 사람은, 지금 이 세상에서는 박해도 받겠지만 집과 형제와 자매와 어머니와 자녀와 논밭을 백 배나 받을 것이고, 오는 세상에서는 영원한 생명을 받을 것이다." (마가복음 10장 29~30절)

"나를 위하여, 또 복음을 위하여"란 표현에서 "나(예수)"와 "복음"은 다른 두 가지를 가리키지 않는다. 예수와 복음을 동격으로 해석해야 한다. 필자가 독일 보훔대학교 신학부에서 박사 과정 입학을 위한 구술시험을 치를 때 신약학 교수가 출제한 질문 가운데 이 내용이 있었는데 제대로 답하지 못했다. 마가는 예수 자체가 복음이라고 증언한다. 복음을 듣는다는 것은 예수의 삶과 사역 이야기를 듣는 것이다. 복음을 받아들인다는 것은 예수를 내 삶의 주님으로 받아들이는 것이다.

마가의 복음 이야기에서 하나님 나라는 매우 중요하다. 하나님 나라는 예수의 삶과 사역에서 심장이다. 예수가 전하려는 것이 하나님 나라였다. 이천 년의 교회 역사에서 그리스도인과 교회가 종종 이 사실을 잊었다. 그때마다 교회는 교회답지 못했다. 그럴 때마다 하나님의 사람들은 성경으로 돌아가자, 초대 교회로 돌아가자고 외쳤다. 마가복음의 예수 이야기에서 예수가 공적 사역에 나서면서 처음으로 외친 제일성(第一聲)을 보라.

때가 찼다. 하나님의 나라가 가까이 왔다. 회개하여라. 복음을 믿어라. (마가복음 1장 15절)

복음의 중심은 하나님 나라다. 하나님 나라를 가장 간단하게 말하면 하나님의 다스림이다. 하나님이 존재하는 모든 것을 아름답게 창조했고 타락한 세계를 섭리로 구원한다. 그 하나님이 세상을 다스린다. 마가복음은 로마제국이란 현상은 신의 통치가 아니라고 말한다. 참된 하나님의 나라가 예수의 인격과 삶에서 드러난다. 예수가 살았던 시대는 로마제국의 쇠퇴기가 아니라 제국의 천년 역사에서 최고 전성기였다. 그런 시기에 복음은 절대적인 황제의 통치를 상대화한다. 복음은 사람이든 제도든 자신을 절대화하는 것들을 상대적이라고 선언한다.

복음은 인류 역사에서 늘 독선, 독재, 독점을 상대화한다. 독선은 정신적인 태도와 가치 판단과 관련한 절대요, 독재는 정치권력의 절대화요, 독점은 경제력의 절대다. 다양성의 토대 위에서 대화와 논의를 통해 세워지는 인류 도덕의 가치, 견제와 균형의 제도를 통해 성숙하는 법치와 협치의 민주주의, 약자에 대한 배려와 나눔을 통해 건강해지는 상생의 시장경제가 복음에 걸맞은 삶의 방향이다.

복음은 교회도 상대화한다. 예수의 삶에서 하나님 나라(헬라어로 바실레이아)가 동트고 있었다. 예수와 함께 하나님 나라는 이미 여기에서 살아 움직이고 있었다, 그러나 아직 완성된 것은 아니었다. '이미 시작되었지만 아직은 완성되지 않은' 긴장 속에서 구원의 길이 열리고 있었다. 태곳적의 창조와 타락 이후 하나님이 세상을 구원하려는 마지막 시대, 곧 말세가 시작되었다. 하나님 나라가 동트면서 교회(헬라어로 에클레시아)가 탄생했다. 예수 그리스도가 성령의 강림을 통하여 교회를 세웠다. 영원부터 하나님 안에 감추어져 있던 비밀이 예수 그리스도를 통해서 드러났다. 교회는 그리스도의 몸이며 하나님은 교회를 통해서 만물을 충만하게 하신다. 교회는 하나님 나라를 전하기 위한 종말론적인 도구다.

> 하나님께서는 만물을 그리스도의 발아래 굴복시키시고, 그분을 만물 위에 교회의 머리로 삼으셨습니다. 교회는 그리스도의 몸이

요, 만물 안에서 만물을 충만케 하시는 분의 충만함입니다. (에베소서 1장 22~23절)

그러나 교회가 이토록 중요하지만, 교회와 하나님 나라는 같지 않다. 교회가 자신을 하나님 나라와 동일시할 때 교회는 언제나 타락했다. 교황의 절대 권력을 구축하면서 타락한 중세 교회가 대표적인 본보기다. 교회는 하나님 나라와 뗄 수 없이 연결된 하나님의 기획이지만 교회 자체가 하나님의 나라는 아니라는 것을 늘 되새겨야 한다. 에클레시아는 바실레이아가 아니다. 에클레시아가 자신의 절대성을 주장하면 바실레이아를 향하지 못한다. 오늘날도 마찬가지다. 교회가 자신의 왕국을 세우면 안 된다. 왕국은 하나님 나라 하나뿐이며 왕은 오직 하나님이다. 교회는 하나님 나라를 바라보며 걸어가는 순례 공동체다. 예수가 새끼 나귀를 타고 예루살렘에 입성할 때 수많은 사람이 환호했다. 새끼 나귀가 사람들이 자기에게 환호한다고 생각한다면 큰 착각이다. 나귀는 단지 탄 사람을 모시는 도구일 뿐이다. 교회 공동체든 목회자를 비롯한 교회의 어떤 지도자든 자신을 절대화하면 안 된다. 나귀 새끼의 착각에 빠지면 망한다.

예수가 공적 활동을 시작하기 전에 그가 하나님의 아들 그리스도라는 것을 증언한 사람이 있다. 세례 요한이다. 천사 가브리엘이 요한이 탄생을 그의 아버지가 될 사람에게 예고하며 하나님의 말씀을 전했다. 요한은 언약(言約), 곧 약속의 말씀에 따라서 세상에 났고 그 말씀을 따라 살았다. 만일 하나님이 옛날에 살았던 사람들 가운데 누구 하나를 다시 세상에 보내신다면 나는 주저 없이 말하겠다.

'하나님, 세례 요한입니다!'

세례 요한이 간절한 까닭이 있다. 이 사람의 출생과 사역에 그것이 명백하다.

요한을 만나보자.

나는 그리스도가 아니오

메시아가 오기 전에 그 길을 준비하는 사람이 활동한다는 예언이 구약 성경에 나온다. 세례 요한이다. 마가는 그의 복음서를 시작하면서 우리가 위에서 살펴본 1장 1절에 바로 이어서 구약 성경에 있는 예언자들의 기록을 두 책에서 인용한다. 말라기 3장과 이사야 40장이다.

"내가 나의 특사를 보내겠다. 그가 나의 갈 길을 닦을 것이다. 너희가 오랫동안 기다린 주가, 문득 자기의 궁궐에 이를 것이다. 너희가 오랫동안 기다린, 그 언약의 특사가 이를 것이다. 나 만군의 주가 말한다." (말라기 3장 1절)

"너희는 위로하여라! 나의 백성을 위로하여라!"

너희의 하나님께서 말씀하신다.

"예루살렘 주민을 격려하고, 그들에게 일러주어라. 이제 복역 기간이 끝나고, 죄에 대한 형벌도 다 받고, 지은 죄에 비하여 갑절의 벌을 주님에게서 받았다고 외쳐라."

한 소리가 외친다.

"광야에 주님께서 오실 길을 닦아라. 사막에 우리의 하나님께서 오실 큰길을 곧게 내어라." (이사야 40장 1~3절)

마가복음 9장에는 예수가 베드로, 야고보, 요한 세 제자를 데리고 높은 산에 올라가서 천국의 영광스러운 모습으로 변화된 사건이 나온다. 그 상황에서 구약 시대의 예언자 두 사람이 역시 천국의 모습으로 나타난다. 모세와 엘리야다. 세 제자는 천국의 영광을 맛보았다. 그 영광스러운 현상이 지나가고 예수와 제자들이 산에서 내려오는 길에 제자들이 묻는다. 메시아가 오기 전에 먼저 엘리야가 와서 길을 준비한다는 뜻에 관해서다. 예수는 엘리야가 벌써 왔다고 말한다. 세례 요한을 가리킨 것이다.

엘리야는 구약 성경에 나오는 대표적인 예언자 중 한 사람이다. 구약 성경 열왕기상 17~19장, 열왕기하 1~2장에 엘리야 이야기가 나온다. 아합 왕이 북왕국 이스라엘을 통치하던 주전 9세기 전반에 갈멜산에서 바알을 섬기는 선지자 450명과 아세라를 섬기는 선지자 400명, 모두 850명이나 되는 이방신의 선지자와 대결하여 그들을 꺾은 사람이 엘리야다.

"나 만군의 주가 말한다. 너희는 율법, 곧 율례와 법도를 기억하여라. 그것은 내가 호렙산에서 내 종 모세를 시켜서, 온 이스라엘이 지키도록 이른 것이다. 주의 크고 두려운 날이 이르기 전에, 내가 너희에게 엘리야 예언자를 보내겠다. 그가 아버지의 마음을 자녀에게로 돌이키고, 자녀의 마음을 아버지에게로 돌이킬 것이다. 돌이키지 아니하면, 내가 가서 이 땅에 저주를 내리겠다." (말라기 4장 1~6절)

세례 요한은 이스라엘 민족의 정통 혈통에서 났다. 아버지가 아비야 반열의 제사장 사가랴고 어머니는 아론의 후손 엘리사벳이다. 이 부부에게 자녀가 없었다. 이들이 나이가 많이 들어 임신 불가능한 나이가 되었을 때 하나님이 이름까지 지어주면서 아들을 준다. 요한이다. 사가랴가 제사장 직무를 담당하는 시간에 천사가 나타나서 태어날 아들과 연관하여 이렇게 예고한다.

"그는 주님께서 보시기에 큰 인물이 될 것이다. 그는 포도주와 독한 술을 입에 대지 않을 것이요, 어머니 뱃속에 있을 때부터 성령을 충만하게 받을 것이며, 이스라엘 자손 가운데서 많은 사람을 그들의 주 하나님께로 돌아오게 할 것이다. 그는 또한 엘리야의 심령과 능력을 가지고 주님보다 앞서 와서, 부모의 마음을 자녀에게로 돌아오게 하고 거역하는 자들을 의인의 지혜의 길로 돌아서 게 해서, 주님을 맞이할 준비가 된 백성을 마련할 것이다." (누가 복음 1장 15~17절)

세례 요한에 관한 기록이 사복음서에 다 나온다. 특히 누가복 음은 출생과 성장에 관하여, 요한복음은 공적 활동에 관하여 좀 더 특징적으로 다루고 있다. 요한은 낙타 털옷을 입고 허리에는 가죽 띠를 띠고 메뚜기와 들꿀을 먹었다. 태생적으로는 적통인데 그의 삶은 제도권에 정면으로 맞서는 야인의 길이었다. 요한은 천국이 가까이 왔다고 선포하며 죄를 회개하라고 외쳤다. 설교가 거침없었다. 직설적이었다. 사람들에게 강력한 영향을 끼쳤다.

온 유대 지역과 요단강 부근의 수많은 사람이 그에게 나와 죄를 자백하며 세례를 받았다. 그 당시 유대 사회의 종교 권력을 장악 하고 있던 바리새파와 사두개파 사람들 가운데서도 요한에게 세 례를 받으러 나왔다. 요한은 날카롭게 그들을 책망한다. 인류 역 사에서 가장 사악한 것은 종교가 타락할 때다. 막강한 종교 권력 을 가진 집단 사람들을 정면으로 질타하는 장면은 마음과 영혼을 후련하게 한다. 요한은 그리스도가 오신다고 예고한다.

"독사의 자식들아, 누가 너희에게 닥쳐올 징벌을 피하라고 일러 주더냐? 회개에 알맞은 열매를 맺어라. 그리고 너희는 속으로 주 제넘게 '아브라함이 우리 조상이다' 하고 말할 생각을 하지 말아

라. 내가 너희에게 말한다. 하나님께서는 이 돌들로도 아브라함의 자손을 만드실 수 있다. 도끼를 이미 나무뿌리에 갖다 놓았으니, 좋은 열매를 맺지 않는 나무는 다 찍어서, 불 속에 던지실 것이다. 나는 너희를 회개시키려고 물로 세례를 준다. 내 뒤에 오시는 분은 나보다 더 능력이 있는 분이시다. 나는 그의 신을 들고 다닐 자격조차 없다. 그는 너희에게 성령과 불로 세례를 주실 것이다. 그는 손에 키를 들고 있으니, 타작마당을 깨끗이 하여, 알곡은 곳간에 모아들이고, 쭉정이는 꺼지지 않는 불에 태우실 것이다."

(마태복음 3장 7~12절)

요한이 설교한 회개는 종교적인 영역에 갇힌 것이 아니었다. 회개는 본질적으로 개인과 사회 전체에 연관된다. 가난한 사람들을 배려하고 돕는 행동을 포함한다. 마음과 영혼의 변화와 더불어 사회적으로 정치와 경제, 법조와 교육 등 삶의 모든 영역에서 공의를 실천하는 것까지 포함한다.

요한의 설교를 듣고 마음에 찔림을 받은 사람들이 요한에게 묻는다.

"그러면 우리는 무엇을 해야 합니까?"

요한이 즉시 대답한다.

"속옷을 두 벌 가진 사람은 없는 사람에게 나누어 주고, 먹을 것을 가진 사람도 그렇게 하여라."

세례를 받으러 온 세리들이 묻는다. 세리는 로마의 하청 관리였고 상부에 바칠 세금보다 더 걷어서 치부하는 일이 허다했다.

"선생님, 우리는 무엇을 해야 하겠습니까?"

"너희에게 정해 준 것보다 더 받지 마라."

군인들도 그에게 물었다.

"그러면 우리는 무엇을 해야 하겠습니까?"

"아무에게도 협박하여 억지로 빼앗거나, 거짓으로 고소하여 빼앗거나, 속여서 빼앗지 말고, 너희의 봉급으로 만족하게 여겨라."

요한복음은 1~3장에서 세례 요한에 관하여 아주 중요한 장면을 우리에게 전한다. 오늘날의 그리스도인과 교회 공동체가 깊이 묵상할 내용이다. 요한의 인기가 하늘을 찌를 것처럼 대단한 상황이었다. 구약성경에 예언된 그리스도가 바로 요한이라고 생각하는 사람들이 허다했다. 예루살렘의 종교 지도자들도 바짝 긴장했다. 요한이 그리스도인지 확인해야 했다. 요한의 설교가 자신들의 관행적 부패를 정면으로 고발하며 책망하고 있지 않은가.

사두개인과 바리새인 등 70명으로 구성된 산헤드린이 소집되었다. 사두개인은 세습 제사장들이다. 바리새인은 율법을 필사하고 해석하는 전문가들이다. 신약 성경에 공회로 번역된 산헤드린은 로마제국 치하에서 군사, 세금 등 체제에 연관된 사항들 말고는 유대 사회에서 전권을 갖고 있었다. 예루살렘의 권력 핵심부에서 특별 조사단이 파견되었다. 그들이 요한이 세례를 베풀고 있는 요단강에 이르렀을 때 수많은 사람이 요한 주변에 있었다. 이들이 요한에게 가까이 가자 사람들이 길을 열어주었다.

얼른 옷차림만 봐도 고위층이 보낸 사람들이었다. 바람이 거셌다. 그들은 요한에게서 범접할 수 없는 힘을 느꼈다. 그들이 물었다.

"당신은 누구요?"

질문이 짧았다. 그리스도냐고 명시적으로는 묻지 않았다. 그리스도라는 단어를 말하지 않았어도 질문의 뜻은 어린아이도 알았다. 그리스도인지 아닌지를 조사하러 왔다. 요한도 물론 상황을 잘 알고 있다. 예루살렘의 권력층이 자신을 위험인물로 감시하고 있다. 요한은 에둘러 말하지 않고 곧바로 대답한다. 그의 대답은 신앙고백과 같았다. 그를 그리스도라고 믿는 많은 사람이 둘러서 있는 상황에서다.

"나는 그리스도가 아니오!"

이 대답이 요한에게도 쉽지 않았을지 모른다. 인정받고 싶은 욕구는 사람의 본능이다. 많은 사람이 자신을 주목하고 인기가 올라가면 멀쩡한 사람도, 훌륭한 사람도 쉽게 망가진다. 하루아침에 변질한다. 인기와 명예는 권력이다. 권력은 이성을 마비시킨다. 권력의 맛을 보기 시작하면 사람이 변한다. 신앙의 영역에서도 예외가 아니다. 하나님의 사람이라고 불리던 사람들 가운데 얼마나 많은 이가 명예욕과 권력욕에 무릎을 꿇었는가.

질문을 듣고 대답하기까지 요한의 마음이 흔들렸을까? 혹시라도 그랬다면, 그래서 자신의 인기를 추하지 않게 유지하려 했다면, 요한에게 선택지는 많았다. 우리가 아는 요한은 그런 사람이 절대로 아니다. 그러나 성경은 요한에 관한 기록으로써 요한처럼 살지 않는 사람들을 꾸짖고 있기도 하다. 그래서 겉으로는 품위 있는 척하면서 자기 명예욕을 채우려는 상황을 가정해 본다면 이런 대답들이 가능했을 테다.

'여기 둘러서 있는 사람들에게 물어보시오.'

'나의 모든 것은 다 공개되어 있소. 내가 선포하는 메시지와 내가 하는 일을 보고 당신들이 판단하시오.'

'내가 그리스도인지 아닌지는, 그리스도라는 개념을 어떻게 이해하느냐에 따라 다를 수 있겠지요.'

'내가 그리스도인지를 확인하려는 것이 당신들의 관심사지요. 그런데 보시오, 내 설교를 경청하고 나에게 세례를 받는 이 수많은 사람을 보시오. 사람들이 나에게서 희망을 보고 있잖소. 내가 그리스도라면 어떻고 그리스도가 아니라면 어떻단 말이오.'

이런 방법도 있다. 대답하지 않고 그저 옅은 미소를 짓는 것이다. 인기가 높을 때 말로 표현하지 않는 처신은 신비로움을 증폭시킨다. 특히 종교적인 영역에서 대중의 지지를 끌어올리는 전통적인 방법이다.

그러나 요한은 그러지 않았다. 마치 법정에서 증언하듯이 또는 순교하면서 고백하듯이 아주 분명하게 부정형 문장으로 말했다.

"나는 … 아니오!"

그들이 다시 요한에게 물었다.

"그러면, 당신은 누구란 말이오? 엘리야요?"

"아니오!"

사실은 요한이 구약성경에서 언급된 엘리야였다. 하지만 군중은 엘리야와 그리스도의 차이를 알지 못하는 사람이 태반이었을 것이다. 그들이 또 묻는다.

"당신은 그 예언자요?"

"아니오!"

조사 나온 사람들은 "그 예언자"라는 표현에 조금이라도 그리스도를 가리킬 수 있는 나머지 모든 가능성을 눌러 담아서 물었다. 긍정과 부정 둘 중 하나를 선택하게 만드는 질문으로는 마지막이었다. 요한을 그리스도라고 믿는 수많은 사람이 둘러싸고 있는 상황에서 요한이 그리스도가 아니라고 요한의 입으로 말하게 하는 것이 필요했다. 그러면 요한을 그리스도로 추종하는 사람들이 타격을 받을 것이었다.

반면 요한은 그 어떤 사람도 자신을 그리스도라고 생각하지 못하게 대못을 박았다. 세 번이나 '나는 아니오'라고 대답하면서 요한은 자신이 그리스도와 연관될 모든 가능성을 철저하게 배제했다. 요한이 이렇게 극명하게 사실을 밝혀서 사람들이 요한에게서 떠난다고 해도 요한은 거기에 추호도 관심이 없었다.

역설적이었다. 예루살렘의 핵심 권력자들과 요한은, 동기와 목적은 정반대였지만 표현하려는 내용은 같았다. 권력자들이 기득권을 유지하려고 요한을 공격하는 것이 외려 하나님의 뜻을 드러내고 있었다. 요한은 그야말로 오로지 하나님의 뜻만 따랐다.

그들이 마지막으로 물었다.

"그러면, 당신은 누구란 말이오? 우리를 보낸 사람들에게 대답할 말을 좀 해주시오. 당신은 자신을 무엇이라고 말하시오?"

이 질문에 요한은 긍정형 표현으로 답한다.

"나는 예언자 이사야가 말한 대로, 주님께서 오실 길을 곧게 하라고 광야에서 외치는 자의 소리일 뿐이오!"

소리는 보이지 않는다. 잡을 수 없다. 소리는 스스로 주체가 아니다. 어떤 주체가 보내는 뜻일 뿐이다. 소리는 자신을 주장하지 않는다. 뜻을 전달할 뿐이다. 임금의 행차를 전하는 내시의 소리를 생각해보라.

"주상 전하 납시오!"

이 소리를 외치면서 내시는 사람들에게 자신을 드러내지 않는다. 자신의 목소리가 얼마나 멋지고 아름다운지 또는 발음이 분명하고 훌륭한지 신경 쓰면 안 된다. 사람들이 내시의 목소리에 집중하거나 내시의 탁월함에 관심을 기울이면 임금에게 불경죄가 된다. 내시의 목에서 나오든, 다른 사람의 목에서 나오든 상관없다. 목에서 나오는 '그 소리가' 중요하다. 내시도 내시의 목소리도 없다. 전달되는 소리만 존재한다. 그 소리로써 뜻이 이루어진다.

요한이 자신을 그리스도가 아니며 다만 광야에서 외치는 소리라고 못 박은 이후에 요한의 사람됨이 더 분명하게 드러나는 일이 있었다. 요한이 아직 활동하고 있을 때 예수와 제자들이 사역을 시작했다. 두 집단에서 세례를 베푸는 영역이 겹쳤다. 사람들이 예수 쪽으로 모여들기 시작했다. 요한의 제자들이 걱정하면서 스승 요한에게 상황을 보고한다. 요한은 자신이 퇴장할 때가 되었음을 깨닫는다. 요한의 제자들과 요한의 대화가 이러했다.

"선생님, 보십시오. 요단강 건너편에서 선생님과 함께 계시던 분, 곧 선생님께서 그리스도라고 증언하신 그분이 세례를 주고 있는데, 사람들이 모두 그쪽으로 갑니다."

"하늘이 주시지 않으면 사람은 아무것도 받을 수 없다. 나는 그리스도가 아니다. 다만 그분의 길을 준비할 사명을 받았을 뿐이다. 너희가 참으로 내 제자라면 너희야말로 이 사실을 적극적으로 증언해야 한다. 생각해봐라, 신부를 차지하는 사람은 신랑이다. 신랑의 친구는 신랑을 기다리고 서 있다가, 신랑의 음성을 들으면 크게 기뻐한다. 지금 나는 이런 기쁨으로 가득 차 있다. 예수 그분은 흥해야 하고, 나는 쇠해야 한다!"

세례 요한은 자신을 '소리'라고 했다. 예수는 흥하고 자신은 쇠해야 한다고 말했고 그렇게 살았다. 요한은 자신에 관하여 예언된 하나님의 말씀을 온 몸으로 살아냈다. 요한처럼 이런 자의식을 갖고 사는 사람이 있는 모임은 얼마나 아름다울까. 사회 각 분야, 특히 종교적 영역에서 요한을 닮은 사람들이 많아지면 사회는 얼마나 성숙해질까. 마땅히 요한의 삶을 이어야 하는 기독교의 지도자들이 이렇게 살면 교회는 얼마나 아름다울까. 명예욕과 권력욕을 훌쩍 넘어서서 자신의 존재 의미를 응시하면서 깊은 행복을 누리는 사람들, 오늘날의 요한이 그립다.

'주님, 옛날에 살았던 하나님의 사람들 가운데서 누구 한 사람을 오늘날의 세상에 보내주신다면, 그는 바로 세례 요한입니다!'

예수가 하나님의 아들 그리스도라는 것을 세례 요한보다 훨씬 먼저 안 여인이 있다. 예수를 잉태하고 출산한 여인 마리아다. 상식적인 눈으로 보면 마리아의 삶이 험했다. 고생이 심할 때에는 마음이 칼에 찔리는 것처럼 힘들었다.

말씀대로 나에게 이루어지기를

마리아는 다윗 가문의 후손인 요셉과 약혼했다. 둘은 이스라엘의 북부 지방 갈릴리 나사렛 사람이었다. 갈릴리는 이스라엘의 수도인 예루살렘과 대비되는 지역이었다. 남부 유대의 예루살렘은 유대교 신앙과 정치권력의 중심부였다. 갈릴리는 이방의 갈릴리로 불릴 정도로 이방인이 많았다. 주변부였고 밀려난 곳이었다. 특히 나사렛은 '나사렛에서 무슨 선한 것이 날 수 있느냐'는 관용어가 있을 정도로 변변치 않은 동네였다. 그러나 갈릴리에서 새로운 세상을 꿈꾸는 변혁의 희망이 꿈틀거리고 있었다. 기득권 지역은 보통 이대로만 살자는 생각에 갇힌다. 소외된 주변부에서는 새로움을 갈망하는 힘이 움직인다. 사람 사는 구조가 늘 그렇다. 인류 역사에서 반복되는 일이다. 갈릴리가 그랬다.

요셉과 약혼할 때 마리아는 십 대 후반이었을 것이다. 당시 흔했던 것처럼 요셉과 나이 차가 많이 났다. 요셉과 마리아는 가난했다. 첫 아이 예수를 낳고 아이를 하나님께 드리는 신앙 예식을 하면서 제물로 비둘기 두 마리를 드렸다. 가난한 사람이 드릴 예물이었다. 제물에 관한 명령을 담은 구약 레위기의 기록을 보자.

> 아들을 낳았든지 딸을 낳았든지, 몸이 정결하여지는 기간이 끝나면, 산모는 번제로 바칠 일 년 된 어린 양 한 마리와 속죄제로 바칠 집비둘기 새끼 한 마리나 산비둘기 한 마리를, 회막 어귀로 가져가서 제사장에게 바쳐야 한다. (레위기 12장 6절)

> 그 여자가 양 한 마리를 바칠 형편이 못 되면, 산비둘기 두 마리나 집비둘기 새끼 두 마리를 가저다가, 한 마리는 번제물로, 한 마리는 속죄 제물로 바쳐도 된다." (레위기 12장 8절)

마리아는 참으로 귀한 여인이다. 마리아가 아직 요셉과 함께 살기 전 어느 날, 여느 날처럼 마리아는 성경 말씀을 묵상하고 있었다. 누가복음 1장의 기록을 토대로 그 상황을 그려보자. 갑자기 천사가 나타났다. 화들짝 놀라서 두려움에 휩싸인 마리아에게 천사 가브리엘이 환한 표정으로 말한다.

"기뻐하여라, 은혜를 입은 사람아, 주님께서 그대와 함께 하신다."

마리아는 이 말이 무슨 뜻일까 궁금했다.

"두려워하지 말아라. 마리아야, 그대는 하나님의 은혜를 입었다. 보아라, 그대가 잉태하여 아들을 낳을 터이니, 그의 이름을 예수라고 하여라. 그는 위대하게 되고, 더없이 높으신 분의 아들이라고 불릴 것이다. 주 하나님께서 그에게 그의 조상 다윗의 왕위를 주실 것이다. 그는 영원히 야곱의 집을 다스리고, 그의 나라는 무궁할 것이다."

이것이 무슨 말인가, 결혼해서 남편과 함께 살기도 전에 임신한다니! 게다가 지금 천사가 하는 말은 그리스도 예언과 연관되는 구약성경의 내용이 아닌가! 충격을 받은 마리아가 천사에게 말한다.

"나는 남자를 알지 못하는데, 어떻게 이런 일이 있겠습니까?"

천사가 웃음을 머금고 마리아에게 대답한다.

"성령이 그대에게 임하시고, 더없이 높으신 분의 능력이 그대를 감싸 줄 것이다. 그러므로 태어날 아기는 거룩한 분이요, 하나님의 아들이라고 불릴 것이다. 보아라, 그대의 친척 엘리사벳도 늙어서 임신하였다. 임신하지 못하는 여자라 불리던 그가 임신한 지 벌써 여섯 달이 되었다. 하나님께는 불가능한 일이 없다."

마리아가 말했다.

"보십시오, 나는 주님의 여종입니다. 당신의 말씀대로 나에게 이루어지기를 바랍니다."

처녀의 몸으로 임신하게 된다는, 도무지 말이 되지 않는 예고를 듣고 쉽게 따를 수 있었을까? 유대교의 전통적인 율법에 따르면 결혼 전에 임신한 사실이 드러나면 돌에 맞아 죽는 형벌을 받을 수도 있다. 어떻게 마리아는 말씀대로 이루어지기를 바란다고 순종할 수 있었을까?

천사가 마리아에게 나타나서 임신을 예고하는 성경 본문은 교회 역사에서 많은 화가의 작품 소재였다. 이 장면을 그린 그림들의 공통점이 있다. 마리아가 앞에 펼쳐진 성경책이 있다. 마리아는 경건한 유대인의 가정이 그러했듯이 어려서부터 구약성경을 읽고 묵상하며 자랐을 것이다. 십대가 되면서 마리아는 하나님의 말씀에 더 깊어졌다. 말씀 묵상은 마리아의 인격과 일상에서 뗄 수 없게 되었다. 말씀을 묵상하며 삶으로 순종하는 일이 늘 이어졌다. 마리아는 그렇게 형성되었다. 가브리엘이 나타난 그 날도 마리아는 말씀을 묵상하고 있었다.

나사렛에 사는 마리아를 방문하기 반년 전에 천사 가브리엘이 예루살렘 성전에서 제사장의 직무를 담당하고 있는 사가랴에게 나타났다. 가브리엘은 사가랴와 엘리사벳 부부에게 아들이 태어날 것을 예고했다. 세례 요한이다. 천사가 떠나고 난 뒤에 마리아는 서둘러 유대 산골의 베들레헴으로 떠났다. 마리아와 엘리사벳은 친족이었다. 마리아는 천사의 방문 후에 곧 유대 지방에 사는 엘리사벳을 찾아간다. 할머니 엘리사벳과 젊은 마리아, 두 여인이 만난다. 둘이 성령으로 충만해서 나눈 대화와 하나님께 올린 찬양에 마리아가 말씀의 사람이라는 내용이 나온다. 엘리사벳이 성령에 사로잡혀 큰 소리로 외친다.

"그대는 여자들 가운데서 복을 받았고, 그대의 태중의 아이도 복을 받았습니다. 내 주님의 어머니께서 내게 오시다니, 이것이 어찌 된 일입니까? 보십시오. 그대의 인사말이 내 귀에 들어왔을 때에, 내 태중의 아이가 기뻐서 뛰놀았습니다. 주님께서 하신 말씀이 이루어질 줄 믿은 여자는 행복합니다." (누가복음 1장 42~45절)

마리아도 성령이 충만한 상태에서 하나님을 찬양하며 말한다. 마리아의 찬가라고 불리는, 초기 교회 공동체의 유명한 노래다. 여기에 그리스도가 태어나고 자라서 하실 일의 핵심이 담겨 있다.

"내 영혼이 주님을 찬양하며 내 마음이 내 구주 하나님을 좋아함은, 그가 이 여종의 비천함을 보살펴 주셨기 때문입니다. 이제부터는 모든 세대가 나를 행복하다 할 것입니다. 힘센 분이 나에게 큰일을 하셨기 때문입니다. 그의 이름은 거룩하고, 그의 자비하심은, 그를 두려워하는 사람들에게 대대로 있을 것입니다.
그는 그 팔로 권능을 행하시고 마음이 교만한 사람들을 흩으셨으니, 제왕들을 왕좌에서 끌어내리시고 비천한 사람을 높이셨습니다. 주린 사람들을 좋은 것으로 배부르게 하시고, 부한 사람들을 빈손으로 떠나보내셨습니다. 그는 자비를 기억하셔서, 자기의 종 이스라엘을 도우셨습니다. 우리 조상들에게 말씀하신 대로, 그 자비는 아브라함과 그 자손에게 영원토록 있을 것입니다." (누가복음 1장 46~55절)

교회 역사에서 마리아를 부르는 전형적인 표현이 '복되신 마리아'다. 누가복음 1장의 본문에 근거해서 형성된 말이다. 왜 마리아가 복 있는 여인인지가 중요하다. 말씀이 삶이 되는 것을 갈망했고 그렇게 순명(殉命)했기 때문이다. 마리아의 존재와 삶의 실존에 말씀묵상이 참으로 깊었다는 것이 아들 예수와 연관된 일에서 잘 드러난다. 누가복음 2장을 중심으로 예수 탄생 이야기를 따라가 보자.

아우구스투스 황제가 칙령을 내려 제국 전체가 호적을 등록하게 되었다. 이때 구레뇨가 시리아의 총독이었다. 사람들이 호적 등록을 하러 자기 고향으로 가야 했다. 마리아의 약혼자 요셉은 다윗 가문의 자손이어서 유대의 베들레헴으로 여행했다. 그때 약혼한 마리아가 임신 중이었고 해산할 때가 다 되었나. 이들 부부는 방을 구하지 못해서 마구간에서 몸을 풀었다.

마리아가 첫아들을 낳아서, 포대기에 싸서 구유에 눕혀 두었다. 여관에는 그들이 들어갈 방이 없었기 때문이다. 그 지역에서 목자들이 밤에 들에서 지내며 그들의 양 떼를 지키고 있었다. 그런데 주님의 한 천사가 그들에게 나타나고, 주님의 영광이 그들을 두루 비추니, 그들은 몹시 두려워하였다. 천사가 그들에게 말하였다. "두려워하지 말아라. 나는 온 백성에게 큰 기쁨이 될 소식을 너희에게 전하여 준다. 오늘 다윗의 동네에서 너희에게 구주가 나셨으니, 그는 곧 그리스도 주님이시다. 너희는 한 갓난아기가 포대기에 싸여, 구유에 뉘어 있는 것을 볼 터인데, 이것이 너희에게 주는 표징이다.”

갑자기 그 천사와 더불어 많은 하늘 군대가 나타나서, 하나님을 찬양하여 말하였다.

“더없이 높은 곳에서는 하나님께 영광이요, 땅에서는 주님께서 좋아하시는 사람들에게 평화로다.”

천사들이 목자들에게서 떠나 하늘로 올라간 뒤에, 목자들이 서로 말하였다.

“베들레헴으로 가서, 주님께서 우리에게 알려주신 바, 일어난 그 일을 봅시다.” (누가복음 2장 7~15절)

목자들이 급히 달려가서 마리아와 요셉 그리고 말 구유(소나 말 등 가축에게 먹이를 담아주는 그릇, 여물통)에 누워있는 아기를 찾았다. 그들이 천사들이 나타난 상황과 아기에 관하여 천사가 전한 하나님의 말씀을 전했다. 사람들이 이 얘기를 듣고 이상하게 생각했다. 마찬가지로 마리아도 그 상황이 이해되지 않았다. 그러나 마리아는 천사와 목자들이 자기에게 전달한 하나님의 모든 말씀을 마음에 담아두고 깊이 묵상했다.

마리아는 이 모든 말을 고이 간직하고, 마음속에 곰곰이 되새겼다. (누가복음 2장 19절)

마리아의 아들 예수가 열두 살 때는 이런 일이 있었다. 마리아와 요셉은 해마다 예루살렘에 올라가서 유월절 절기를 지켰다. 예수는 열두 살 때 처음으로 유월절 여정에 부모를 따라갔다. 동네 사람들과 친척 친지들 그리고 예수처럼 유월절에 예루살렘에 처음으로 올라가는 또래들도 적지 않았다. 절기가 끝나고 나사렛으로 돌아오는 길에 소년 예수는 예루살렘에 그냥 머물러 있었다. 부모는 이것을 모르고 일행 가운데 있으려니 생각했다. 하룻길을 가다가 예수가 없는 것을 알고서 부모가 예수를 찾으면서 예루살렘까지 다시 올라갔다. 사흘 뒤에야 마리아와 요셉은 성전에서 예수를 찾아냈다. 예수는 율법 선생들 가운데 앉아서 그들의 말을 듣기도 하고 묻기도 하고 있었다. 주변 사람들 모두가 예수의 지혜와 대답에 놀랐다. 마리아와 요셉은 아들을 발견하고는 불안했던 마음을 떨치고 안도했다.

어머니가 말했다.

"얘야, 이게 무슨 일이냐? 네 아버지와 내가 너를 찾느라고 얼마나 애를 태웠는지 아느냐!"

예수가 대답했다.

"어찌하여 저를 찾으셨습니까? 제가 제 아버지의 집에 있어야 할 줄을 알지 못하셨습니까?"

마리아와 요셉은 아들이 자기들에게 한 말이 무슨 뜻인지 알지 못했다. 마리아는 이 사건을 나중까지 오래도록 깊이 생각했다.

예수는 부모와 함께 내려가 나사렛으로 돌아가서, 그들에게 순종하면서 지냈다. 예수의 어머니는 이 모든 일을 마음에 간직하였다. (누가복음 2장 51절)

하나님은 말씀과 생활의 사건을 통하여 마리아에게 거룩한 뜻을 전했다. 마리아는 받은 말씀과 생활의 사건을 묵상하며 그 뜻을 헤아렸다. 깨달은 것에 감사했다. 이해하지 못하는 것은 일단 마음에 담아두었다. 마리아와 요셉이 난지 팔 일 된 아기 예수를 성전에 데리고 갔을 때 나이 많은 선지자 시므온이 아이를 안고서 예언했다. 이들 부부는 시므온의 말을 이해하지 못했다.

"주님, 이제 주님께서는 주님의 말씀을 따라, 이 종을 세상에서 평안히 떠나가게 해주십니다. 내 눈이 주님의 구원을 보았습니다. 주님께서 이것을 모든 백성 앞에 마련하셨으니, 이는 이방 사람들에게는 계시하시는 빛이요, 주님의 백성 이스라엘에게는 영광입니다."

아기의 아버지와 어머니는, 시므온이 아기에 대하여 하는 이 말을 듣고서, 이상하게 여겼다. 시므온이 그들을 축복한 뒤에, 아기의 어머니 마리아에게 말하였다.

"보십시오, 이 아기는 이스라엘 가운데 많은 사람을 넘어지게도 하고 일어서게도 하려고 세우심을 받았으며, 비방 받는 표징이 되게 하려고 세우심을 받았습니다. 그리고 칼이 당신의 마음을 찌를

것입니다. 그리하여 많은 사람의 마음 속 생각들이 드러나게 될 것입니다." (누가복음 2장 29~35절)

마리아는 하나님의 아들이며 세상의 구세주인 예수를 잉태하여 출산했다. 아이를 기르면서 또 예수가 공적인 사역에 헌신하며 사명의 길을 걸어갈 때 마리아는 온갖 일을 겪었다. 감격과 감사, 기쁨과 경탄이 많았다. 그러나 칼이 마음을 찌르는 것 같은 고통도 많았다. 예수가 십자가에 달려 죽어갈 때 마리아는 그 자리에 있었다. 예수의 시신을 십자가에서 내릴 때 마리아는 피투성이가 된 예수의 시신을 안고 통곡했다. 예수의 부활과 승천 후에 성령이 강림하여 교회가 시작되었다. 신앙인들이 하나님 나라를 경험하면서 아름다운 공동체를 일구며 살아갈 때 마리아는 그 한가운데 있었다. 의사 누가는 자신이 쓴 누가복음에 예수의 탄생과 어린 시절 이야기를 마치 현장에 있던 것처럼 기록했다. 마리아에게서 전해 들었을 것이다.

마리아의 남편 요셉을 좀 변호해야겠다. 요셉은 목수로 살았다. 마리아보다 나이가 상당히 많았을 이 남자는 일찍 세상을 떠났을 것이다. 신약 성경에 마리아는 나중까지 언급되는데 요셉은 예수의 탄생과 애굽(이집트)으로 피신했다가 나사렛까지 가는 여정 이외에는 등장하지 않는다. 마리아에 비하면 요셉은 신약 성경에서 존재가 미미하다.

마리아는 기독교 역사와 신앙에서 늘 중심에 있었다. 구세주의 어머니로서 '하나님의 어머니'라고 불리기도 했다. 종교에는 대부분 부성과 모성의 상징이 함께 존재한다. 인간의 통속적인 종교심이 이를 요구한다. 이런 상황과 연결되면서 마리아는 신성을 가진 존재로 숭배되기도 했다. 신앙이 깊은 여인이었으니까 마리아는 깊은 존경을 받아 마땅한 하나님의 사람이 분명하다. 하지만 사람들의 미신적인 종교심이 마리아를 자주 신적인 숭배의 대상으로 삼아 기독교 신앙을 왜곡하기도 했다.

누가복음은 마리아에 관해서 상세하게 기록하고 있고, 요셉에 관한 기록은 마태복음이 주로 담고 있다. 요셉은 결혼 전에 자기 약혼녀 마리아가 임신한 사실을 알았다. 그는 마리아에게 부끄러움을 주거나 피해가 가지 않도록 조용히 파혼하려 했다. 요셉의 사람됨과 깊은 신앙이 보인다. 이런 상황에서 요셉의 꿈에 천사가 나타나서 메시아 예언이 담긴 구약 이사야 7장 14절을 인용하며 하나님의 뜻을 전한다.

요셉이 이렇게 생각하고 있는데, 주님의 천사가 꿈에 그에게 나타나서 말하였다.

"다윗의 자손 요셉아, 두려워하지 말고, 마리아를 네 아내로 맞아들여라. 그 태중에 있는 아기는 성령으로 말미암은 것이다. 마리아가 아들을 낳을 것이니, 너는 그 이름을 예수라고 하여라. 그가 자기 백성을 그들의 죄에서 구원하실 것이다."

이 모든 일이 일어난 것은, 주님께서 예언자를 시켜서 이르시기를, "보아라, 동정녀가 잉태하여 아들을 낳을 것이니, 그의 이름을 임마누엘이라고 할 것이다" 하신 말씀을 이루려고 하신 것이다. (임마누엘은 번역하면 '하나님이 우리와 함께 계시다'는 뜻이다.) 요셉은 잠에서 깨어 일어나서, 주님의 천사가 말한 대로, 마리아를 아내로 맞아들였다. 그러나 아들을 낳을 때까지는 아내와 잠자리를 같이하지 않았다. 아들이 태어나니, 요셉은 그 이름을 예수라고 하였다." (마태복음 1장 20~25절)

요셉은 당시의 상식과 신앙 윤리로는 용인할 수 없는 상황을 받아들였다. 천사가 전한 하나님의 말씀을 믿고 순종했다. 요셉은 임신한 여인을 아내로 맞이한다. 깊은 신앙에서 나온 큰 결단이며 순종이다. 요셉도 마리아처럼 평소에 말씀을 묵상하며 살았을 것이다. 남을 배려하는 마음이 각별하고 신앙이 깊었던 남자, 하나님의 아들이며 인류의 구세주인 그리스도를 잉태하여 출산하고 길러야 했던 여인 마리아의 남편, 자신의 본분을 다하고 말없이 역사의 무대에서 퇴장한 사람, 요셉은 짧게 등장했지만 거인이었다. 마리아는 요셉을 남편으로 만나 든든하고 행복했다. 신실하고 경건한 신앙을 가진 이들 부부는 함께 사는 동안 서로에게 사랑이 깊었다. 나사렛의 밤이 깊고 사랑스러웠다. 이들 부부 사이에서 아이들이 태어났다.

예수께서 거기를 떠나서 고향에 가시니, 제자들도 따라갔다. 안식일이 되어서, 예수께서 회당에서 가르치기 시작하셨다. 많은 사람이 듣고, 놀라서 말하였다.

"이 사람이 어디에서 이런 모든 것을 얻었을까? 이 사람에게 있는 지혜는 어떤 것일까? 그가 어떻게 그 손으로 이런 기적들을 일으킬까? 이 사람은 마리아의 아들 목수가 아닌가? 그는 야고보와 요셉과 유다와 시몬의 형이 아닌가? 또 그의 누이들은 모두 우리와 같이 여기에 살고 있지 않은가?" (마가복음 6장 1~3절)

PART 2

하나님,
사람이 되다

오늘날 예수님을 사랑한다면서 예수님의 천국을 탐하는 사람은 많은데 예수님의 십자가를 지려는 사람은 거의 없다. 예수님의 위로를 소망하는 사람은 많은데 그분의 고난에 동참하려는 사람은 거의 없다. 누구나 그분과 더불어 기쁨을 누리려 하는데 그분을 위하여 또는 그분과 함께 고통을 참으려는 사람은 거의 없다. 그분의 기적을 숭배하는 사람은 흔한데 그분이 당한 십자가의 치욕을 따르려는 사람은 거의 없다.

예수님을 사랑하는 사람은 많지만, 환난이 일어나지 않을 때뿐이다. 예수님을 찬양하고 그분의 축복을 바라는 사람은 많지만, 그분에게 위로받을 때뿐이다.

예수님을 사랑하되 자신을 위해 특별한 위로를 얻으려 해서가 아니라, 오로지 예수님이어서 그분을 사랑하는 사람은 최상의 위로를 받을 때뿐 아니라 극심한 고난과 고통을 당해도 예수님을 찬양한다.

— 켐펜의 토마스(Thomas von Kempen, 대략 1380~1471)의 '그리스도를 본받아'

그리스도는 말씀을 전하는 것 외에 어떤 다른 사명을 위하여 세상에 보내심을 받지 않았다. 교회의 직무를 맡은 모든 사람, 곧 사도들과 주교들과 사제들은 오로지 말씀을 전하는 사명을 위해서 부름을 받고 임명되었다. … 그러면 하나님의 말씀이라고 하는 것이 그렇게도 많은데 어느 것이 과연 하나님의 말씀인가? 말씀이 육신이 되어 고난을 받고 죽음에서 부활하여 성령을 통하여 영광을 받으신, 하나님 아들의 복음이다. 다음의 명제가 참이다.

'선행이 선한 사람을 만들지 못한다. 선한 사람이 선한 일을 한다. 악한 행위가 악한 사람을 만들지 못한다. 악한 사람이 악한 일을 한다.' 따라서 언제나 어떤 선행이 있기 전에 먼저 사람 자체가 선해야 한다. 그리스도께서 좋은 나무가 나쁜 열매를 맺을 수 없고 못된 나무가 아름다운 열매를 맺을 수 없다고 말씀하셨다. 나무가 열매보다 먼저다.

— 마르틴 루터(Martin Luther, 1483~1546)의 '그리스도인의 자유'

그 말씀이 우리 가운데 사셨다

세례 요한, 마리아와 요셉, 이들은 모두 삶을 다 던져 하나님의 말씀을 따랐다. 온몸으로, 그러니까 삶 전체로 주님을 섬겼다. 마가는 큰 실수를 저지르고 실패했지만 회개했다. 다시 신앙의 헌신을 회복했고 온몸으로 주님을 섬겼다.

몸은 사람을 구성하는 세 요소, 곧 신체와 정신과 영혼에서 신체를 가리킨다. 그러나 몸은 사람이란 존재를 대표하는 단어로도 쓰인다. 신체와 정신과 영혼은 한 인간의 존재 안에서 뗄 수 없이 서로 연결되어 있다. 사람이란 존재의 현상과 의미를 가장 또렷하게 느끼고 경험하는 곳이 몸이다. 그래서 '온몸'이란 표현은 삶과 죽음을 포함한 삶 전체를 나타내는 말로도 쓰인다.

서구의 미술 작품 중에 큰 거인이 작은 아이를 어깨에 메고 강을 건너는 그림이나 조각이 있다. 아이는 지구를 상징하는 둥근 것을 손에 들고 있기도 하다. 오래된 교회 건물에서 쉽게 볼 수 있다. 이 소재는 교회 역사에 내려오는 이야기에서 비롯되었다. 옛날 3세기에 큰 거인이 살았다. 그는 세상에서 가장 강한 자를 섬기겠다고 생각했다. 왕을 찾아갔다. 왕은 역시 강했다. 어느 날 왕이 악마만 보면 무서워한다는 것을 알고 악마를 섬기기 시작했다. 그런데 악마는 십자가만 보면 무서워하는 것이었다. 거인은 그리스도를 따르기로 결심했다.

어느 수도자가 이 거인에게 물살이 센 강에서 사람을 건네주는 일을 하라고 권했다. 거인은 이 일이 그리스도를 섬기는 것이라고 믿고 순종했다. 어느 날 어린아이 하나를 어깨에 태우고 강을 건넜다. 강을 건너는 중에 아이가 점점 더 무거워졌다. 얼마나 무거운지 도무지 감당할 수 없을 정도였다. 두려움이 밀려왔다.

"네가 너무 무겁구나. 마치 온 세상을 짊어진 것 같다."

아이가 말했다.

"두려워 말아라. 너는 지금 온 세상을 메고 가고 있다. 세상뿐 아니라 세상을 창조한 하나님을 짊어지고 있다. 내가 바로 그리스도다."

아이의 모습으로 나타난 그리스도의 말이 이어졌다.

"강을 건너거든 네 지팡이를 땅에 심거라. 내일 아침에 거기서 꽃이 피어날 것이다. 그것이 내가 그리스도라는 증표다."

이 거인이 크리스토포루스(Christophorus)다. 헬라어 그리스도(크리스토스 Χριστος)와 페로(φερω)가 붙은 단어다. 페로는 사람이나 물건을 데려가거나 운반한다는 뜻이다. 그리스도를 모시고 가는 사람이란 뜻이 된다. 이 사람에 관해서 동방 기독교와 서방 기독교에서 여러 가지로 얘기가 전해져 온다. '로마 순교록'에 따르면 데치우스 황제(249-252) 시기에 소아시아의 리키아에서 순교했다. 로마가톨릭에서는 성인으로 모신다.

크리스토포루스 이야기는 신앙인이라면 예수 그리스도를 온몸으로 믿고 따라야 한다는 가르침을 준다. 신앙의 역사는 온몸으로 주님을 섬긴 사람들로 이어진다.

온몸으로 주님을 섬기며 살았던 사람들, 그들이 그렇게 삶의 여정을 걸었던 힘은 무엇이었을까? 그들이 주님을 따랐다는 표현은 구체적으로 무엇을 뜻하는가? 예수를 세상의 그리스도며 자신의 주님으로 믿은 그 삶의 가치를 기독교 신앙이라고 한다. 그러면 기독교 신앙의 중심 내용은 무엇인가? 기독교 신앙의 정체성은 이 신앙의 경전인 신구약 성경에 걸려 있다. 성경의 중심을 꿰뚫고 흐르는 축은 무엇인가?

구약 성경과 신약 성경 전체의 내용을 두 단어로 요약할 수 있다. 창조와 구원이다. 두 단어 사이에 하나만 더 넣으면 성경 전체의 내용 흐름을 완벽하게 담을 수 있다. 창조, 타락, 구원이다. 세 단어에 성경이 전하는 구원의 역사가 다 담긴다. 구원의 이야기 중심에 메시아, 곧 그리스도이신 예수가 서 있다. 구약 성경은 장차 오실 그리스도에 관한 기록이고 신약 성경은 이미 오신 그리스도 그리고 다시 오실 그리스도에 관한 기록이다.

예수 그리스도를 증언한다는 점에서 볼 때 신약 성경이 구약 성경보다 명확하다. 구약은 여러 비유와 상징과 사건으로 예수 그리스도를 증언한다. 신약은 사람과 같은 존재로 세상에 살았던 예수의 삶과 사역을 경험한 사람들이 기록했다. 성경을 해석할 때 뜻이 명확한 본문에서 시작하여 애매한 본문을 살피는 것이 원칙이다. 신약을 빛으로 삼아 구약을 해석하는 것이 그래서다.

구속사(救贖史), 곧 구원의 역사에서 중심은 예수의 십자가 사건이다. 이 사건에서 예수가 하나님의 아들 그리스도라는 것이 드러난다. 보통 십자가 사건이라고 하면 십자가의 죽음과 부활을 생각한다. 그러나 십자가 사건이라는 표현에 구원의 전체 과정을 담는다면 죽음과 부활 외에 두 가지가 더 포함되어야 한다. 예수의 승천과 성령의 강림이다. 신약 성경의 기록을 조금만 찬찬히 보면 십자가에 못 박혀 죽임을 당한 예수가 부활한 뒤 바로 제자들이 강력하게 활동하지 않았다. 상황은 혼란스러웠다. 제자들이 부활하신 예수를 만났지만 종교 권력자들의 감시와 억압은 여전히 무서웠다.

이들을 움직이게 하는 힘이 필요했다. 신약 성경 이야기에서 이점이 아주 중요하다. 밖에서 오는 낯선 힘, 예수를 따르는 사람들을 완전히 바꾸어 놓을 하늘의 능력이 필요했다. 성령의 강림이다. 예수가 하늘로 오르는 것은 성령을 보내기 위한 연결고리였다. 예수가 부활하여 40일을 세상에 더 계시다가 승천했고 그로부터 10일이 지났을 때 예루살렘에 모여 있던 120명의 제자에게 성령이 내렸다. 성령이 잠깐 또는 얼마간 있다가 떠난 것이 아니라 아예 이사해서 신앙인의 마음과 영혼에 살기 시작했다.

성령이 예수가 가르친 말씀이 살아 움직이게 했다. 말씀이 삶이 되었다. 말씀이 강력하게 작동하기 시작하면서 하나님의 나라가 신앙 공동체의 삶에 맑은 시내처럼 흘렀고 크고 너르고 힘찬 강이 되었다. 하나님의 영이며 그리스도의 영인 성령이 활동하면서 나타나는 여러 가지 기적적인 현상들은 말씀이 삶이 되는 일에 보조적이며 부수적인 현상이었다. 십자가 사건은 죽음, 부활, 승천, 성령 강림의 네 가지를 포함한다.

말씀이 삶이 되는 것, 여기에 기독교 신앙이 걸려 있다. 이 명제를 가장 깊고 강렬하게 전해주는 신약 성경의 본문이 요한복음 1장이다. 거기에서 14절이 심장이다. 기독교 신앙을 집약한 대표적인 성경 구절로 보통 요한복음 3장 16을 꼽는다. 요한복음 1장 14절은 3장 16절을 가능하게 하는 근원이다. 두 구절을 보자.

> 그 말씀은 육신이 되어 우리 가운데 사셨다. 우리는 그의 영광을 보았다. 그것은 아버지께서 주신, 외아들의 영광이었다. 그는 은혜와 진리가 충만하였다. (요한복음 1장 14절)

> 하나님께서 세상을 이처럼 사랑하셔서 외아들을 주셨으니, 이는 그를 믿는 사람마다 멸망하지 않고 영생을 얻게 하려는 것이다. (요한복음 3장 16절)

요한복음 1장 1~18절은 요한복음 전체의 서론이다. 사복음서(四福音書)에서 마태복음, 마가복음, 누가복음에 각각 예수의 기원이 나오는데 요한복음의 기록이 가장 광대하고 장엄하고 시선이 길다. 요한복음은 태초부터 시작한다. 태초는 창조 이전을 말한다.

> 태초에 '말씀'이 계셨다. 그 '말씀'은 하나님과 함께 계셨다. 그 '말씀'은 하나님이셨다. 그는 태초에 하나님과 함께 계셨다. 모든

것이 그로 말미암아 창조되었으니, 그가 없이 창조된 것은 하나도 없다. 창조된 것은 그에게서 생명을 얻었으니, 그 생명은 사람의 빛이었다. 그 빛이 어둠 속에서 비치니, 어둠이 그 빛을 이기지 못하였다. (요한복음 1장 1~5절)

그 말씀이 참 빛으로서 세상에 오셨다. 하나님이 세상에 오신 것이다. 세상은 말씀이신 하나님이 창조했으니까 그분의 땅이다. 그러나 그 땅에 사는 사람들이 그분을 영접하지 않았다. 그분의 이름, 곧 예수 그리스도를 믿고 영접하는 사람은 하나님의 자녀가 되어 하늘의 권세를 받았다. 이것은 새로 태어나는 것과 마찬가지인데 부모에게서 태어나는 혈통의 출생이 아니라 하나님에게서 다시 태어나는 것이었다.

요한복음은 기독교의 복음을 설명하기 위해 그리스 철학과 당시의 사상에서 쓰이던 헬라어 하나를 가져온다. 말씀으로 번역된 '로고스'다. 로고스는 이성, 언어, 정신적이고 영적인 진리나 그런 존재를 표현하는 말이다. 당시 문화권에서 신체와 물질은 악하고 정신과 영혼이 선하다는 생각이 많았다. 영적이고 비밀스러운 지식을 깨달아야 물질의 감옥에 갇힌 인간이 구원에 이를 수 있다는 생각을 영지주의(靈知主義)라고 한다. 물질과 정신을 대립적으로 보는 영지주의적 경향은 그리스 문화의 종교 지식의 영역에서 일반적이었다.

기독교 신앙은 이를 정면으로 거부한다. 성경은 몸과 마음과 영혼을 하나로 본다. 요한복음 1장 14절을 보라. 기독교의 구원을 설명하면서 그 심장을 말씀(로고스)이 육신이 된 사건이라고 선언한다. "말씀이 육신이 되어 우리 가운데 거하시매", 여기에서 '거(居)하다'는 산다는 뜻이다. 이 단어의 원어를 직역하면 장막을 치고 산다, 집을 짓고 산다는 뜻이다. 하나님이 사람의 삶에 잠깐 방문한 것이 아니라 아예 이사해서 살게 되었다. 이 사건을 성육신(成育身)이라고 한다.

금욕주의는 기독교 역사에 늘 있었다. 그러나 지나친 금욕주의는 기독교 신앙이 아니다. 신앙을 비틀고 파괴한다. 초기 교회 안에 영지주의의 영향이 상당했고 이 때문에 문제가 되기도 했다. 결혼을 부정한 것으로 보고 음식 먹는 것을 죄악시하는 사람들이 있었다. 바울은 디모데에서 쓴 편지에서 이런 사람들을 경계하라고 권한다.

성령께서 환히 말씀하십니다. 마지막 때에, 어떤 사람들은 믿음에서 떠나, 속이는 영과 악마의 교훈을 따를 것입니다. 이러한 교훈은, 그 양심에 낙인이 찍힌 거짓말쟁이의 속임수에서 나오는 것입니다. 이런 자들은 혼인을 금하고, 어떤 음식물을 먹지 말라고 할 것입니다. 그러나 그 음식물은, 하나님께서, 믿는 사람과 진리를 아는 사람이 감사하는 마음으로 먹게 하시려고 만드신 것입니다. 하나님께서 지으신 것은 모두 다 좋은 것이요, 감사하는 마음으로 받으면, 버릴 것이 하나도 없습니다. 모든 것은 하나님의 말

씀과 기도로 거룩해집니다. (디모데전서 4장 1~5절)

기독교 이천 년 역사에 다양한 신앙의 갈래가 있는데 어느 집단이든 거의 예외 없이 성육신을 신앙의 중심으로 삼는다. 광범위한 기독교 신앙의 공통분모가 성육신이다. 이천 년 전에 사람 사는 세상에 구세주가 탄생한 그 사건이 성육신의 원형이다. 성육신은 이 원형적 사건 이후로 끊임없이 이어진다. 성경 말씀을 묵상하여 깨닫고 그 깨달음에 삶으로 순명(殉命)하면서 신앙인은 하나님의 임재와 현존을 현재진행형으로 체험한다. 이로써 성육신 사건이 이어진다. 말씀이 삶이 되며 성육신 사건이 지금 여기에서 작동하는 것이 하나님 나라 운동이다. 하나님은 말씀이 삶이 되는 사건에서 사람을 만나신다. 이것이 기독교 신앙의 본질이다. 마태복음은 요한복음의 성육신을 자신의 언어 임마누엘로 표현한다.

"마리아가 아들을 낳을 것이니, 너는 그 이름을 예수라고 하여라. 그가 자기 백성을 그들의 죄에서 구원하실 것이다." 이 모든 일이 일어난 것은, 주님께서 예언자를 시켜서 이르시기를, "보아라, 동정녀가 잉태하여 아들을 낳을 것이니, 그의 이름을 임마누엘이라고 할 것이다" 하신 말씀을 이루려고 하신 것이다. (임마누엘은 번역하면 '하나님이 우리와 함께 계시다'는 뜻이다.) (마태복음 1장 23절)

말씀이 삶의 한가운데 오셨다. 하나님이 사람들 한가운데 오셔서 함께 살기 시작했다. 말씀의 힘을 경험한 사람들이 희망하며 춤추기 시작했다. 그런 사람들이 모여 신앙 공동체가 되었다. 교회다. 밖으로 활짝 열린 그 공동체가 사람들 삶으로 깊이 들어갔다. 특히 어렵고 힘든 사람들, 병들고 실패한 사람들, 소외되고 밀려난 사람들을 섬겼다. 그들이 함께 사랑과 평화를 노래했다. 그들이 사는 사회에 새로운 기운이 흘렀다. 사람들이 관심과 공감, 배려와 사랑, 나눔과 섬김, 용기와 희망을 온몸으로 느꼈다. 이 한가운데 예수 그리스도가 계셨다. 이제는 더 이상 세상에서 볼 수 없는 그분이 거룩한 영으로 함께 살고 계셨다.

그들은 하나님을 보았다. 말씀이 육신이 되면서 사람들이 비로소 하나님을 보게 되었다. 계시(啓示)란 단어는 기독교 신앙에서 하나님이 자신을 드러내어 보여주시는 것을 말한다. 하나님이 자신을 계시하셨다는 요한복음 1장 18절은 요한복음 1장 14절과 긴밀하게 이어진다.

그 말씀은 육신이 되어 우리 가운데 사셨다. 우리는 그의 영광을 보았다. 그것은 아버지께서 주신, 외아들의 영광이었다. 그는 은혜와 진리가 충만하였다. (요한복음 1장 14절)

일찍이, 하나님을 본 사람은 아무도 없다. 아버지의 품속에 계신 외아들이신 하나님께서 하나님을 알려주셨다. (요한복음 1장 18절)

사람은 희망을 먹어야 산다. 맞다. 그러나 이 명제를 그저 듣기 좋은 말 정도가 아니라 구체적인 삶의 현장에서 관철하려면 무섭게 질문해야 한다.

'희망은 어디에서 오는가?'

성경의 흐름에서 희망의 시원(始原)은 세상을 구원하는 그리스도다. 사도 바울이 그가 쓴 편지에서 이렇게 말한다.

> 그리고 이사야가 말하기를 "이새의 뿌리에서 싹이 나서 이방 사람을 다스릴 이가 일어날 것이니, 이방 사람은 그에게 소망을 둘 것이다" 하였습니다. (로마서 5장 12절)

"이새의 뿌리"에서 이새는 다윗 왕의 아버지다. 하나님께서 다윗에게 약속하신 말씀대로 그 영적인 흐름에서 그리스도가 세상에 오신다. 유대인을 비롯한 세상사람 모두가 그에게서 희망을 찾게 된다. 바울은 구약 성경 이사야를 인용하고 있다. 인용된 구절은 구약에 나오는 그리스도(메시아)에 관한 본문에서 가장 유명한 두세 곳 중 하나다. 바벨론 포로 시기인 당시 현실에서는 이스라엘 민족의 포로 생활이 끝나리라는 예언이다. 더 멀리는 인류 전체에 구원의 평화가 도래한다는 말씀이다. 이 구절은 인류 역사에서 비극과 절망의 시대를 사는 사람들에게 평화와 희망의 상상력을 불러일으켰다.

이새의 줄기에서 한 싹이 나며 그 뿌리에서 한 가지가 자라서 열매를 맺는다. 주님의 영이 그에게 내려오신다. 지혜와 총명의 영, 모략과 권능의 영, 지식과 주님을 경외하게 하는 영이 그에게 내려오시니 … 그는 정의로 허리를 동여매고 성실로 그의 몸의 띠를 삼는다. 그 때에는, 이리가 어린 양과 함께 살며, 표범이 새끼 염소와 함께 누우며, 송아지와 새끼 사자와 살진 짐승이 함께 풀을 뜯고, 어린아이가 그것들을 이끌고 다닌다. 암소와 곰이 서로 벗이 되며, 그것들의 새끼가 함께 눕고, 사자가 소처럼 풀을 먹는다. 젖 먹는 아이가 독사의 구멍 곁에서 장난하고, 젖 뗀 아이가 살무사의 굴에 손을 넣는다. "나의 거룩한 산 모든 곳에서, 서로 해치거나 파괴하는 일이 없다." 물이 바다를 채우듯, 주님을 아는 지식이 땅에 가득하기 때문이다. 그날이 오면, 이새의 뿌리에서 한 싹이 나서, 만민의 깃발로 세워질 것이며, 민족들이 그를 찾아 모여들어서, 그가 있는 곳이 영광스럽게 될 것이다. (이사야 11장 1~10절)

구세주 그리스도가 희망이다. 그분을 만나야 한다. 그러면 그분을 만나는 방법 또는 길은 무엇인가? 그분을 만나는 구체적인 길은 그분을 증언하는 성경 말씀을 묵상하는 것이다. 말씀묵상으로써 말씀이신 그분이 내 삶의 한가운데 오셔서 나와 동행한다. 말씀 묵상엔 말씀이 사람의 삶에서 현재진행형으로 살아 움직이게 하는 힘이 있다. 신약성경은 이에 관하여 아주 명백하게 밝히고 있다.

다른 보혜사를 너희에게 보내셔서

말씀이 삶이 되는 것, 성경 본문이 삶의 상황까지 이어져 작동하는 것, 예수의 가르침이 그리스도인 개인의 삶 뿐 아니라 사회와 역사를 변혁시키는 것, 참으로 어려운 일이다. 어쩌면 세상에서 가장 어렵다. 이 일이 어려운 이유는 근본적으로 한 가지다.

말씀이 삶으로 이어지는 것을 극도로 싫어하는 것이 악한 영이다. 성경에서 사탄, 악마, 마귀, 귀신 등으로 표현되는 악한 영은 말씀이 삶으로 이어질수록 그의 토대가 무너진다. 악한 영은 그리스도인과 교회가 이 일을 하지 못하도록 수단 방법을 가리지 않고 방해한다. 어떤 때는 대놓고 위협하고 공격한다. 어떤 때는 달콤하게 유혹하고 교묘하게 회유한다. 사람이 제 본성과 힘으로 악령을 당하지 못한다. 어떤 일을 상상 이상으로 잘할 때 귀신같다고 한다. 귀신같기만 해도 당해내지 못하는데 귀신 자체가 있는 힘을 다해 공격하는 것을 사람이 어찌 견디겠는가.

예수도 이 일이 얼마나 어려운지 잘 알고 있었다. 그래서 대안을 갖고 있었다. 거룩한 영의 힘이다. 공적 활동 마지막 시기에 예수는 이 점을 분명하게 인식하고 있었다. 요한복음 14장부터 16장까지에 이 주제가 길게 이어진다.

요한복음 13장에 예수가 예루살렘 성안의 어느 집 다락방에서 제자들과 최후의 만찬을 드시는 장면이 나온다. 세 장을 건너뛰어 17장 전체는 예수가 하늘 아버지께 올린 기도문이다. 기도문에 말씀이 삶이 되는 하나님 나라의 구조가 명확하다. 예수가 제자들에게 진리의 말씀을 주었다. 하나님과 그 아들 예수가 하나인 것처럼 그리스도인은 말씀을 통해 예수와 하나가 된다. 제자들과 역사 안에서 곧 시작될 교회 공동체는 진리의 말씀으로 거룩해져서 세상을 변화시킬 것이다. 이 길에서 영광을 볼 것이다.

13장은 최후의 만찬, 14장은 식사 자리에서 주신 예수의 가르침이다. 14장 마지막 절에 "일어나거라. 여기에서 떠나자"는 예수의 말씀이 기록돼 있다. 15장과 16장은 예루살렘 성 밖 동쪽에 있는 겟세마네 동산까지 걸어가면서 예수가 주신 가르침이다. 걸어가다가 어디쯤에서 잠시 멈추고 기도를 올렸을 텐데 그 내용이 17장이다. 18장 1절에는 기도가 끝나고 예수가 제자들과 함께 겟세마네 동산으로 들어섰다고 나온다.

14장, 15장, 16장은 최후의 만찬 후에 예수가 제자들에게 주신 긴 가르침이다. 이 내용이 중요하다. 이 본문의 중심 주제가 성령이다. 본문의 상황을 살피자. 제자들은 예수가 자기들을 떠나신다는 것을 알고 근심하고 있다. 예수는 완전히 떠나는 것이 아니라는 것을 설명한다. 예수가 함께 있는 것과 똑같이, 아니 그보다 더 온전하게 함께 있을 분이 오신다. 보혜사(保惠師)로 불리는 성령이다. 예수가 떠나서 하늘 아버지에게 가야 성령을 보낸다. 성령이 말씀을 생각나게 하고 깨닫고 하여 말씀대로 살게 한다. 성령이 오서서 함께 계시면 예수가 하늘 아버지와 하나인 것처럼 제자들이 예수와 하나가 된다. 그러면 예수가 전한 하늘 아버지의 말씀을 지켜 살 수 있다. 기도의 응답도 여기에 걸려 있다. 14장을 좀 길게 읽으며 상황을 파악해 보자.

> "너희는 마음에 근심하지 말아라. 하나님을 믿고 또 나를 믿어라. 내 아버지의 집에는 있을 곳이 많다. 그렇지 않다면, 내가 너희가 있을 곳을 마련하러 간다고 너희에게 말했겠느냐? 나는 너희가 있을 곳을 마련하러 간다. 내가 가서 너희가 있을 곳을 마련하면 다시 와서 너희를 나에게로 데려다가, 내가 있는 곳에 너희도 함께 있게 하겠다. 너희는 내가 어디로 가는지 그 길을 알고 있다."
>
> 도마가 예수께 말하였다.
>
> "주님, 우리는 주님께서 어디로 가시는지도 모르는데, 어떻게 그 길을 알겠습니까?"
>
> 예수께서 그에게 말씀하셨다.
>
> "나는 길이요, 진리요, 생명이다. 나를 거치지 않고서는, 아무도 아버지께로 갈 사람이 없다. 너희가 나를 알았더라면 내 아버지도 알았을 것이다. 이제 너희는 내 아버지를 알고 있으며, 그분을 이미 보았다."
>
> 빌립이 예수께 말하였다.

"주님, 우리에게 아버지를 보여 주십시오. 그러면 좋겠습니다."

예수께서 대답하셨다.

"빌립아, 내가 이렇게 오랫동안 너희와 함께 지냈는데도, 너는 나를 알지 못하느냐? 나를 본 사람은 아버지를 보았다. 그런데 네가 어찌하여 '우리에게 아버지를 보여 주십시오' 하고 말하느냐? 내가 아버지 안에 있고 아버지께서 내 안에 계시다는 것을, 네가 믿지 않느냐? 내가 너희에게 하는 말은 내 마음대로 하는 것이 아니다. 아버지께서 내 안에 계시면서 자기의 일을 하신다. 내가 아버지 안에 있고, 아버지께서 내 안에 계시다는 것을 믿어라. 믿지 못하겠거든 내가 하는 그 일들을 보아서라도 믿어라. 내가 진정으로 진정으로 너희에게 말한다. 나를 믿는 사람은 내가 하는 일을 그도 할 것이요, 그보다 더 큰 일도 할 것이다. 그것은 내가 아버지께로 가기 때문이다. 너희가 내 이름으로 구하는 것은, 내가 무엇이든지 다 이루어 주겠다. 이것은 아들로 말미암아 아버지께서 영광을 받으시게 하려는 것이다. 너희가 무엇이든지 내 이름으로 구하면, 내가 다 이루어 주겠다."

"너희가 나를 사랑하면, 내 계명을 지킬 것이다. 내가 아버지께 구하겠다. 그리하면 아버지께서 다른 보혜사를 너희에게 보내셔서, 영원히 너희와 함께 계시게 하실 것이다. 그는 진리의 영이시다. 세상은 그를 보지도 못하고 알지도 못하므로, 그를 맞아들일 수가 없다. 그러나 너희는 그를 안다. 그것은, 그가 너희와 함께 계시고, 또 너희 안에 계실 것이기 때문이다. 나는 너희를 고아처럼 버려두지 아니하고, 너희에게 다시 오겠다.

조금 있으면, 세상이 나를 보지 못할 것이다. 그러나 너희는 나를 보게 될 것이다. 그것은 내가 살아 있고, 너희도 살아 있을 것이기 때문이다. 그 날에 너희는, 내가 내 아버지 안에 있고, 너희가 내 안에 있으며, 또 내가 너희 안에 있음을 알게 될 것이다.

내 계명을 받아서 지키는 사람은 나를 사랑하는 사람이요, 나를 사랑하는 사람은 내 아버지의 사랑을 받을 것이다. 그리고 나도 그 사람을 사랑하여, 그에게 나를 드러낼 것이다."

가룟 유다가 아닌 다른 유다가 물었다.

"주님, 주님께서 우리에게는 자신을 드러내시고, 세상에는 드러 내려고 하지 않으시는 것은 무슨 까닭입니까?"

예수께서 그에게 대답하셨다.

"누구든지 나를 사랑하는 사람은 내 말을 지킬 것이다. 그리하면 내 아버지께서 그 사람을 사랑하실 것이요, 내 아버지와 나는 그 사람에게로 가서 그 사람과 함께 살 것이다. 나를 사랑하지 않는 사람은 내 말을 지키지 아니한다. 너희가 듣고 있는 이 말은, 내 말이 아니라, 나를 보내신 아버지의 말씀이다."

"내가 너희와 함께 있는 동안에, 나는 이 말을 너희에게 말하였 다. 그러나 보혜사, 곧 아버지께서 내 이름으로 보내실 성령께서, 너희에게 모든 것을 가르쳐 주실 것이며, 또 내가 너희에게 말한 모든 것을 생각나게 하실 것이다.

나는 평화를 너희에게 남겨 준다. 나는 내 평화를 너희에게 준다.

내가 너희에게 주는 평화는 세상이 주는 것과 같지 않다. 너희는 마음에 근심하지 말고, 두려워하지도 말아라. 너희는 내가 갔다가 너희에게로 다시 온다고 한 내 말을 들었다. 너희가 나를 사랑한다면, 내가 아버지께로 가는 것을 기뻐했을 것이다. 내 아버지는 나보다 크신 분이기 때문이다. (요한복음 14장 1~27절)

보혜사로 번역된 헬라어 '파라클레토스'다. 변호자, 보호자, 상담자, 나를 지지해주고 편들어 주는 사람을 말한다. 독일어 성경은 '내 옆에 서 계시는 분'(Beistand)이라고 이해하기 쉽게 옮겼다. 보혜사(保惠師, 보호하시고 은혜를 베푸시는 스승)라는 우리말 성경 번역 역시 걸맞다. 신체를 가진 예수는 제자들 곁에 있었지만, 보혜사 성령은 제자들 안에 있을 것이다. 그들의 마음과 영혼에 살면서 하나님의 말씀이 사람들 삶으로 이어지게 할 것이다. 바울은 갈라디아 지방의 교회에 보낸 편지에서 고백한 저 유명한 구절이 이런 맥락에 있다.

나는 그리스도와 함께 십자가에 못 박혔습니다. 이제 살고 있는 것은 내가 아닙니다. 그리스도께서 내 안에서 살고 계십니다. 내가 지금 육신 안에서 살고 있는 삶은, 나를 사랑하셔서 나를 위하여 자기 몸을 내어주신 하나님의 아들을 믿는 믿음 안에서 살아가는 것입니다. (갈라디아서 2장 20절)

바울은 예수 그리스도를 믿어 구원받는 도리를 차분하게 설명하면서 구원의 정점에서 성령을 언급한다.

그러므로 그리스도 예수 안에 있는 사람들은 정죄를 받지 않습니다. 그것은, 그리스도 예수 안에서 생명을 누리게 하는 성령의 법이 당신을 죄와 죽음의 법에서 해방하여 주었기 때문입니다. 육신으로 말미암아 율법이 미약해져서 해낼 수 없었던 그 일을 하나님께서 해결하셨습니다. 곧 하나님께서는 자기의 아들을 죄 된 육신을 지닌 모습으로 보내셔서, 죄를 없애시려고 그 육신에다 죄의 선고를 내리셨습니다. 그것은, 육신을 따라 살지 않고 성령을 따라 사는 우리가, 율법이 요구하는 바를 이루게 하시려는 것입니다. 육신을 따라 사는 사람은 육신에 속한 것을 생각하나, 성령을 따라 사는 사람은 성령에 속한 것을 생각합니다. 육신에 속한 생각은 죽음입니다. 그러나 성령에 속한 생각은 생명과 평화입니다. (로마서 8장 1~6절)

여러분이 육신을 따라 살면, 죽을 것입니다. 그러나 여러분이 성령으로 몸의 행실을 죽이면, 살 것입니다. 하나님의 영으로 인도함을 받는 사람은, 누구나 다 하나님의 자녀입니다. 여러분은 또다시 두려움에 빠뜨리는 종살이의 영을 받은 것이 아니라, 자녀로 삼으시는 영을 받았습니다. 그래서 우리는 그 영으로 하나님을 "아빠, 아버지"라고 부릅니다. 바로 그때에 그 성령이 우리의

영과 함께, 우리가 하나님의 자녀임을 증언하십니다. (로마서 8장 13~16절)

이와 같이, 성령께서도 우리의 약함을 도와주십니다. 우리는 어떻게 기도해야 할지도 알지 못하지만, 성령께서 친히 이루 다 말할 수 없는 탄식으로, 우리를 대신하여 간구하여 주십니다. 사람의 마음을 꿰뚫어 보시는 하나님께서는, 성령의 생각이 어떠한지를 아십니다. 성령께서, 하나님의 뜻을 따라, 성도를 대신하여 간구하시기 때문입니다. 하나님을 사랑하는 사람들, 곧 하나님의 뜻대로 부르심을 받은 사람들에게는, 모든 일이 서로 협력해서 선을 이룬다는 것을 우리는 압니다. (로마서 8장 26~28절)

요한복음에는 14장에 이어서 15장과 16장에도 성령에 관한 가르침이 이어진다.

내가 아버지께로부터 너희에게 보낼 보혜사 곧 아버지께로부터 오시는 진리의 영이 오시면, 그 영이 나를 위하여 증언하실 것이다. 너희도 처음부터 나와 함께 있었으므로, 나의 증인이 될 것이다. (요한복음 15장 26~27절)

그러나, 내가 너희에게 진실을 말하는데, 내가 떠나가는 것이 너희에게 유익하다. 내가 떠나가지 않으면, 보혜사가 너희에게 오

시지 않을 것이다. 그러나 내가 가면, 보혜사를 너희에게 보내주겠다. (요한복음 16장 7절)

아직도, 내가 너희에게 할 말이 많으나, 너희가 지금은 감당하지 못한다. 그러나 그분 곧 진리의 영이 오시면, 그가 너희를 모든 진리 가운데로 인도하실 것이다. 그는 자기 마음대로 말씀하지 않으시고, 듣는 것만 일러주실 것이요, 앞으로 올 일들을 너희에게 알려 주실 것이다. 또 그는 나를 영광되게 하실 것이다. 그가 나의 것을 받아서, 너희에게 알려 주실 것이기 때문이다. 아버지께서 가지신 것은 다 나의 것이다. 그렇기 때문에 내가, 성령이 나의 것을 받아서 너희에게 알려 주실 것이라고 말한 것이다. (요한복음 16장 12~15절)

내가 이것을 너희에게 말한 것은, 너희가 내 안에서 평화를 얻게 하려는 것이다. 너희는 세상에서 환난을 당할 것이다. 그러나 용기를 내어라. 내가 세상을 이겼다. (요한복음 16장 33절)

성령이 오신다는 약속은 인류에게 최고의 선물이다. 성령의 강림은 창세 이후 최대의 사건이다. 최초 인류의 범죄와 태곳적의 타락 이후 하나님과 사람의 관계가 단절되었다. 그러나 하나님은 끊임없이 사람을 찾아오시며 말을 건네신다. 사람과 세계를 사랑하며 구원하려는 당신의 뜻을 전한다. 히브리서는 그 모든 과정을 이렇게 요약한다.

> 하나님께서 옛날에는 예언자들을 통하여, 여러 번에 걸쳐 여러 가
> 지 방법으로 우리 조상들에게 말씀하셨으나, 이 마지막 날에는 아
> 들을 통하여 우리에게 말씀하셨습니다. 하나님께서는 이 아들을
> 만물의 상속자로 세우셨습니다. 그를 통하여 온 세상을 지으신 것
> 입니다. (히브리서 1장 1~2절)

하나님이 사람을 직접 찾아왔다. 예수 그리스도의 탄생으로 하
나님의 아들이 우리와 같은 사람의 모습으로 왔다. 성령의 강림으
로 하나님의 영이 사람의 정신과 영혼에 살게 되었다. 하나님 아
버지가 이 모든 일을 뜻하시고 진행했다. 성경이 전하는 하나님은
삼위일체 하나님이다. 성부, 성자, 성령의 세 위격을 가진 한 분 하
나님이다. 십자가 사건을 중심으로 진행되는 구원은 삼위일체 하
나님이 하는 일이다.

세례를 주고 가르쳐 지키게 하여라

사람이 되신 하나님, 예수 그리스도가 하신 일에서 무엇
이 가장 중요할까? 두 가지를 보면 된다. 제일성(第一聲), 곧 처음 사
역을 시작하면서 선포한 메시지가 중요하다. 마지막 말씀이 또 중

요하다. 예수의 사역 제일성을 먼저 보자. 사복음서(마태복음, 마가복음, 누가복음, 요한복음)는 모두 나름대로 예수의 처음 메시지를 세심하게 전한다. 사복음서 중에서 가장 먼저 기록된 마가복음을 보자. 예수의 첫 메시지가 이렇다.

> 요한이 잡힌 뒤에, 예수께서 갈릴리에 오셔서, 하나님의 복음을 선포하셨다.
> "때가 찼다. 하나님의 나라가 가까이 왔다. 회개하여라. 복음을 믿어라." (마가복음 1장 14~15절)

하나님의 나라가 예수의 메시지에서 심장이다. 하나님의 뜻이 이루어지는 시공간이 하나님의 나라다. 하나님의 뜻은 죄의 세력에 사로잡혀 영원한 멸망으로 치닫고 있는 인류와 세계를 구원하는 것이다. 이를 위해 하나님은 당신의 뜻을 세 가지 방식의 말씀으로 알린다. 기록된 말씀, 성육신한 말씀, 선포되는 말씀이다.

기록된 말씀은 구약 성경과 신약 성경을 가리킨다. 성육신한 말씀은 사람이 되어 세상에 살았던 예수 그리스도를 말한다. 선포되는 말씀은 앞의 두 가지 방식의 말씀을 근거로 그 말씀을 해석하여 설교하는 것이다. 앞의 두 말씀이 이미 일어난 것이라면 선포되는 말씀은 현재진행형이다. 세 가지로 사람에게 다가오는 말씀의 내용에서 심장은 십자가 사건이다. 예수의 삶과 사역에서 하나님 나라가 드러나고 움직인다. 예수 자체가 하나님 나라의 현실이다.

하나님 나라가 "가까이 왔다"는 뜻이 중요하다. 예수가 하나님 나라의 현실이니 하나님 나라는 이미 와서 지금 여기에서 작동하고 있다. 그러나 아직 완성된 것은 아니다. 이미 현존하지만 아직 완성되지는 않았다는 긴장 상황에서 하나님 나라가 움직인다. 이 긴장된 시간대를 말세라고 한다. 말세는 세상의 종말, 곧 하나님이 계획하는 최종적인 국면이 이미 시작되어 완성을 향해 작동하는 시간이다. 하나님 나라가 가까이 옴으로써 종말론적인 상황이 시작되었다.

마태복음이 전하는 예수의 제일성은 마가복음의 그것과 같다. 다만 구체적인 표현은 좀 다르다. 마가가 하나님 나라라고 표현한 것을 마태는 하늘나라, 곧 천국으로 표현한다.

> 그때부터 예수께서는 "회개하여라. 하늘나라가 가까이 왔다" 하고 선포하기 시작하셨다. (마태복음 4장 17절)

이 구절에 이어지는 18~25절은 예수가 제자들을 부르고 온 갈릴리에 다니며 천국의 복음을 전하고 그래서 예수의 소문이 사방으로 퍼진다는 내용이다. 그리고 5장으로 넘어간다. 마태복음 5장부터 7장까지가 저 유명한 산상설교다. 기독교의 영역을 넘어서서 인류 역사에서 진정한 사람됨을 갈구하는 많은 사람이 영감을 얻었던 메시지다. 비폭력 평화 운동이 산상설교에 뿌리를 두고 있다. 주기도문이 산상설교에 나온다. 마태복음은 4장 17절에서 예수의 제일성을 전하면서 이것이 바로 이어지는 산상설교와 이어지게 구성되어 있다.

하늘나라가 어떤 나라인가? 산상설교의 내용이 사람들 삶의 인격과 일상에서 살아 움직이는 것이다. 산상설교의 내용을 흔히 종말론적인 윤리라고 한다. 여기에 나오는 가르침이 통상적인 사람들 삶에서 실천하기가 쉽지 않기 때문이다. 애통하는 사람이 복이 있다, 원수를 사랑하라, 여자를 보고 음욕을 품으면 이미 간음했다, 오른편 뺨을 맞으면 왼편 뺨도 돌려대어라, 자선을 베풀 때 오른손이 하는 일을 왼손이 모르게 하라, 하나님과 재물을 동시에 섬기지 못한다, 좁은 문으로 들어가라 …. 하나님 앞에 서서 결산해야 하는 최종 상황 외에는 아무것도 남지 않았다는 종말론적 의식을 가져야 실천이 가능한 명령들이다.

누가복음의 예수 이야기에서는 나사렛의 회당에서 예수가 공적 사역의 첫 가르침을 전한다. 예수가 어릴 때부터 자란 마을이다. 예수는 구약 성경 이사야 61장의 내용으로 설교한다.

예수께서는, 자기가 자라나신 나사렛에 오셔서, 늘 하시던 대로 안식일에 회당에 들어가셨다. 그는 성경을 읽으려고 일어서서 예언자 이사야의 두루마리를 건네받아서, 그것을 펴시어, 이런 말씀이 있는 데를 찾으셨다.

"주님의 영이 내게 내리셨다. 주님께서 내게 기름을 부으셔서, 가난한 사람에게 기쁜 소식을 전하게 하셨다. 주님께서 나를 보내셔서, 포로 된 사람들에게 해방을 선포하고, 눈먼 사람들에게 눈 뜸을 선포하고, 억눌린 사람들을 풀어 주고, 주님의 은혜의 해를 선포하게 하셨다."

예수께서 두루마리를 말아서, 시중드는 사람에게 되돌려주시고, 앉으셨다. 회당에 있는 모든 사람의 눈은 예수께로 쏠렸다. 예수께서 그들에게 말씀하셨다.

"이 성경 말씀이 너희가 듣는 가운데서 오늘 이루어졌다." (누가복음 4장 16~21절)

이 내용에서 "주님의 은혜의 해"는 구약성경의 희년을 말한다. 희년에는 모든 부채가 탕감된다. 죄가 사면된다. 실패와 소외와 절망 등 망가진 삶의 모든 것을 다시 회복하는 때가 희년이다. 예수는 이 내용으로써 사람들을 구원의 자리로 다시 회복하는 자신의 사역을 예고한다. 특히 누가복음은 가난한 사람들, 여인들, 사회적 약자들에 관심이 많다. 그들이 하나님의 은혜로 다시 회복된다. 이 일이 당시 나사렛의 회당에서 예수의 선포로 성취되었다. 회당에 있던 사람들이 예수의 선포에서 받았을 엄청난 무게와 충격을 짐작하기 힘들다.

요한복음은 예수의 첫 메시지를 한 사건을 통하여 전한다. 요한복음 2장에 이 사건이 기록되어 있다. 예수의 고향인 나사렛에서 북쪽으로 13킬로미터 떨어진 가나에서 결혼식이 있었다. 예수의 어머니 마리아가 참석했고 예수와 제자들도 초대받았다. 결혼 잔치가 한창 진행되는 중에 포도주가 떨어졌다. 마리아가 아들 예수에게 부탁하고 예수가 물로 포도주를 만든다. 마리아가 적극적으로 나선 것을 보면 결혼하는 집안과 마리아가 친척이었을 것이다.

> 예수께서 일꾼들에게 말씀하셨다.
> "이 항아리에 물을 채워라."
> 그래서 그들은 항아리마다 물을 가득 채웠다. 예수께서 그들에게 말씀하시기를 "이제는 떠서, 잔치를 맡은 이에게 가져다 주어라" 하시니, 그들이 그대로 하였다.
> 잔치를 맡은 이는, 포도주로 변한 물을 맛보고, 그것이 어디에서 났는지 알지 못하였으나, 물을 떠온 일꾼들은 알았다. 그래서 잔치를 맡은 이는 신랑을 불러서 그에게 말하기를 "누구든지 먼저 좋은 포도주를 내놓고, 손님들이 취한 뒤에 덜 좋은 것을 내놓는데 그대는 이렇게 좋은 포도주를 지금까지 남겨 두었구려!" 하였다.
> 예수께서 이 첫 번 표징을 갈릴리 가나에서 행하여 자기의 영광을 드러내시니, 그의 제자들이 그를 믿게 되었다. (요한복음 2장 7~11절)

구약 성경과 예수 시대에서 결혼식은 신앙에서 중요한 상징적 의미를 지닌다. 하나님과 이스라엘 민족의 관계는 결혼으로 비유되곤 했다. 신약 성경의 마지막 책인 요한계시록은 세상의 종말에 구원이 완성되는 영원한 하나님 나라를 결혼과 연관하여 설명한다. 포도주는 결혼의 기쁨을 대표한다. 물로 포도주를 만든 기적은 하나님의 아들이며 구세주 그리스도인 예수가 활동을 시작하면서 하나님 나라가 지금 여기에서 살아 움직이기 시작했다는 것을 나타낸다.

기적(奇蹟)과 표적(表蹟)은 의미가 다르다. 기적은 상식적으로 생각하기 힘든 기이한 일을 말한다. 표적은 이 의미에 중요한 의미 하나가 더 붙는다. 그 기적이 무엇을 가리키며 드러낸다는 것이다. 이것이 표적이다. 예수가 일으킨 기적은 표적 또는 표징(表徵)이다. 기적 자체가 중요하지 않다. 일어난 그 일이 무엇을 드러내느냐가 중요하다.

사복음서에 기록된 예수의 제일성을 보았다. 공통점이 있다. 예수 자체가 종말론적인 하나님 나라의 표현이다. 예수의 인격과 삶에서 사람들이 하나님을 보고 체험한다. 제일성에 이어지는 삼 년의 공적 활동에서 그 일이 펼쳐질 것이다.

이제 예수의 공적 사역에서 마지막 장면을 보자. 예수의 사역 첫 장면처럼 그 마지막도 사복음서에 다 기록되어 있다. 그중에서 보통 지상명령이라고 불리는 마태복음의 마지막 부분이 가장 잘 알려져 있다. 이 본문을 중심으로 예수가 사역의 결론을 어떻게 내리는지 살핀다.

먼저 지상명령(至上命令)의 뜻이 중요하다. 이르다, 지극하다는 뜻을 가진 지(至)와 최고를 뜻하는 상(上)이 조합되었으니 최고, 최상의 절대적인 명령이라는 뜻이다. 예수가 이 땅에 사는 동안 가르치고 전달한 모든 말씀 중에서 마지막으로 명령의 형태로 주신 내용이다.

> 예수께서 다가와서, 그들에게 말씀하셨다.
> "나는 하늘과 땅의 모든 권세를 받았다. 그러므로 너희는 가서, 모든 민족을 제자로 삼아서, 아버지와 아들과 성령의 이름으로 세례를 주고, 내가 너희에게 명령한 모든 것을 그들에게 가르쳐 지키게 하여라. 보아라, 내가 세상 끝날까지 항상 너희와 함께 있을 것이다." (마태복음 28장 18~20절)

이해하기 그리 어려운 내용이 아니다. 이 본문을 헬라어 원어로 읽으면 동사의 기능을 갖는 단어가 네 개 나온다. 가라, 제자 삼으라, 세례를 주라, 지키게 하라. 네 개 중에 동사형으로 된 것이 하나인데, 제자 삼으라는 표현이다. 나머지 세 개는 분사형 동사다. 예수가 주신 지상명령은 한마디로 말하면 세상의 모든 사람이 그리스도의 제자가 되게 하라는 것이 된다. 헬라어 본문의 구문을 분석한 멋진 해석이다.

이 본문이 엄청나게 중요한 까닭이 있다. 지금 이 본문에 등장하는 예수는 부활하신 분이다. 십자가에 달려 죽었지만 사흘 만에 부활했다. 부활 후 사십 일 동안 여러 사람을 만났다. 십자가에 달리기 전까지 삼 년 동안 가르친 하나님의 말씀에서 요점을 전달하며 깨닫게 했다. 예수는 지금 제자들과 함께 갈릴리의 어느 산 위에 있다. 지상에서 사역한 삼 년을 결산하고 요약하며 최후의 말씀을 주신다. 이토록 중대한 본문 내용을 좀 더 깊이 이해하기 위하여 절 단위로 살펴보자.

18절 전반부: "예수께서 다가와서, 그들에게 말씀하셨다."
지금 말씀하는 분이 누구인가? 죽음에서 부활하신 예수 그리스도. 지금 예수는 지상 사역 삼 년의 모든 것을 마무리하며 말씀하신다. 사람이 되신 말씀, 사람이 되신 하나님이 인류에게 전하는 최종적인 절대적인 명령이다.

18절 후반부: "나는 하늘과 땅의 모든 권세를 받았다."
지금 명령하는 분이 어떤 힘을 갖고 있는가? 하늘 아버지가 예수 그리스도에게 하늘과 땅의 모든 권세를 주셨다. 존재하는 모든 권세를 가진 분이 말씀하고 있다. 중요하고 권위 있는 사람의 말일수록 거기에 따르는 것이 매우 중요하다. 내 인생 전체의 성공과 실패가 판가름 날 수도 있다. 삶과 죽음이 갈릴 수도 있다.

19절 전반부: "그러므로 너희는 가서, 모든 민족을 제자로 삼아서"
지상명령 전체의 명령은 하나다. 모든 민족을 그리스도의 제자가 되게 하는 것이다. 제자는 참된 그리스도인으로 이해하면 된다. 사람들이 구세주 예수 그리스도를 만나서 그분을 믿고 살며, 그분과 동행하며 그분이 가르친 하나님 나라의 일에 동참하게 하라는 것이다. 그런데 참으로 중요한 것은 제자를 삼는 구체적인 방법이다. 제자삼으라는 명령은 총론이다. 총론만으로는 일을 완성할 수 없다. 구체적인 실행 계획이 있어야 하고 그것이 작동되어야 한다. 전체적인 명령에 붙는 구체적인 실행 명령두 가지가 바로 이어진다. 세례를 주는 것과 말씀이 삶이 되게 하는 것이다.

19절 후반부: "아버지와 아들과 성령의 이름으로 세례를 주고"

삼위일체 하나님의 이름으로 세례를 베풀어라. 세례는 예수 그리스도를 믿음으로써 하나님의 자녀가 되었다는 공적인 예식이다. 세례를 통해서 어둠에서 빛으로 악한 영의 지배를 받던 상태에서 하나님의 은혜를 받고 사는 상태로 변한다. 그리스도인이 되는 사건이며 존재의 변화를 말한다. 신앙 교리적인 용어로 하면 중생(重生) 또는 칭의(稱義)다.

20절 전반부: "내가 너희에게 명령한 모든 것을 그들에게 가르쳐 지키게 하여라."

"내가 너희에게 명령한 모든 것"을 한 단어로 하면 말씀이다. 하나님의 말씀을 가르쳐서 그들의 삶으로 이어지게 하라는 것이다. 말씀이 삶이 되게 하는 일이다. 세례를 통해서 그리스도인이 된 사람이 그때부터 성경 말씀을 묵상함으로써 그리스도를 닮고 하나님의 성품을 배우면서 그리스도인답게 살게 하라는 것이다. 그리스도인답게 하는 실존의 변화를 말한다. 신앙 교리적인 용어로 하면 성화(聖化) 또는 성결(聖潔)이다.

20절 후반부: "보아라, 내가 세상 끝 날까지 항상 너희와 함께 있을 것이다."

18절과 뗄 수 없이 연관된다. 하늘과 땅의 모든 권세를 가진 분이 결코 떠나지 않고 이 명령을 따라 사는 사람과 함께 계신다. 세상 끝 날까지! 이처럼 든든한 일이 없다. 이보다 더 강력한 보장이 어디 있겠는가.

지상명령의 본문 구조를 이렇게 정리할 수 있다. 아주 중대한 것을 두 손으로 감싸고 있는 모습처럼 강력하고 절대적인 보장이 앞뒤로 배치되어 있다. 가운데 있는 것은 명령인데 중심 명령 하나에 실행 명령 두 가지가 걸려 있다.

○ 보장: 하늘과 땅의 전권을 가진 분이 말씀하신다.
　▲중심 명령: 제자 삼으라.
　△실행 명령: (1)세례를 주어라. (2)말씀이 삶이 되게 하라.
○ 보장: 전권을 가진 분이 끝까지 동행하신다.

예수의 지상명령이 실행되는 것을 사탄, 마귀, 귀신으로 불리는 악한 영이 수단 방법을 가리지 않고 방해하고 공격한다. 사람의 힘만으로는 이 명령을 수행할 수 없는 결정적인 이유다. 강력하고 절대적인 보장이 필요하다. 악한 세력을 넉넉히 이기는 하늘이 거룩한 힘이 필요하다. 성령의 힘 말이다. 부활하신 예수 그리스도가 성령의 강림을 통해 그리스도인의 정신과 영혼에 함께 살게 되어야 가능하다.

예수의 지상명령이 이뤄지려면, 그리스도인 개개인이 말씀묵상을 하면서 그의 인격과 일상에서 말씀이 삶이 되어야 한다. 개인과 가정이 변하고 그 힘이 사회와 역사의 변혁으로 이어져야 한다. 이 일이 세상 끝날까지 이어져야 한다.

기독교를 체험의 종교라고 한다. 기독교의 체험은 근본적으로 '하나님의 말씀이 우리 삶으로' 이어지는 말씀 체험이다. 이것을 '말씀삶 운동'이라고 한다. 이것이 하나님 나라 운동이다.

신약 성경 안에 들어 있는 27권 가운데 말씀 자체이신 예수가 하나님 나라를 선포하며 사역한 이야기를 기록한 책이 네 권 있다. 최초의 복음서인 마가복음을 필두로 마태복음, 누가복음, 요한복음이다. 이를 사복음서라고 부른다. 신약 성경 전체가 근본적으로 예수 이야기인데 사복음서는 직접적으로 예수의 삶과 사역, 곧 예수의 생애를 다루었다. 사람이 되신 하나님, 사람이 되신 말씀을 통하여 말씀이 삶이 되는 하나님 나라 운동이 어떻게 시작되었는지가 사복음서에 아주 분명하다. 신약 성경에서 사복음서가 심장인 까닭이다. 네 복음서의 특징을 살펴보는 것이 신약 성경을 이해하는 작업에서 참 중요하다.

일어난 일들에 대하여 이야기를 엮어내려고

세상을 구원하기 위하여 하나님이 사람이 되어 세상에 오셨다. 이로써 하나님의 나라가 시작되었다. 사람이 되신 하나님이 바로 예수 그리스도다. 이 예수가 세상을 구원하는 그리스도라는 소식이 복음이다. 구원의 길이 열렸으니 복된 소식이며 기쁜 소식이다. 예수의 생애에 관한 기록을 담은 책이 신약 성경에 네 권 있다. 마태복음, 마가복음, 누가복음, 요한복음이다. 이 가운데 마가복음이 가장 먼저 기록되었다. 황제와 연관된 소식을 가리키는 일반 영역의 헬라어 유앙겔리온(복음)을 예수의 생애 이야기에 적용한 최초의 복음서다.

사복음서에 붙여진 이름은 각각의 복음서를 기록한 저자 이름 뒤에 복음이란 단어를 붙인 것이다. 마태와 요한은 예수의 열두 제자 중에 있었고 누가는 바울을 통해 예수를 믿게 된 이방인 의사다. 마가에 관해서는 앞에서 보았다. 그러나 사복음서 각 책의 내용 안에는 마태, 마가, 누가, 요한이 저자라는 명시적 언급이 없다. 암시하는 문구가 있을 뿐이다. 이 네 사람이 저자라는 것을 확정할 수 없다는 데 연구자들의 의견이 거의 일치한다. 이들이 저

자라는 얘기는 2세기의 여러 기독교 문서와 전승에서 비롯되었다. 신앙의 역사에서 전승은 중요하다. 기독교의 초기 역사에서 형성되어 전해져 내려온 이야기들에는 교회와 그리스도인의 삶과 죽음, 고백과 증언이 깊이 배어 있다. 각 복음서의 현재 이름대로 저자를 생각해도 큰 무리가 없다.

사복음서의 기록 연대를 확정하는 것은 불가능하다. 사복음서의 내용이나 신약 성경의 다른 곳에도 연대를 확정할 수 있는 기록이 없다. 1세기의 다른 문서들도 마찬가지다. 사복음서가 기록된 시기는 대략 짐작할 수 있을 뿐이다. 주후 66년에 시작된 유대인의 독립 전쟁은 70년에 비극으로 끝난다. 나중에 로마 황제가 되는 티투스 장군이 지휘하는 로마 군대가 예루살렘을 철저히 파괴한다. 팔레스타인 지역의 1세기의 역사에서 중심적인 사건이다. 예루살렘은 초토화되고 유대인이든 기독교인이든 사방으로 흩어졌다. 이때부터 유대인은 나라 없이 세계를 떠돌았다. 1948년에 와서야 나라를 다시 세울 수 있었다.

주후 70년의 엄청난 사건을 중심으로 마가복음은 그 이전에, 마태복음과 누가복음은 그 이후에 기록된 것으로 보인다. 마태복음과 누가복음의 기록 연대를 대략 주후 80년으로 잡을 수 있다. 요한복음은 90년대에 기록되었을 것이다. 저자나 연대보다 더 중요한 것은 사복음서의 내용이다.

신약 성경이 하늘에서 갑자기 뚝 떨어진 것이 아니다. 예수의 승천 이후 본격적으로 시작된 교회 공동체에서 예수에 관한 신앙고백과 증언이 전해졌다. 단편적인 이야기들이 기록되었다. 초기 교회 공동체는 예루살렘에만 있지 않았다. 예수가 주로 활동한 갈릴리에도 있었고 전도자 바울이 복음을 전한 소아시아와 에게해 건너의 유럽 그리고 제국의 수도 로마에도 있었다. 여러 지역에서 생긴 예수에 관한 증언과 기록이 점차 모였고 나름의 시각에 따라서 하나의 완결된 이야기들이 되었다. 누가는 바로 이런 상황을 표현하면서 자신의 복음서를 시작한다.

> 우리 가운데서 일어난 일들에 대하여 차례대로 이야기를 엮어내려고 손을 댄 사람이 많이 있었습니다. 그들은 이것을 처음부터 말씀의 목격자요 전파자가 된 이들이 우리에게 전하여 준 대로 엮어냈습니다. 그런데 존귀하신 데오빌로님, 나도 모든 것을 시초부터 정확하게 조사하여 보았으므로, 각하께 그것을 순서대로 써드리는 것이 좋겠다고 생각하였습니다. 이리하여 각하께서 이미 배우신 일들이 확실한 사실임을 아시게 되기를 바라는 바입니다.
> (누가복음 1장 1~4절)

누가복음은 데오빌로라는 사람에게 보내는 형식으로 기록되었다. "일어난 일들에 대하여 차례대로 이야기를 엮어내려고" 누가보다 먼저 예수의 생애에 관하여 글을 쓴 사람들이 있었다. 누가는 이 사람들을 생각하고 있다. 이 사람들이 누구인지는 다는 정확하게 알 수 없다. 마가가 그 가운데 하나였다는 것은 분명하다.

누가가 마태복음도 염두에 두고 있었는지는 분명하지 않다. 마태복음과 누가복음이 기록된 순서는 확정할 수 없다. 다만, 사복음서 모두 한 번에 모든 내용이 기록된 것이 아니라는 점을 생각할 필요가 있다. 예수의 가르침이나 행적 등이 구두로 전해져 내려오다가 단편적인 기록들이 생겨났다. 교회 공동체가 이런 글들을 회람하며 읽었다.

누가 뿐 아니라 마태도 복음서를 쓸 때 마가복음을 이미 알고 있었다. 장면으로 묘사해 본다면, 마태와 누가가 예수 이야기를 쓰는 책상 위에 마가복음이 있었다. 마태와 누가는 마가복음 외에 각자 독자적인 자료도 갖고 있었다. 아무튼 마가복음은 마태복음과 누가복음의 기초 자료다. 세 개의 복음서 내용에 겹치는 부분이 많은 이유다. 이런 상황 때문에 세 복음서를 공관복음(共觀福音)이라고 부른다. 같은 관점에서 예수의 생애를 바라보았다는 표현인데, 마가복음이 공통 자료라는 뜻이다.

네 번째 복음서인 요한복음은 사뭇 다르다. '영의 복음서'라고 불리는 요한복음은 기독교 역사에서 그리스도인들에게 엄청난 영감을 준 책이다. 요한복음을 상징하는 동물이 독수리다. 독수리는 태양을 똑바로 바라보아도 눈이 멀지 않는다고 한다. 요한복음의 저자에게 예수의 영광이 특별하게 계시되었다. 요한복음은 그 영광을 증언한다. 예수의 기원에 관해서 요한복음이 가장 시선이 길고 특별하다. 요한복음 1장 1~18절이 전체 내용의 서론인데, 천지창조 이전부터 이야기를 시작한다. 1절, 14절, 18절을 보자.

태초에 '말씀'이 계셨다. 그 '말씀'은 하나님과 함께 계셨다. 그 '말씀'은 하나님이셨다. (요한복음 1장 1절)

그 말씀은 육신이 되어 우리 가운데 사셨다. 우리는 그의 영광을 보았다. 그것은 아버지께서 주신, 외아들의 영광이었다. 그는 은혜와 진리가 충만하였다. (요한복음 1장 14절)

일찍이, 하나님을 본 사람은 아무도 없다. 아버지의 품속에 계신 외아들이신 하나님께서 하나님을 알려주셨다. (요한복음 1장 18절)

사복음서는 예수의 생애를 기록했다는 점에서는 같지만, 보는 시각과 관점은 각각 다르다. 각 책의 특징에 관해서 짧고 긴단하게 설명하면 이렇다. 마가복음은 최초의 복음서이면서 주로 이방인을 독자로 생각한 책이다. 마태복음은 유대인의 복음서이고 이와 비교하여 누가복음은 이방인의 복음서다. 요한복음은 독자에 관련된 상황 자체가 다르다. 요한복음이 기록된 90년대는 예수의 죽음, 부활, 승천, 성령 강림 이후 60년 정도가 지났을 무렵이다. 주후 70년에 예루살렘 파괴된 이후 상황에서 기독교는 유대교에서 이미 분명하게 구분되었다. 구성원이 주로 유대인이었던 초기 교회와 달리 1세기 말의 교회에는 이미 수많은 이방인이 중심 역할을 하고 있었다. 교회 공동체는 로마제국 전역에 광범위하게 퍼져 있었다.

기독교 역사에서 교회 건물이나 미술 작품 등에 자주 등장하는 사복음서의 상징이 있다. 천사 혹은 사람, 사자, 황소, 독수리다. 유럽 같은 기독교 문화권을 여행하다 보면 교회당의 천장이나 벽면에 예수 그리스도를 중심으로 주변 네 곳에 이 생물이 있다. 옛날에 발간된 성경에는 삽화나 장식이 많이 들어가 있었다. 글을 읽을 수 있는 사람이 많지 않았던 시대에는 이런 그림들이 성경 교육에 큰 역할을 했다. 성경의 그림에서도 이 상징을 쉽게 볼 수 있다.

네 생물에 관한 내용은 성경에 나온다. 구약 성경 에스겔과 신약 성경 요한계시록이다. 1차 바벨론 포로 시절인 주전 593년, 에스겔은 바벨론의 그발(Kebar River) 강가에서 예언자로 부르심을 받는다. 그때 그가 하나님의 말씀을 받으며 환상 속에서 네 생물을 본다. 이로부터 700여 년 후인 주전 1세기 말에 요한계시록의 저자 요한이 환상을 본다. 하늘의 보좌 둘레에서 주님을 섬기는 네 생물에 관한 것이다. 요한계시록은 에스겔의 기록에서 영향을 받았다. 에스겔과 요한계시록에 나오는 네 생물은 순서는 달라도 내용은 같다.

그러더니 그 광채 한가운데서 네 생물의 형상이 나타나는데, 그들의 모습은 사람의 형상과 같았다. 얼굴이 각각 넷이요, 날개도 각각 넷이었다. 그들의 다리는 모두 곧고, 그 발바닥은 송아지의 발바닥과 같고, 광낸 놋과 같이 반짝거렸다. 그 생물의 사면에 달린 날개 밑에는 사람의 손이 있으며, 네 생물에게는 얼굴과 날개가 있었다. 그들의 날개 끝은 서로 닿아 있으며, 앞으로 나아갈 때에는 몸을 돌리지 않고, 각각 앞으로 곧게 나아갔다. 그 네 생물의 얼굴 모양은, 제각기, 앞쪽은 사람의 얼굴이요, 오른쪽은 사자의 얼굴이요, 왼쪽은 황소의 얼굴이요, 뒤쪽은 독수리의 얼굴이었다. (에스겔 1장 5~10절)

그 뒤에 내가 보니, 하늘에 문이 하나 열려 있었습니다. 그리고 전에 내가 들은 그 음성, 곧 나팔 소리와 같이 나에게 들린 그 음성이 "이리로 올라오너라. 이 뒤에 일어나야 할 일들을 너에게 보여 주겠다" 하고 말하였습니다. 나는 곧 성령에 사로잡히게 되었습니다. 그런데 하늘에 보좌가 하나 놓여 있고, 그 보좌에 한 분이 앉아 계셨습니다. (요한계시록 4장 1~2절)

보좌 앞은 마치 유리 바다와 같았으며, 수정을 깔아 놓은 듯하였습니다. 그리고 그 보좌 가운데와 그 둘레에는, 앞 뒤에 눈이 가득 달린 네 생물이 있었습니다. 첫째 생물은 사자와 같이 생기고, 둘째 생물은 송아지와 같이 생기고, 셋째 생물은 얼굴이 사람과 같이 생기고, 넷째 생물은 날아가는 독수리와 같이 생겼습니다. (요한계시록 4장 6~7절)

네 생물은 하나님이 창조한 모든 생물을 대표한다. 존재하는 각 영역에서 가장 강한 존재들이라고도 해석할 수 있다. 사람은 피조물의 중심이다. 창조되면서 만물을 다스리고 돌보는 권한과 책임을 부여받았다. 사자는 야생 동물 중 가장 강하다. 황소는 가축 가운데서 가장 힘이 세다. 독수리는 가장 높이 나는 새며 날짐승의 왕이다. 네 생물을 사복음서 또는 사복음서의 저자들에 연결하는 해석이 초대 교회에서부터 있었다. 2세기에 살았던 리용의 이레네우스가 '이단 논박(Adversus Haereses)'이란 책에서 처음으로 사복음서를 네 생물에 비유했다. 그 후에 4세기에 아타나시우스, 히에로니무스, 아우구스티누스 등이 이에 관해 언급하며 논쟁했다.

여러 해석에서 네 생물을 복음서에 또는 복음서 저자에 연결한다는 차이도 있다. 사복음서를 네 생물에 비유하는 것이 신약 성경에 나오는 내용이 아니기 때문에 기독교 신앙에서 별로 중요하지 않다. 다만 교회 역사의 흐름에 이런 해석이 이어져 내려온다는 것은 이 이야기에 신앙인의 삶이 배어 있다는 것은 기억해야 한다. 에스겔과 요한계시록에 나오는 네 생물을 네 복음서에 각각 일대일로 연결하는 것에 차이가 있지만 대체로 히에로니무스의 해석이 후대에 이어졌다. 이 해석에서 에스겔에 생물들이 기록된 순서와 사복음서가 신약에 배치된 순서가 같다. 마태복음은 천사 혹은 사람, 마가복음은 사자, 누가복음은 황소, 요한복음은 독수리에 상응한다.

사복음서는 신구약 성경 전체에서 특별한 위치를 차지하고 있다. 예수를 세상을 구원할 그리스도로 믿는 것이 기독교 신앙의 심장이니 예수의 생애를 기록한 책은 당연히 중요하다. 주일 예배의 공적인 성경 낭독을 생각하면 복음서의 중요성을 잘 알 수 있다. 주일 예배 때마다 성경 말씀을 회중에게 낭독하여 선포하는 것은 이천 년 교회 역사의 중요한 전통이다. 공적인 성경 낭독에서 구약과 신약의 서너 곳에서 본문을 뽑는다.

구약에서 시편이 보통 늘 들어가고 시편 외에 다른 한 곳에서 본문을 선택한다. 신약에서는 사복음서에서 한 곳과 복음서 이외의 나머지에서 한 곳을 선택한다. 낭독할 본문의 선택이 상황에 따라 차이가 있지만 사복음서의 본문은 반드시 들어간다. 이유는 간단하고 분명하다. 예수 그리스도의 생애, 곧 그분의 가르침과 삶을 담은 책이기 때문이다.

사복음서에 서로 겹치는 내용이 많다. 공관복음서는 기본적으로 마가복음이 마태복음과 누가복음의 기본 자료이기 때문에 더 그렇다. 네 복음서 모두에 공통으로 나오는 사건도 많다. 그러나 한 사건이 공관복음서에 또는 사복음서 모두에 나오는 경우에 관점과 서술 내용이 각각 다르다. 어떤 내용에서는 강조점이나 이야기의 전개가 상당히 다르다. 이런 차이가 사복음서의 묘미다.

사복음서의 차이를 설명해 보자. 예컨대, 자기 분야의 최고 전문가 네 사람이 아주 대단한 예술 작품을 감상했다. 건축가, 예술사 교수, 사회학자, 과학자. 이들이 감상한 내용을 얘기한다면 겹치는 내용도 있겠지만 많이 다채로울 것이다. 네 사람 각자가 다른 세 사람이 전혀 예상하지 못한 감상 내용도 얘기할 것이다. 이렇게 생각할 수도 있다. 예술사 교수가 작품을 감상하고 나서 세 부류의 사람들에게 강의한다. 청중이 각각 다르다. 첫 번째는 박사 과정 학생들, 두 번째는 평범한 주부들, 세 번째는 중학생 아이들이다. 교수의 강의가 청중이 누구냐에 따라서 달라질 것이다.

이렇게도 생각해보라. 예술사를 전공한 교수 네 사람이 한 작품을 감상하고 분석한다. 한 사람이 먼저 감상평을 글로 썼다. 몇 년이 지나서 다른 교수 두 사람이 이 글을 읽고 나서 나름대로 자신의 글을 쓴다. 십 수 년 시간이 흘렀다. 네 번째 교수가 앞의 세 사람 글을 다 읽고 자신의 글을 쓴다. 이런 경우 네 교수의 글은 다양할 것이다. 겹치는 부분이 물론 있을 것이지만 나름의 관점에 따라 글들이 서로 다른 특징을 갖게 될 것이다.

예를 들자. 사복음서의 처음 부분을 비교하면 예수 그리스도를 소개하는 관점의 차이가 잘 드러난다. 네 개 복음서의 중심 주제가 모두 예수가 그리스도임을 증언하는 것이니 시작하는 부분에서 예수 그리스도를 언급하는 것이 당연하다. 최초의 복음서인 마가복음은 사복음서 가운데서 길이가 가장 짧다. 이야기의 전개 속도가 빠르고 표현이 간결하며 직선적이다. 예수 이야기를 시작하면서 바로 예수가 하나님의 아들이며 그리스도라는 점을 직선적으로 간략하게 선언한다. 1장 1절이다.

> 하나님의 아들 예수 그리스도의 복음의 시작은 이러하다. (요한복음 1장 1절)

바로 이어지는 내용은 그리스도가 오기 전에 그 길을 준비하는 사람이 먼저 활동한다는 구약의 예언과 그 사람이 세례 요한이라는 것이다. 그리고 예수가 요한에게 세례를 받으면서 공적인 무대에 등장한다.

예언자 이사야의 글에 기록하기를, "보아라, 내가 내 심부름꾼을 너보다 앞서 보낸다. 그가 네 길을 닦을 것이다."
"광야에서 외치는 이의 소리가 있다. '너희는 주님의 길을 예비하고, 그의 길을 곧게 하여라'" 한 것과 같이, 세례자 요한이 광야에 나타나서, 죄를 용서받게 하는 회개의 세례를 선포하였다. (요한복음 1장 2~4절)

그 무렵에 예수께서 갈릴리 나사렛으로부터 오셔서, 요단강에서 요한에게 세례를 받으셨다. 예수께서 물속에서 막 올라오시는데, 하늘이 갈라지고, 성령이 비둘기같이 자기에게 내려오는 것을 보셨다. 그리고 하늘로부터 소리가 났다.
"너는 내 사랑하는 아들이다. 내가 너를 좋아한다." (요한복음 1장 9~11절)

마가복음보다 나중에 기록된 마태복음은 예수가 공적인 무대에 등장하기 전 이야기를 1~2장에서 다룬다. 마태복음은 예수의 계보로 이야기를 시작한다. 이 계보는 하나님이 구약 시대에 아브라함을 불러서 메시아(그리스도) 약속을 준 것, 그 구원의 흐름이 아브라함의 후손인 이스라엘 민족을 통해서 이어진다는 것을 말한다. 유대인의 하나님을 신앙을 담은 구약의 흐름이 예수 그리스도를 통하여 신약으로 이어진다. 예수 그리스도를 중심에 있는 점으로 표현한다면 구약의 역사는 넓디넓은 세계사의 영역에서 예수 그리스도로 집중하며 신약은 그 중심점에서 다시 존재하는 세계 전체로 넓어진다. 마태복음 1장 1~16절에 나오는 예수의 계보에 사람 이름이 47명 나온다. 1장 1절은 그 가운데서 가장 중요한 세 사람 이름으로 예수의 계보를 요약한다.

> 아브라함의 자손이요 다윗의 자손인 예수 그리스도의 계보는 이러하다. (마태복음 1장 1절)

아브라함과 다윗이 중요한 까닭이 있다. 하나님이 이 두 사람에게 메시아가 온다는 말씀의 약속을 주었다. 창세기 12장 1~3절에 아브라함에게 준 언약이, 사무엘하 7장 11~16절에 다윗에게 준 언약이 기록되어 있다. 1장의 족보에 이어 1장의 마지막과 2장에 예수의 탄생, 헤롯대왕의 살해 시도, 애굽으로 피신한 사건, 나중에 이스라엘 땅 나사렛에 정착하는 이야기가 나온다. 동방박사 이야기는 사복음서에서 여기에만 나온다.

누가복음은 1~3장에서 공적으로 사역을 시작하기 이전의 예수 이야기를 다루고 있다. 마태복음보다 좀 더 상세하다. 이 복음서는 예수의 길을 준비하는 세례 요한의 탄생 사건으로 시작된다. 이 이야기는 사복음서에서 누가복음에만 나온다. 누가복음에 따르면 세례 요한이 예수보다 반 년 먼저 태어난다. 마태복음과 마찬가지로 누가복음에도 예수의 계보가 나온다. 적어도 두 가지 점에서 두 복음서의 계보에 차이점이 있고 이것이 관점의 차이를 말해준다.

마태복음은 아브라함에서 시작하여 예수까지 계보가 이어진다. 내림차순이다. 누가복음은 거꾸로다. 예수부터 시작해서 위로 올라간다. 계보의 근원도 다르다. 마태복음은 유대인의 시조인 아브라함이 근원인데 누가복음은 사람은 만든 하나님이다. 누가복음의 계보는 아브라함을 지나 더 올라가면서 최초의 사람인 아담을 거쳐 하나님까지 이어진다. 마태복음이 주로 유대인을 독자로 생각했다면 누가복음은 이방인을 독자로 생각했다. 유대인의 시조인 아브라함이 아니라 하나님까지 거슬러 올라감으로써 인류 전체를 시야에 두는 것이다.

> 예수께서 가르치심을 시작하실 때에 삼십 세쯤 되시니라. 사람들이 아는 대로는 요셉의 아들이니 요셉의 위는 헬리요 그 위는 맛닷이요 그 위는 레위요 그 위는 멜기요 그 위는 얀나요 그 위는 요셉이요. (누가복음 3장 23~24절)

> 그 위는 야곱이요 그 위는 이삭이요 그 위는 아브라함이요 그 위는 데라요 그 위는 나홀이요. (누가복음 3장 34절, 개역개정)

그 위는 에노스요 그 위는 셋이요 그 위는 아담이요 그 위는 하나님이시니라. (누가복음 3장 38절, 개역개정)

네 번째 복음서인 요한복음은 여러 면에서 독특한데 시작하는 부분에서도 그렇다. 요한복음은 "태초에"라는 단어로 시작된다. 이 뜻은 만물이 시작되는 처음보다 더 거슬러 올라간 영원의 상황을 말한다. 삼위일체 하나님 외에는 그 무엇도 존재하지 않는, 아니 존재라는 것조차도 없는 하나님의 영원한 상태다. 이렇듯 엄청난 선포를 시작으로 요한복음 전체의 서론인 1장 1~18절은 아주 장엄하다. 요한복음의 서론은 말씀이 삶으로 오신 분 예수 그리스도와 그의 길을 준비하는 세례 요한을 섞어 짜는 형식으로 진행된다. 그 가운데서 예수에 관한 부분의 요점이 이렇다.

태초에 말씀이 계시니라 이 말씀이 하나님과 함께 계셨으니 이 말씀은 곧 하나님이시니라. 그가 태초에 하나님과 함께 계셨고 만물이 그로 말미암아 지은 바 되었으니 지은 것이 하나도 그가 없이는 된 것이 없느니라. 그 안에 생명이 있었으니 이 생명은 사람들의 빛이라. 빛이 어둠에 비치되 어둠이 깨닫지 못하더라. (요한복음 1장 1~5절, 개역개정)

말씀이 육신이 되어 우리 가운데 거하시매 우리가 그의 영광을 보니 아버지의 독생자의 영광이요 은혜와 진리가 충만하더라. (요한

복음 1장 14절, 개역개정)

본래 하나님을 본 사람이 없으되 아버지 품속에 있는 독생하신 하나님이 나타내셨느니라. (요한복음 1장 18절, 개역개정)

　최초의 복음서인 마가복음보다 마태복음과 누가복음이 적어도 십 수 년 후에 기록되었고 요한복음은 누가복음보다 또 그만큼 후에 기록되었다. 요한복음은 세 개의 복음서가 이미 읽히고 있는 상황에서 예수 그리스도의 초월성과 내재성을 동시에 강조했다. 반신반인(半神半人) 정도의 신적인 존재가 아니라 완전한 하나님의 상태를 말하면서 동시에 완전한 사람이 된 구세주를 증언한다. 영과 육을 날카롭게 이분법적으로 분리시키는 당시의 영지주의를 반박하는 의미도 여기에 담겨 있다. 완전한 영이며 하나님인 말씀이 육신을 가진 완전한 사람이 되었다는 것이다.

　마가복음과 누가복음의 주된 청중은 이방인이었고 마태복음의 경우는 유대인이었다. 요한복음이 기록된 시기는 마가복음과 비교하면 한 세대 정도 시대 차이가 나면서 기독교 안팎의 상황이 많이 달라졌다. 복음서가 네 개라서 우리는 예수의 생애를 더 깊이 알 수 있다. 복음서의 각 저자는 자신이 서 있는 삶의 자리에서 신앙을 고백하며 예수가 하나님의 아들 그리스도임을 증언한다.

사복음서에서 주인공은 예수, 사람이 되신 하나님, 사람이 되신 말씀이다. 다른 모든 등장인물은 예수를 중심으로 평가된다. 크게 보면 예수를 거부한 사람들과 예수를 받아들인 사람들, 둘로 나뉜다. 말씀 자체이신 예수가 하나님 나라를 선포하며 사역할 때 예수를 거부한 사람들이 있었다. 거부한 방식은 다양했다. 예수를 공격한 사람, 오해한 사람, 배신한 사람, 예수와 정면으로 충돌한 사람 등이다.

반면 예수를 존경하고 따른 사람들, 정확하게 말하면 예수를 하나님의 아들 그리스도요 자신과 세상을 구원하는 그리스도로 믿은 사람들이 있었다. 여러 가지 상황 때문에 자신이 예수를 믿는다는 것을 드러내지 못한 숨은 제자들, 당시 사회에서 소외된 사람들 가운데 예수를 갈망하고 믿은 사람들, 전혀 예상하지 못한 정황에서 극적으로 예수를 만난 사람들.

사복음서의 기록에서 예수를 믿은 사람들보다 예수를 거절한 사람들이 먼저 보인다. 예수를 자신의 주님으로 영접한 사람들은 숨겨져 있는 경우가 더 많다. 반면 예수를 거절한 사람들은 표면에 드러나 있다. 이들은 누구인가? 왜 예수를 배척했을까?

사탄아, 내 뒤로 물러가라

예수를 거부한 사람들이 있었다. 유대인들이 기다리던 메시아(그리스도), 세상을 구원하러 온 하나님의 아들, 사람이 된 하나님, 이 예수를 거절한 사람들의 유형이 다양하다. 요한복음은 그들에 관하여 이렇게 말한다.

> 태초에 '말씀'이 계셨다. 그 '말씀'은 하나님과 함께 계셨다. 그
> '말씀'은 하나님이셨다. (요한복음 1장 1절)

> 그가 자기 땅에 오셨으나, 그의 백성은 그를 맞아들이지 않았다.
> (요한복음 1장 11절)

　예수를 거부한 여러 유형에서 가장 두드러지는 것은 예수에 대한 공격이다. 당시의 종교 지도자들인 사두개인과 바리새인이 예수를 공격했다. 이들은 유대 사회를 관할하는 산헤드린의 핵심 구성원이었다. 로마제국의 통치 아래에서 70명으로 구성된 산헤드린은 유대 사회 전반에 권한을 갖고 있었다. 사두개인은 세습 제사장 가문 사람들이다. 유대인의 신앙에서 중심에 있는 신앙의 지도자다. 바리새인은 율법을 해석하고 가르치는 선생이다. 역시 신앙의 중심에 있었다. 이들이 예수를 계획적으로 집요하게 공격했다. 예수가 가르친 하나님 나라와 성경 해석이 자신들의 종교 권력에 대한 도전이라고 판단했다.

　예수가 가장 무섭게 책망한 대상이 이들이었다. 예수의 책망에서 요점은 교만과 위선이다. 성경이 일관되게 지적하는 무서운 죄악이다. 이들은 교만 및 위선과 더불어 더 결정적인 죄를 저질렀다. 말씀이 삶으로 되는 길을 가로막은 것이다. 하나님에게 가는

길, 천국으로 가는 길을 차단한 것이다. 예수가 세상에 온 목적이 십자가의 희생으로써 하나님에게 가는 길을 여는 것이었다. 그 길이 되는 것이었다. 사두개인과 바리새인은 이 일에 정면으로 맞섰다. 하나님의 말씀을 받아 그것을 해석하고 가르치는 사람으로서 이들은 마땅히 자신들이 먼저 말씀이 삶이 되도록 순명(殉命)해야 했다. 더 나아가서 다른 사람들을 그렇게 가르쳐 그들을 하늘나라로 인도해야 했다. 그러나 그들은 이 거룩한 직무를 저버렸다. 특히 바리새인과 서기관들을 책망하고 심판한 예수의 말씀을 보라. 서기관은 성경을 필사하고 가르치는 전문가들인데 주로 바리새파에서 나왔다.

> 그 때에 예수께서 무리와 제자들에게 말씀하셨다.
> "율법학자들과 바리새파 사람들은 모세의 자리에 앉은 사람들이다. 그러므로 그들이 너희에게 말하는 것은 무엇이든지 다 행하고 지켜라. 그러나 그들의 행실은 따르지 말아라. 그들은 말만 하고, 행하지는 않는다." (마태복음 23장 1~3절)

> "율법학자들과 바리새파 사람들아! 위선자들아! 너희에게 화가 있다. 너희는 사람들이 들어오지 못하도록 하늘나라의 문을 닫기 때문이다. 너희는 자기도 들어가지 않고, 들어가려고 하는 사람도 들어가지 못하게 하고 있다. 율법학자들과 바리새파 사람들아! 위선자들아! 너희에게 화가 있다! 너희는 개종자 한 사람을

만들려고 바다와 육지를 두루 다니다가, 하나가 생기면, 그를 너희보다 배나 더 못된 지옥의 자식으로 만들어 버리기 때문이다."
(마태복음 23장 13~15절)

"율법학자들과 바리새파 사람들아! 위선자들아! 너희에게 화가 있다. 너희는 회칠한 무덤과 같기 때문이다. 그것은 겉으로는 아름답게 보이지만, 그 안에는 죽은 사람의 뼈와 온갖 더러운 것이 가득하다. 이와 같이, 너희도 겉으로는 사람에게 의롭게 보이지만, 속에는 위선과 불법이 가득하다." (마태복음 23장 27~28절)

"뱀들아! 독사의 새끼들아! 너희가 어떻게 지옥의 심판을 피하겠느냐?" (마태복음 23장 33절)

예수가 십자가에 처형되도록 집요하게 밀어붙인 사람들이 사두개인과 바리새인이었다. 사두개파의 중심인물이며 산헤드린의 의장인 대제사장과 그 일파가 이 일을 주도했다. 산헤드린에는 사형시킬 권한은 없었다. 이들은 산헤드린에서 예수에게 신성모독 죄로 사형을 판결한 후에 예수를 죽이기 위해 로마 총독 빌라도의 법정에 고소했다. 빌라도의 법정에서 이들은 국가 반역으로 고소 죄목을 바꾼다. 어떻게 하든 예수를 죽이려고 종교적인 내용에서 정치적인 내용으로 죄목을 변경한 것이다. 예수를 죽으려는 음모, 배신과 체포와 심문, 유대의 법정과 로마의 법정에서 진행되는 두 번의 사형 판결 등에 관한 기록이 이렇다.

유월절과 무교절 이틀 전이었다. 그런데 대제사장들과 율법학자들은 '어떻게 속임수를 써서 예수를 붙잡아 죽일까' 하고 궁리하고 있었다. 그런데 그들은 "백성이 소동을 일으키면 안 되니, 명절에는 하지 말자" 하고 말하였다. (마가복음 14장 1~2절)

열두 제자 가운데 하나인 가룟 유다가, 대제사장들에게 예수를 넘겨줄 마음을 품고, 그들을 찾아갔다. 그들은 유다의 말을 듣고서 기뻐하여, 그에게 은돈을 주기로 약속하였다. 그래서 유다는 예수를 넘겨줄 적당한 기회를 노리고 있었다. (마가복음 14장 10~11절)

그들은 예수를 대제사장에게로 끌고 갔다. 그러자 대제사장들과 장로들과 율법학자들이 모두 모여들었다. (마가복음 14장 53절)

대제사장은 자기 옷을 찢고 말하였다.
"이제 우리에게 무슨 증인들이 더 필요하겠소? 여러분은 이제 하나님을 모독하는 말을 들었소. 여러분의 생각은 어떠하오?"
그러자 그들은 모두, 예수는 사형을 받아야 마땅하다고 정죄하였다. (마가복음 14장 63~64절)

빌라도가 그들에게 나와서 "당신들은 이 사람을 무슨 일로 고발하는 거요?" 하고 물었다. 그들이 빌라도에게 대답하였다.

"이 사람이 악한 일을 하는 사람이 아니라면, 우리가 총독님께 넘기지 않았을 것입니다."

빌라도가 그들에게 말하였다.

"그를 데리고 가서, 당신들의 법대로 재판하시오."

유대 사람들이 "우리는 사람을 죽일 권한이 없습니다" 하고 대답하였다. (요한복음 18장 29~31절)

사두개인과 바리새인을 비롯한 종교 지도자들이 계획적으로 집요하게 예수를 공격했다면 예수를 오해한 사람들도 있었다. 예수의 가족과 친족, 고향 사람들이다. 예수는 집안의 장남이다. 마리아가 성령으로 예수를 임신하여 출산한 후 마리아와 요셉의 부부관계에서 아이들이 태어났다.

예수께서 거기를 떠나서 고향에 가시니, 제자들도 따라갔다. 안식일이 되어서, 예수께서 회당에서 가르치기 시작하셨다. 많은 사람이 듣고, 놀라서 말하였다.

"이 사람이 어디에서 이런 모든 것을 얻었을까? 이 사람에게 있는 지혜는 어떤 것일까? 그가 어떻게 그 손으로 이런 기적들을 일으킬까? 이 사람은 마리아의 아들 목수가 아닌가? 그는 야고보와 요셉과 유다와 시몬의 형이 아닌가? 또 그의 누이들은 모두 우리와 같이 여기에 살고 있지 않은가?"

그러면서 그들은 예수를 달갑지 않게 여겼다. 그래서 예수께서 그들에게 말씀하셨다.

"예언자는 자기 고향과 자기 친척과 자기 집 밖에서는, 존경을 받지 않는 법이 없다." (마가복음 6장 1~4절)

여기에 예수의 동생들 네 명의 이름이 나온다. 야고보, 요셉, 유다, 시몬이다. 누이들도 있었다. 이 사람들을 예수의 친동생이 아니라 친족 동생이라고 해석하기도 한다. 마리아가 예수를 출산하고서 세상을 떠날 때까지 부부관계를 갖지 않고 동정(童貞)을 지켰다는 것을 옹호하기 위한 해석이다. 그러나 그렇게 판단할 만한 성경 안의 증거는 없다. 더구나 결혼을 부정적으로 보는 것은 신구약 성경의 일관된 가르침에 어긋난다. 결혼은 하나님의 축복이며 생명을 이어가라는 명령이다.

구약 성경의 창조 이야기는 물질세계를 명확하게 긍정한다. 눈에 보이는 모든 물질은 하나님이 만드셨다. '하나님이 보시기에 참 좋았다.' 사람의 육체를 비롯하여 물질적인 것을 부정적으로 보는 영지주의가 신약 시대에 상당히 강했고 이런 경향이 초기 교회에 위협이 되기도 했다. 기독교 신앙은 영지주의를 거부하며 몸과 물질을 긍정한다. 말씀이신 하나님이 사람의 육신이 되었다는 성육신은 기독교 신앙의 심장이다. 요한복음 1장 14절이 대표적인 근거 구절이다. 사도 바울이 디모데에게 보낸 편지에도 명시적으로 이런 맥락을 잇는 내용이 나온다.

성령께서 환히 말씀하십니다. 마지막 때에, 어떤 사람들은 믿음에서 떠나, 속이는 영과 악마의 교훈을 따를 것입니다. 그러한 교훈은, 그 양심에 낙인이 찍힌 거짓말쟁이의 속임수에서 나오는 것입니다. 이런 자들은 혼인을 금하고, 어떤 음식물을 먹지 말라고 할 것입니다. 그러나 그 음식물은, 하나님께서, 믿는 사람과 진리를 아는 사람이 감사하는 마음으로 먹게 하시려고 만드신 것입니다. 하나님께서 지으신 것은 모두 다 좋은 것이요, 감사하는 마음으로 받으면, 버릴 것이 하나도 없습니다. 모든 것은 하나님의 말씀과 기도로 거룩해집니다. (디모데전서 4장 1~5절)

예수의 동생들과 어머니가 예수를 찾아왔다. 예수가 한창 활동하던 즈음 가족들은 예수가 뭔가 잘못되었다고 판단했다. 맏이가 집안을 돌보지 않고 하나님 나라를 위해 일한다며 온통 돌아다니니 걱정이 많았을 것이다.

예수께서 집에 들어가시니, 무리가 다시 모여들어서, 예수의 일행은 음식을 먹을 겨를도 없었다. 예수의 가족들이, 예수가 미쳤다는 소문을 듣고서, 그를 붙잡으러 나섰다. 예루살렘에서 내려온 율법학자들은, 예수가 바알세불이 들렸다고 하고, 또 그가 귀신의 두목의 힘을 빌어서 귀신을 쫓아낸다고도 하였다. (마가복음 3장 20~22절)

가족과 친족들이 예수를 단단히 오해하는 장면은 더구나 예루살렘에서 내려온 바리새인과 서기관들이 예수를 독하게 비난하는 상황과 연결되어 있다. 아주 무섭고 엄중한 예수의 책망이 바로 이 상황에서 나온다. '성령을 모독하고 거역하는 죄는 이 세상에서 뿐 아니라 오는 세상에서도 용서받지 못한다.' 하나님의 성령으로 귀신을 쫓아내는데 귀신의 왕 바알세불에 씌웠다고 하는 자들에게 대한 심판의 말씀이다.

예수를 거부한 사람들 가운데 의외의 인물이 등장한다. 예수가 이 사람을 책망한 말이 표현 자체로만 보면 신약 성경에 기록된 예수의 언어에서 가장 강할 것이다.

"사탄아, 내 뒤로 물러가라!"

이 표현은 예수가 베드로에게 한 말이다. 베드로, 예수의 열두 제자 중에서 이른바 수제자라고 불리는 사람이다. 그런 베드로가 사탄이라고 불리다니. 누구보다 가까운 거리에서 예수를 따른 사람 아닌가! 예수를 거절한 사람들의 공통점은 그들이 예수와 가까운 사람들 혹은 예수와 가까워야 할 사람들이라는 것이다. 사두개인과 바리새인은 종교 지도자들이니까 그리스도로 오신 예수와 가까워야 할 사람들이었다. 그러나 권력욕에 눈이 멀어버린 그들은 그리스도 예수를 알아보지 못했다. 알아차린 사람들도 있기는 했다. 그러나 현세의 기득권에 마음을 뺏겨버려 말이나 행동으로 신앙을 고백할 용기를 내지 못했다. 예수의 가족과 친족은 혈통적으로나 삶의 물리적 상황으로 예수와 가까웠으니 예수를 잘 알아야 했다. 그러나 가까운 것이 오히려 그들에게 걸림돌이었다. 육신의 관계에 매여 영적인 차원에서 진행되는 하나님의 섭리를 보지 못했다.

종교 지도자들은 종교 권력의 기득권 때문에 그렇고 가족과 친족은 혈통적 관계의 고정관념 때문에 그렇다고 쳐도 제자들은 다르지 않은가. 기득권이나 혈족의 이해관계와 관련이 없다. 예수의 가르침에서 새로운 세상을 보고 자발적으로 예수를 따른 사람들이다. 그러나 그들도 사람 삶의 통상적인 함정에서 자유롭지 못했다. 예수가 베드로에게 사탄이라는 단어까지 쓰면서 무섭게 책망한 상황을 보자.

예수는 서른이 되면서 대중들 앞에 나서서 사역을 시작해서 삼년 정도 하나님 나라의 일을 위해 공적인 삶의 여정을 걸었다. 이를 공생애(共生涯)라고 부른다. 공생애의 마지막 시기였다. 십자가 처형을 두고 생각한다면 대략 한 달 정도 남은 때였다. 예수는 하늘 아버지가 주신 사명의 마지막 여정을 생각하며 군중과 거리를 두었다. 군중의 인기와 환호, 우쭐대는 제자들과 무분별한 추종자들을 떠나서 멀리 물러갔다. 마음은 더 깊이 물러섰다. 하늘 아버지만 바라고 그리며 고독으로 들어섰다. 이스라엘의 가장 북쪽 지역 갈릴리를 훨씬 벗어나 더 북쪽으로 올라간 곳 빌립보의 가이사랴였다. 이제 여기에서부터 갈릴리, 사마리아를 거쳐 유대 지방의 예루살렘으로 일직선으로 올라갈 참이었다. 십자가를 향하여 말이다.

예수는 제자들의 한계를 잘 알고 있었다. 그들은 예수를 따르고 는 있지만 개인적인 야망에 사로잡혀 있었다. 지금은 그들에게 이 것저것 세세하게 말할 때가 아니다. 인식과 깨달음 그리고 거기에 서 이어지는 삶의 헌신은 성령 하나님이 그들에게 내려야 가능한 것이었다. 다만, 나중에 성령의 활동이 시작되면서 그들이 더욱 확실하게 모든 것을 알도록 미리 일러두어야 했다.

예수께서 제자들과 함께 빌립보의 가이사랴에 있는 여러 마을로 길을 나서셨는데, 도중에 제자들에게 물으셨다.

"사람들이 나를 누구라고 하느냐?"

제자들이 예수께 말하였다.

""세례자 요한이라고 합니다. 엘리야라고 하는 사람들도 있고, 또 예언자 가운데 한 분이라고 하는 사람들도 있습니다."

예수께서 그들에게 물으셨다.

"그러면, 너희는 나를 누구라고 하느냐?"

베드로가 예수께 대답하였다.

"선생님은 그리스도이십니다."

예수께서 그들에게 엄중히 경고하시기를, 자기에 관하여 아무에 게도 말하지 말라고 하셨다. 그리고 예수께서는, 인자가 반드시 많은 고난을 받고, 장로들과 대제사장들과 율법학자들에게 배척 을 받아, 죽임을 당하고 나서, 사흘 후에 살아나야 한다는 것을 그 들에게 가르치기 시작하셨다. 예수께서 드러내 놓고 이 말씀을 하시니, 베드로가 예수를 바싹 잡아당기고, 그에게 항의하였다. 그러나 예수께서는 돌아서서, 제자들을 보시고, 베드로를 꾸짖어 말씀하셨다.

"사탄아, 내 뒤로 물러가라. 너는 하나님의 일을 생각하지 않고, 사람의 일만 생각하는구나!"

그리고 예수께서 제자들과 함께 무리를 불러 놓고 그들에게 말씀하셨다.

"나를 따라오려고 하는 사람은, 자기를 부인하고, 자기 십자가를 지고, 나를 따라오너라. 누구든지 제 목숨을 구하고자 하는 사람은 잃을 것이요, 누구든지 나와 복음을 위하여 제 목숨을 잃는 사람은 구할 것이다. 사람이 온 세상을 얻고도 제 목숨을 잃으면, 무슨 이득이 있겠느냐? 사람이 제 목숨을 되찾는 대가로 무엇을 내놓겠느냐? 음란하고 죄가 많은 이 세대에서, 누구든지 나와 내 말을 부끄럽게 여기면, 인자도 자기 아버지의 영광에 싸여 거룩한 천사들을 거느리고 올 때에, 그를 부끄럽게 여길 것이다." (마가복음 8장 27~38절)

이 사건의 성격이 32절에서 드러난다. 예수께서 십자가 사건을 드러내 놓고 말씀하시자 베드로가 "예수를 바싹 잡아당기고 그에게 항의하였다"는 것이다. 이 구절이 한국 교회에서 예전에 공식 강단용 성경으로 많이 사용하던 개역한글 성경에서는 이렇게 번역되었다.

드러내놓고 이 말씀을 하시니 베드로가 예수를 붙들고 간하매.

(마가복음 8장 32절, 개역개정)

이 번역에서 "간하매"는 거의 오역이라고 할 수 있다. 간하다는 표현은 웃어른이나 임금에게 옳지 못하거나 잘못된 일을 고치도록 말씀드린다는 뜻이다. 이 단어 때문에 바로 앞의 표현, 곧 "예수를 붙들고"도 본래의 뜻을 전달하지 못한다. 스승이 십자가에 매달려 처형된다고 하니까 제자 중의 맏이로서 절대로 그렇게 되면 안 된다고 스승의 옷자락을 붙잡고 간청했다는 상황이다. 원문이 전하는 실제 상황은 오히려 그 반대다. 개역한글 성경을 개정한 개역개정 성경은 원문에 맞게 수정했다. 새번역 성경도 원문을 잘 옮겼다. 두 번역을 보라.

(예수께서) 드러내 놓고 이 말씀을 하시니 베드로가 예수를 붙들고 항변하매 (개역개정)

예수께서 드러내 놓고 이 말씀을 하시니, 베드로가 예수를 바싹 잡아당기고, 그에게 항의하였다. (새번역)

베드로는 간청한 것이 아니라 항변하고 항의했다. 베드로와 다른 제자들이 예수를 따른 것은 출세하기 위해서였다. 이 사실은 사복음서 곳곳에서 쉽게 찾아볼 수 있다. 예수의 인기가 높아지면서 이들은 우쭐댔다. 예수가 민족의 해방자로서 또는 그 어떤 과정을 통해서든 큰 지도자가 되면 한 자리 차지할 것을 생각했다. 열두 제자들 사이에서는 서열 싸움이 심했다. 심지어는 최후의 만찬 자리에서도 누가 서열이 높으냐를 놓고 싸웠다.

예수는 끊임없이 이들을 가르쳤다. 제자들이 서로 높은 자리를 꿰차려고 경쟁하며 싸울 때 어린아이를 데려다가 큰 자가 되려면 어린아이와 같아야 한다, 높아지려면 겸손하여 낮아져야 한다고 했다. 사두개인과 바리새인의 권력욕과 명예욕을 조심하라고 했다. 최후의 만찬 자리에서 예수는 친히 제자들의 발을 씻기면서 겸손과 섬김을 온몸으로 전했다. 그러나 제자들은 변화되지 않았다. 십자가 사건을 처음으로 드러내 놓고 예고하는 장면에서 제자들은 스승 예수와 정면으로 충돌한다. 이 본문을 조금만 세심하게 관찰하면 충돌한 것이 베드로만이 아니라 제자들 전체였다는 점이 분명하다. 베드로가 앞장섰고 다른 제자들 모두 집단으로 스승에게 대들었다. 그들의 입장이 이러했을 것이다. 좀 거칠게 표현해본다.

"무슨 얘기를 하십니까? 우리가 삼 년 동안 당신을 따라다니며 시간과 돈을 투자한 것이 얼만데. 하나님 나라가 어떤 것인지, 어떻게 우리에게 오고 작동하는지 정확히는 모르겠지만, 당신 혼자만 희생의 영웅이 되시면 어떻게 합니까! 결혼한 베드로는 가정 전체를 다 걸지 않았습니까. 야고보와 요한 형제의 집안에서 헌금한 액수가 상당합니다. 너나 할 것 없이 우리 모두 직장과 사회적

인 활동을 다 내려놓고 당신에게 모든 것을 걸고 따랐습니다. 십
자가에 처형되시는 것, 그렇게는 안 됩니다!"

　교회라는 간판이 붙어 있는 단체 안에서 그리스도인이라고 불
리는 사람들이 모여서 예배를 드리며 사회적으로 기독교의 이름
을 걸고 이런저런 일을 한다고 해서 예수 그리스도를 진정으로 따
르는 것은 아니다. 베드로와 제자들처럼 자기 야망의 성취가 중심
인 경우가 적지 않다. 이천 년 기독교 역사에서 이런 일은 늘 반복
되었다. 오늘날도 마찬가지다. 예수의 십자가를 따르지 않으면 결
국에는 그렇게 된다.

PART 3

예수의 가르침

유토포스가 유토피아를 정복하기 전까지는 유토피아에서 종교 문제로 분쟁이 그치지 않았다. 심지어 나라를 지키는 일에서도 종교가 다르다고 해서 마음이 갈렸다. … 유토피아를 정복한 후 유토포스는 무엇보다 먼저 이런 법률을 만들었다.

'모든 사람은 자기가 좋아하는 종교를 자유롭게 믿을 수 있다. 다른 사람을 자기가 믿는 종교로 개종시켜도 된다. 그러나 정중하고 차분한 태도로 설득해야 한다. 다른 사람을 설득하지 못했을 때 다른 종교를 공격하면 안 된다. 다른 사람을 과격한 방법으로 개종시키려 하거나 욕설을 퍼부으면 안 된다. 지나치게 과격하게 다른 사람을 개종시키려 하는 자는 추방형이나 노예형에 처한다.'

— **토마스 모어**(Thomas More, 1477~1535)의 '유토피아'

나는 오랫동안 사회적인 도덕의 문제에서와 똑같이 어떤 불확실한 경우에도 일반적인 여론을 따를 필요가 있다고 했다. 그러나 이제는 내가 진리를 탐구하기 때문에 그와 전혀 다르게 일해야 한다고 생각했다.

그래서 나는 조금이라도 의심할 수 있는 것은 모두 엉터리라고 거절하기로 했다. 그렇게 해서 마침내 결코 조금도 의심할 수 없는 것이 나의 신뢰 속에 존재할 수 있는지 보려고 했다. …

내가 진리라고 확신한 명제는, '나는 생각한다. 그러므로 나는 존재한다'는 것이다.

— **데카르트**(Rene Descartes, 1596~1650)의 '방법서설'

염소 새끼 한 마리도 주신 일이 없습니다

예수는 거절당했고 오해받았고 공격받았다. 사람들이 그를 팔아넘겼다. 상식적이고 통속적인 시야에서는 예수의 길이 보이지 않았다. 예수가 걸어가는 십자가의 길은 세상이 보기에는 어리석거나 거슬렸다. 예수의 시선은 십자가 너머를 바라보고 있었다. 십자가의 길을 패착이라고 확신했던 사람 바울은 회심하여 예수를 믿고 십자가의 혁명적 능력을 전했다. 고린도에 있는 교회에 쓴 편지에서 바울은 이렇게 증언했다.

십자가의 말씀이 멸망할 자들에게는 어리석은 것이지만, 구원을 받는 사람인 우리에게는 하나님의 능력입니다. 성경에 기록하기를 "내가 지혜로운 자들의 지혜를 멸하고, 총명한 자들의 총명을 폐할 것이다" 하였습니다. 현자가 어디에 있습니까? 학자가 어디에 있습니까? 이 세상의 변론가가 어디에 있습니까? 하나님께서는 이 세상의 지혜를 어리석게 하신 것이 아닙니까?
이 세상은 그 지혜로 하나님을 알지 못하였습니다. 하나님의 지혜가 그렇게 되도록 한 것입니다. 하나님께서는 어리석게 들리는 설교를 통하여 믿는 사람들을 구원하시기를 기뻐하신 것입니다.
유대 사람은 기적을 요구하고, 그리스 사람은 지혜를 찾으나, 우리는 십자가에 달리신 그리스도를 전합니다. 그리스도가 십자가에 달리셨다는 것은 유대 사람에게는 거리낌이고, 이방 사람에게는 어리석은 일입니다. 그러나 부르심을 받은 사람에게는, 유대 사람에게나 그리스 사람에게나, 이 그리스도는 하나님의 능력이요, 하나님의 지혜입니다. 하나님의 어리석음이 사람의 지혜보다 더 지혜롭고, 하나님의 약함이 사람의 강함보다 더 강합니다. (고린도전서 1장 18~25절)

십자가의 길을 온몸으로 걸어간 예수, 그러면 그가 전한 가르침은 무엇인가? 그는 십자가 너머에서 펼쳐지는 하나님 나라를 보면서 그 세상을 사는 방법을 어떻게 가르쳤나? 예수는 자주 비유를 담은 이야기를 통해서 가르쳤다. 논리나 학문은 한 가지만 얘기한다. 이야기는 하나로 여러 가지를 말한다. 하나의 이야기에서 듣는 사람들 저마다 다채로운 가르침을 받는다. 예수의 이야기가 시공간과 문화를 넘어서 생존하며 여전히 우리에게 말을 건네고 있는 까닭이다. 예수의 가르침을 들어보자.

구약 성경은 하나님과 이스라엘 민족의 관계를 아버지와 자녀로 표현한다. 예수는 어느 아버지와 그 아버지를 버리고 집을 나간 못된 아들 이야기로 구원을 설명하면서 구약의 흐름을 이어간다. 저 유명한 탕자의 비유다. 기독교의 구원을 누구나 이해하기 쉽게 전하려면 누가복음에 나오는 이야기 두 개를 활용하는 것이 좋다. 15장에 나오는 탕자의 비유와 10장에 있는 선한 사마리아 사람의 비유다. 두 이야기는 흥미롭고 깊다. 짧지만 여운이 길다.

탕자 이야기는 구원받는 도리를 말한다. 존재의 변화가 주제다.

선한 사마리아 사람 이야기는 구원받은 사람이 어떻게 살아야 하는가를 가르친다. 실존의 성숙이 초점이다. 두 이야기의 중심을 달리 표현하면 그리스도인이 되는 것과 그리스도인답게 사는 것인데 이 둘은 하나다. 둘 중 어느 하나도 다른 것이 없으면 의미가 없다. 그리스도인이 되지 않았는데 그리스도인답게 사는 것을 어찌 얘기나 할 수 있겠는가. 그리스도인답게 살지 않는다면 그리스도인이 된 것이 무슨 소용이 있겠는가. 신약 성경에서 말하는 온전한 구원은 이 둘을 포괄한다.

그리스도인이 되는 것을 중생(重生)이라고 한다. 사람이 어머니의 태중에서 세상으로 나오는 육신의 출생이 첫 번째 탄생이다. 믿음으로써 하나님의 자녀가 되는 영적인 출생이 두 번째 탄생이다. 거듭 중(重) 자를 써서 중생 또는 거듭남이라고 한다. 하나님이 죄인을 의롭다고 인정하며 그렇게 불러주신다는 뜻으로 부를 칭(稱) 자를 써서 칭의(稱義)라고도 한다.

거듭난 사람이 하나님의 자녀로서 그리스도의 사람답게 사는 것을 성화(聖化)라고 한다. 예수 그리스도를 닮아 하나님의 성품에 참여하면서 거룩해지는 과정이다. 성화의 길을 걸어가면서 필요할 때마다 하나님이 성결(聖潔)의 체험을 주신다. 성화와 성결의 은혜로써 그리스도인은 세상의 소금과 빛으로 산다. 산 위에 있는 동네처럼 세상 사람들에게 하나님의 선하심을 드러내며 산다.

탕자 이야기를 들어보자. 누가복음의 15장 11절 이하의 본문과 그에 관한 묵상을 더하여 서술한다. 어떤 사람에게 아들이 둘 있었다. 작은아들이 아버지에게 나중에 자신이 상속할 재산을 미리 달라고 했다. 아버지가 아직 살아 계시는데 유산 상속을 요구하는 것은 더할 나위 없이 심한 불효다. 아버지는 두 아들에게 살림을 나눠 주었다. 작은아들은 한술 더 뜬다. 자기가 받은 것을 다 처분해서 챙겨서 먼 지방으로 떠났다. 그는 거기에서 돈을 펑펑 쓰면서 방탕하게 살았다.

가진 것을 다 탕진했을 즈음 그 지방에 큰 흉년이 들었다. 작은아들은 먹거리도 없을 정도로 아주 궁핍해져서 그 지방의 어느 사람에게 붙어살았다. 그 사람은 작은아들을 들로 보내 돼지를 치게 했다. 하도 먹을 것이 없어서 작은아들은 돼지가 먹는 쥐엄 열매로라도 배를 채우고 싶었지만 그것도 주는 사람이 없었다. 그제야 그는 정신이 들었다. 자신의 처지를 보며 깨닫고 마음을 돌이켰다. 그는 혼잣말로 이렇게 말했다.

내 아버지의 그 많은 품꾼들에게는 먹을 것이 남아도는데, 나는 여기서 굶어 죽는구나. 내가 일어나 아버지에게 돌아가서, 이렇게 말씀드려야 하겠다.
'아버지, 내가 하늘과 아버지 앞에 죄를 지었습니다. 나는 더 이상 아버지의 아들이라고 불릴 자격이 없으니, 나를 품꾼의 하나로 삼아 주십시오.' (누가복음 15장 17~19절)

깨달음은 몸의 현실에서 열릴 때가 많다. 몸과 마음과 영혼이 하나로 구성된 것이 사람이란 존재다. 심하게 굶으면서 작은아들은 자기 모습을 응시했다. 우선 먹을 것이 풍성한 것 때문에 아버지의 집을 생각했겠지만 거기서 한 걸음 더 나아갔다. 자신이 지은 죄를 깨달았다. 현실적으로는 아버지에게 지은 죄지만 그 죄는 근본적으로 하늘에 지은 것이기도 했다. 작은아들은 이제야 자신이 탕자라는 것과 아버지의 아들 자격이 없다는 것을 깨달았다. 자신을 아는 데서 길이 열린다. 탕자는 아버지에게 돌아가겠다고 마음을 먹는다. 아버지를 만나서 무어라고 말씀드릴 것인지도 생각한다. 아들 자격이 없다는 것과 품꾼으로만 써달라는 것이다. 이제 탕자는 행동한다. 모든 새로운 길과 거기에 걸린 희망은 행동하기 전까지는 결코 시작 되지 않는다.

> 그는 일어나서, 아버지에게로 갔다. 그가 아직도 먼 거리에 있는데, 그의 아버지가 그를 보고 측은히 여겨서, 달려가 그의 목을 껴안고, 입을 맞추었다. (누가복음 15장 20절)

탕자가 일어났다! 이것이 중요하다. 일어날 생각은 수도 없이 많이 하지만 정작 일어나지 않는 사람이 얼마나 많은가. 깨달음에 이르는 것이 쉽지 않다. 그러나 깨달았다고 해도 거기에서 그치면 열매는 없다. 깨달음이 행동으로 이어져야 한다. 일어난 탕자는 아버지에게로 간다. 먼 나라에서 아버지 집에 도착할 때까지 얼마나 걸렸을까. 가는 도중에 탕자는 무슨 생각을 했을까. 아버지 집으로 가는 것을 포기할까 하는 생각은 하지 않았을까. 무슨 낯짝으로 아버지를 만나나 하면서 어차피 망가진 인생 되는 대로 살지 생각하지 않았을까. 깨닫고 행동하는 과정에서 악한 영이 탕자의 마음속에서 얼마나 속삭거리며 유혹했을까.

탕자가 저 멀리 집이 보이는 곳에 이르렀다. 집은 저기, 아직도 멀었다. 그런데 아버지가 달려왔다. 아버지는 탕자가 오는 날짜를 알았던가? 아니다. 아버지는 날마다 집 밖에서 아들을 기다리고 있었다. 못되게 하고 집을 나간 아들이지만 아버지의 마음은 한시도 아들을 집 밖에 두지 않았다. 아버지의 마음에서는 탕자는 늘 아버지 집에 있었다. 아버지는 돌아온 탕자를 뜨거운 사랑으로 껴안았다. 탕자는 수없이 생각하며 되뇌던 일을 실행한다.

아들이 아버지에게 말하였다.
"아버지, 내가 하늘과 아버지 앞에 죄를 지었습니다. 이제부터 나는 아버지의 아들이라고 불릴 자격이 없습니다."
그러나 아버지는 종들에게 말하였다.
"어서, 가장 좋은 옷을 꺼내서, 그에게 입히고, 손에 반지를 끼우고, 발에 신을 신겨라.
그리고 살진 송아지를 끌어내다가 잡아라. 우리가 먹고 즐기자.
나의 이 아들은 죽었다가 살아났고, 내가 잃었다가 되찾았다."
그래서 그들은 잔치를 벌였다. (누가복음 15장 21~24절)

손에 반지를 끼웠다는 것은 아들의 신분이 회복되었다는 뜻이다. 아버지는 한 번도 탕자를 버리지 않았다. 돌아온 아들에게 반지부터 끼워주었다. 아들이 집에 있을 때든 유산을 미리 받아 처분해서 먼 나라로 갔을 때든 그리고 지금 돌아온 때든, 아들은 늘 아버지의 아들이었다. 돌아온 아들 손에 반지를 끼웠다는 것을 장자의 신분을 주었다는 것으로 보는 사람도 있다. 이 이야기의 뒷부분을 고려한 해석이다.

돌아온 동생 때문에 큰아들에게 문제가 발생한다. 큰아들은 종일 밭에서 일하다가 집으로 돌아오는 길이었다. 형제는 둘 다 집으로 돌아온다. 동생은 먼 나라에서 방탕하게 살다가 집으로 돌아왔고 형은 성실하게 밭에서 일하다가 집으로 돌아왔다. 대조적이다. 큰아들이 집에 가까이 왔을 때 집에서 음악 소리와 춤추면서 노는 소리가 들렸다. 큰아들이 종 하나를 불러 묻는다.

종이 그에게 말하였다.

"아우님이 집에 돌아왔습니다. 건강한 몸으로 돌아온 것을 반겨서, 주인어른께서 살진 송아지를 잡으셨습니다."

큰아들은 화가 나서, 집으로 들어가려고 하지 않았다. 아버지가 나와서 그를 달랬다. 그러나 그는 아버지에게 대답하였다.

"나는 이렇게 여러 해를 두고 아버지를 섬기고 있고, 아버지의 명령을 한 번도 어긴 일이 없는데, 나에게는 친구들과 함께 즐기라고, 염소 새끼 한 마리도 주신 일이 없습니다. 그런데 창녀들과 어울려서 아버지의 재산을 다 삼켜 버린 이 아들이 오니까, 그를 위해서는 살진 송아지를 잡으셨습니다." (누가복음 15장 26~30절)

큰아들의 자의식을 보라. "염소 새끼 한 마리도 주신 일이 없습니다!" 큰아들의 분노는 충분히 분명히 정당하다. 그의 말에 틀린 것이 없다. 동생이 챙긴 몫은 "아버지의 재산"이다. 동생은 그것을 창녀들과 어울려서 다 삼켜 버렸다. 그런데 이렇게 막돼먹은 놈이 돌아오자 살진 송아지를 잡아 잔치를 벌였다. 이런 상황은 결코 자연스럽지 못하다. 큰아들은 화가 치밀어서 집으로 들어가려 하지 않았다.

아, 여기에서 또 다른 아들이 집을 나간다! 작은아들은 집을 나간 탕자였지만 돌아왔다. 그런데 이제 큰아들이 집을 나간다. 예수는 이 이야기에서 큰아들이 아버지의 권면을 듣고 집에 들어왔는지는 말하지 않는다. 이 부분은 독자의 몫이다. 그러니까 이 이야기는 '두 탕자 이야기'라고 해야 적절하다. 이야기의 결말이 이렇다.

아버지가 그에게 말하였다.
"얘야, 너는 늘 나와 함께 있으니 내가 가진 모든 것은 다 네 것이다. 그런데 너의 이 아우는 죽었다가 살아났고, 내가 잃었다가 되찾았으니, 즐기며 기뻐하는 것이 마땅하다." (누가복음 15장 31~32절)

예수의 이야기에서 두 아들은 누구를 가리키는 것인가? 누가복음 15장 전체를 보면 두 아들이 가리키는 대상은 쉽게 알 수 있다.

> 세리들과 죄인들이 모두 예수의 말씀을 들으려고 그에게 가까이 몰려들었다. 바리새파 사람들과 율법 학자들은 투덜거리며 말하였다.
> "이 사람이 죄인들을 맞아들이고, 그들과 함께 음식을 먹는구나." (누가복음 15장 1~2절)

유대인의 신앙과 문화에서 함께 음식을 먹는 것에는 특별한 의미가 있다. 상대방을 받아들이고 인정하는 행위다. 죄인과 함께 음식을 먹는 것은 그 죄에 참여하는 것이 된다. 당시에 세리는 죄인의 대명사이기도 했다. "세리들과 죄인들"은 죄인을 지칭하는 전형적인 표현이다. 바리새파와 율법학자들, 곧 신앙의 선생이며 종교 권력자들이 예수를 비판하고 거기에 대한 예수의 대답이 3절부터 나온다. 예수는 세 가지 비유로써 죄인들을 품어주는 것이 옳다고 이야기한다. 첫 번째는 잃어버린 한 마리 양 이야기이고 두 번째는 잃어버린 동전 한 개 이야기다.

> 그래서 예수께서는 그들에게 이 비유를 말씀하셨다.
> "너희 가운데서 어떤 사람이 양 백 마리를 가지고 있는데, 그 가

운데서 한 마리를 잃으면, 아흔아홉 마리를 들에 두고, 그 잃은 양을 찾을 때까지 찾아다니지 않겠느냐? 찾으면, 기뻐하며 자기 어깨에 메고 집으로 돌아와서, 벗과 이웃 사람을 불러 모으고, '나와 함께 기뻐해 주십시오. 잃었던 내 양을 찾았습니다.' 하고 말할 것이다. 내가 너희에게 말한다. 이와 같이 하늘에서는 회개할 필요가 없는 의인 아흔아홉보다 회개하는 죄인 한 사람을 두고 더 기뻐할 것이다."

"어떤 여자에게 드라크마 열 닢이 있는데, 그가 그 가운데서 하나를 잃으면 등불을 켜고, 온 집안을 쓸며 그것을 찾을 때까지 샅샅이 뒤지지 않겠느냐? 그래서 찾으면, 벗과 이웃 사람을 불러 모으고 말하기를 '나와 함께 기뻐해 주십시오. 잃었던 드라크마를 찾았습니다.' 할 것이다. 내가 너희에게 말한다. 이와 같이 회개하는 죄인 한 사람을 두고 하나님의 천사들이 기뻐할 것이다." (누가복음 15장 4절~10절)

탕자 이야기는 바리새파 사람들의 비난에 대한 예수의 대답에서 세 번째 비유다. 세 이야기의 공통점이 있다. 잃어버린 하나에 관한 지극하고 무한한 용서와 용납과 사랑이다. 잃어버린 하나를 다시 찾기까지 무진 애를 쓰며, 찾으면 혼자만이 아니라 이웃을 초대해서 함께 기뻐한다. 탕자 이야기의 잔치가 그런 것이다. 잃어버린 하나는 죄인을 가리킨다. 죄인 한 사람이 회개하면 하나님의 천사들이 기뻐한다. 하늘에서 잔치가 벌어진다.

탕자 이야기에 등장하는 작은아들은 죄인들과 세리들이다. 큰아들은 바리새인, 율법 학자, 사두개인들이다. 예수가 보기에 집을 나간 작은아들이 탕자지만 그들은 예수가 선포하는 하나님 나라, 곧 하늘 아버지의 집에 마음의 문을 열고 있었다. 예수는 자신의 존재와 삶으로써 작동하기 시작한 하나님 나라에 소외된 사람을 초대하신다. 예수는 실패하고 낙심하고 절망한 사람들, 죄인으로 낙인찍히고 회복의 가능성이 도무지 없는 사람들을 의미 있는 삶으로 다시 초대하신다. 자신의 게으름이나 실수나 잘못으로 그렇게 되었든 사회적인 구조 때문에 그렇게 되었든 원인과 지난 과정은 상관없다. 지금 소외된 상태에 있는 사람은 누구나 초대받는다. 탕자 이야기의 작은 아들이 그런 사람들이다.

바리새인이나 율법 학자 같은 종교 권력자들이 큰아들이다. 이들은 예수가 소외된 사람들과 어울리며 그들을 품는 것을 잘못이라고 판단한다. 예수가 선포하는 하나님 나라, 하늘 아버지의 집에 들어가지 않는다. 예수는 이들도 초대한다. 예수가 종교 권력자들을 무섭게 책망하지만 이들을 초대하는 마음을 접은 적은 한 번도 없었다.

탕자 이야기는 존재의 변화에 관한 비유다. 사람의 근본 상황이 인류의 아버지인 하나님에게서 분리되어 있다. 이 근본적인 소외 상황을 해결하고 사람이 하나님이 창조한 본디 상황으로 회복되는 길이 있다. 아버지에게 돌아가는 것이다. 아버지는 언제나 기다리고 있다. 아버지의 품은 사람의 생각을 넘어 가없이 넓다.

예수가 선포한 하나님 나라는 소외된 사람들을 품는다. 예수의 하늘 아버지는 실수와 실패, 가난과 무기력, 낙심과 절망, 상실과 소외에 시달리는 사람들에게 깊은 관심이 있다. 이런 사람들을 돌보지 않는 것을 죄로 판단한다. 더욱이 이런 사람들을 더 어렵게 만드는 자들을 심판한다. 예수는 그리스도, 곧 세상의 구세주다. 그리스도를 한자로 음역한 것이 기독(基督)이다. 기(基)는 터, 사업 또는 시도한다는 뜻이다. 독(督)은 살피다, 바로잡는다는 뜻이다. 세상을 살펴서 바로잡아 구원하는 일을 한다는 것이 기독이란 단어의 뜻이다. 예수는 소외된 그 한 사람을 찾으러 세상에 오셨다. 그 한 사람을 다시 하나님 아버지의 자녀로 회복시키는 것이 예수의 일이다.

어느 면으로든 다른 사람보다 더 능력이 있고 많이 가진 사람들이 그렇지 못한 사람들을 배려하고 돌보아야 한다. 그렇게 하지 않으면 사람 사는 세상은 망가지고 야만으로 간다. 예수의 삶과 사역은 근본적으로 이 일과 연관된다. 예수는 이 일을 근원적으로 추진한다. 이 일에 관심이 없거나 이 일과 반대되는 구조를 강화하는 사람에게 하나님의 심판이 임한다는 것이 예수의 가르침이다.

어떤 사마리아 사람은 길을 가다가

사복음서 중 누가복음은 그 특징이 뚜렷하다. 누가복음은 가난한 사람들, 소외된 사람들, 여인들에게 관심이 많다. 이들을 배려하며 이들에게 임하는 하나님의 은혜를 강조한다. 15장의 탕자 이야기와 10장의 선한 사마리아 사람 이야기에도 이 점이 아주 분명하다.

탕자 이야기가 존재의 변화를 다루면서 하나님과 관계가 회복되는 것을 말한다면, 선한 사마리아 사람 이야기는 실존의 성숙을 다루면서 이웃과 관계가 회복되는 것을 말한다. 오늘날의 세계에서 소외의 문제가 심각하다. 이른바 선진국들에서 사람 관계가 단절되는 외로움 현상이 큰 사회 문제가 되었다. 정부 부처에 고독부(孤獨部)를 둘 정도다. 사람의 본질 자체에서 이웃은 꼭 필요하다.

구약 성경 창세기 1~2장의 창조 이야기는 사람을 관계의 존재로 설명한다. 사람은 세 가지 관계에서 존재한다. 무엇보다 먼저 사람은 피조물로서 자신을 창조한 하나님과 관계를 맺고 존재한다. 여기에서 사람은 예배자로 산다. 창조주를 예배해야 사람이다. 다음으로 사람은 다른 사람, 곧 이웃과 더불어 존재한다. 사람은 다른 사람에게서 하나님을 보며 자신을 본다. 타인은 사람이 사람일 수 있는 근본적인 조건이다. 여기에서 사람은 동반자로 산다. 마지막으로 사람은 사람 이외의 다른 피조물, 곧 환경 속에서 존재한다. 환경을 떠나서 살 수 있는 사람은 아무도 없다. 여기에서 사람은 환경을 돌보고 다스리며 가꾸는 청지기로 산다.

성경의 첫 번째 책인 창세기의 이 언급은 성경 전체를 흐르는 인간관을 규정한다. 사람은 본질적으로 관계의 존재다. 사람이 예배자임을 거부하면서 하나님 이외의 다른 어떤 것을 신으로 섬기는 우상이 생긴다. 사람 자신이 힘이 세지면 인간신(人間神)이 생긴다. 사람이 동반자임을 망각하면서 사람 사이의 차별이 생긴다. 정치적인 영역에서 독재가 생기고 경제적인 영역에서 독점이 강해지고 판단의 영역에서 독선이 난무한다. 사람이 본래 가지고 있던 청지기로서의 임무를 저버리고 사람의 욕심을 위해 마구 소비해 결국 사람 사는 환경이 파괴된다. 기후 위기는 사람이 자초한 재앙이다.

이웃을 찾아야 한다. 사람은 고래로 이웃을 찾는 존재다. 외로워서 그렇고 사람의 본질이 그렇다. 예수는 누가복음 10장 29~37절에서 이웃에 관하여 말씀하신다. 한 율법 교사가 예수에게 질문하면서 대화하는 장면이다.

> 그 사람(율법 교사)이 자기를 옳게 보이려고 예수께 여짜오되 "그러면 내 이웃이 누구니이까?"
> 예수께서 대답하여 이르시되, "어떤 사람이 예루살렘에서 여리고로 내려가다가 강도를 만나매 강도들이 그 옷을 벗기고 때려 거의 죽은 것을 버리고 갔더라. 마침 한 제사장이 그 길로 내려가다가 그를 보고 피하여 지나가고 또 이와 같이 한 레위인도 그곳에 이르러 그를 보고 피하여 지나가되, 어떤 사마리아 사람은 여행하는 중 거기 이르러 그를 보고 불쌍히 여겨 가까이 가서 기름과 포도주를 그 상처에 붓고 싸매고 자기 짐승에 태워 주막으로 데리고 가서 돌보아 주니라. 그 이튿날 그가 주막 주인에게 데나리온 둘

을 내어주며 이르되 '이 사람을 돌보아 주라 비용이 더 들면 내가 돌아올 때에 갚으리라' 하였으니, 네 생각에는 이 세 사람 중에 누가 강도 만난 자의 이웃이 되겠느냐?"

이르되, "자비를 베푼 자니이다."

예수께서 이르시되, "가서 너도 이와 같이 하라" 하시니라. (누가복음 10장 29~37절, 개역개정. 구두점은 필자가 찍음.)

율법 교사가 "자기를 옳게 보이려고"라는 표현은 자기를 정당화하려고 했다는 얘기다. 유진 피터슨 목사는 그의 메시지 성경에서 이렇게 번역했다. "looking for a loophole(공격할 구멍을 찾으려고 또는 자기를 정당화할 빠져나갈 구멍을 찾으려고)." 독일어 번역인 취리히 성경과 루터역 성경 그리고 여러 영어 번역도 "자신을 정당화하려고"로 번역했다. 29~37절 본문은 율법 교사와 예수의 대화 뒷부분이다. 율법 교사는 논쟁하며 공격하려고 예수에게 왔다. 예수에게 인정받으려는 상황이 아니다. 예수의 가르침에서 꼬투리를 잡으려 한다.

예수는 세리와 죄인, 이방인과 사마리아인 등 당시의 정통 율법 해석에서 정죄하는 사람들과 자연스럽게 어울렸고 그들에게 하나님 나라를 전했다. 율법 교사는 이를 잘 알고서 예수에게 올가미를 씌우려는 것이다.

율법 교사와 예수의 논쟁은 네 단계로 진행된다. 먼저 율법 교사가 질문을 한다. 예수는 그의 질문에 바로 대답하지 않고 외려 역질문을 던진다. 예수의 역질문에 율법 교사가 대답하는데, 그 대답이 끝나자마자 예수가 가르침을 준다. (1) 질문, (2) 역질문, (3) 대답, (4) 가르침으로 이어지는 내용을 보자.

율법 교사의 질문, "그러면 내 이웃이 누구니이까" 하는 것은 논쟁적인 말이다. 이 내용 앞의 논쟁에서 이미 예수는 율법 교사에게 "네 이웃을 너 자신같이 사랑하라"는 하나님의 말씀을 지식으로만 알고 있지 말고 실천하라고 요청한 바 있다. 거기에 대해 율법 교사가 이렇게 맞받아치는 것이다.

"좋소! 이웃 사랑을 실천해야 한다는 것에 동의합니다. 그런데, 이웃을 사랑하려면 그보다 먼저 내 이웃이 누구인지 알아야 하는 것 아닙니까. 자, 그러면 이제부터 이웃이라는 개념에 관하여 본격적으로 토론해 봅시다."

당시의 율법 교사들은 수사학을 훈련받았다. 그들은 구약 성경을 해석하고 이를 상황에 맞게 적용하는 것에 관해서 논리적으로 사고하는 일에 전문이었다. 또한, 여러 가지 반대 의견을 처리하면서 논쟁하는 데 능숙했다. 율법 교사는 이제 드디어 본격적으로 논쟁하면서 예수의 약점을 잡을 것이라고 기대하고 있다.

예수는 율법의 해석과 적용에 관한 통상적인 논쟁과 다른 방향으로 상황을 이끌어간다. 예수는 길지 않은 이야기 하나를 펼치고 거기에 근거하여 역질문을 던진다. 이야기의 구조는 복잡하지 않다. 어떤 사람이 예루살렘에서 여리고로 내려가다가 강도를 만났다. 예루살렘은 해발 800미터에 자리한 산성도시다. 그에 반해 여리고는 예루살렘에서 북동쪽 30여 킬로미터 정도 떨어진 곳에 있고 해발 고도가 지중해보다 250미터 정도 낮은 도시다. 예루살렘에서 여리고로 내려가는 길에서 강도를 만나는 일이 있기도 했을 것이다.

강도 만난 사람이 있는 것을 다 뺏기고 죽을 정도로 맞았다. 피투성이가 되었다. 강도들이 겉옷도 벗겨갔다. 거의 죽은 그 사람 곁을 세 사람이 지나간다. 먼저는 제사장이다. 그냥 지나간다. 제사장들은 시체에 가까이하면 직무를 수행할 수 없다. 그러나 예수는 제사장이 "그 길로 내려가다가" 그를 보고 피하여 지나갔다고 말한다. 제사장은 예루살렘에서 직무를 마치고 집으로 가는 길이었다. 도와줄 수 있는, 아니 도와주어야 하는 상황이었다.

다음으로 레위인이 지나간다. 레위인도 성전 제사와 관련된 일을 하는 사람이다. 이 사람이 제사장처럼 예루살렘에서 나와서 여리고로 내려가는 길이었는지는 분명하지 않다. 그러나 "또 이와 같이 한 레위인도 그곳에 이르러" 그를 보고 피하여 지나갔다는 표현을 보면 역시 직무를 마치고 집으로 가는 길이었다고 짐작할 수 있다. 예수는 의도적으로 성전 제사와 연관되는 성직자 두 사람을 등장시킨다. 두 사람 모두 성전의 직무를 마치고 집으로 가는 길이었다. 예루살렘으로 올라가는 길이었다면 피투성이가 된 사람에게 접근하지 않고 그냥 지나가는 것이 양해될 수 있다. 그러나 아니었다.

예수는 마지막으로 사마리아 사람을 등장시킨다. 당시 유대인은 유대인이 아닌 사람들, 곧 이방인을 지옥의 땔감 정도로 여기기도 했다. 하나님이 지옥 불에 쓸 땔감으로 이방인을 창조했다는 얘기까지 했다. 그런데 사마리아인은 이방인보다 더 멸시했다. 아예 사람으로 취급하지도 않았고 상종도 하지 않았다. 사마리아는 이스라엘이 남북으로 갈려 있을 때 북왕국의 수도였다. 분열 당시부터 사마리아는 신앙의 정통성을 갖지 못했다. 북왕국이 주전 721년에 앗시리아에 의해 초토화된다. 앗시리아는 정복하는 지역마다 문화와 인종의 정체성을 말살하는 정책을 썼다. 사마리아에 사는 유대인들을 다른 곳에 흩었고 다른 지역 사람들을 사마리아로 이주시켜 혈통을 섞었다. 혈통의 순수성과 신앙의 정통성은 뗄 수 없을 정도로 단단하게 이어져 있는 것으로 생각하는 유대인에게 사마리아의 종교 혼합은 그야말로 치욕이었다.

예수가 사마리아 사람을 등장시키는 것은 분명히 의도적이다. 사마리아 사람은 강도 만난 사람을 정성을 다해 도와준다. 응급 치료를 하고 자신이 다니면서 늘 머무는 주막 주인에게 두 데나리온을 주면서 치료를 부탁한다. 한 데나리온은 당시 노동자의 하루 품삯이었다. 이튿날 주막을 떠나면서 돈이 더 들면 돌아오는 길에 그 비용을 내겠다고 약속까지 한다. 이야기를 마친 예수가 율법 교사에게 질문을 던진다. 역질문이다. 예수는 외통수 또는 막다른 골목 같은 상황을 만들어 놓고 그에게 질문을 던진다. 이웃에 관한 예수의 사상에서 이 질문이 매우 중요하다. 이 질문을 율법 교사가 앞에서 던진 질문과 비교해 봐야 한다.

율법 교사의 질문: 그러면 내 이웃이 누구입니까?

예수의 역질문: 네 생각에는 이 세 사람 중에 누가 강도 만난 자의 이웃이 되겠느냐?

그림으로 그려보자. 원을 하나 그리자. 율법 교사는 자신을 원 안의 중심에 놓는다. 자기 주변에 수많은 다른 사람이 있다. 그 많은 사람 중에 누가 "내 이웃"인가를 묻는다. 나와 한 편이 될 사람이 누구냐를 묻는다. 자기중심적이고 이기적이다. 예수는 반대로 말한다. 원의 중심에는 강도 만난 사람이 있다. 그 주변에 많은 사람이 둘러서 있다. 율법 교사도 그 가운데 한 사람이다. 예수는 묻는다. 누가 지금 저 한가운데 있는 불쌍한 사람에게 다가가겠는가? 불쌍한 저 사람에게 가는 사람이 이웃이다. 예수의 사유는 타인 중심적이고 그래서 이타적이다. 예수는 율법 교사에게 이렇게 도전하는 것이다.

'누가 너에게 이웃인가를 묻지 말고 네가 누구에게 이웃이 되어야 하는지를 물어라!'

예수의 이웃 개념에서 또 하나 중요한 점이 있다. 율법 교사의 이웃 개념은 고정적이다. 내 이웃이 "누구냐고" 묻는다. 나와 한 편이 될 사람이다. 이렇게 모인 집단을 도당(徒黨)이라고 한다. 떼를 지어 못된 일을 꾸미는 무리를 말한다. 그러나 예수는 누가 이웃이 "되겠느냐"고 한다. 예수의 이웃 개념은 역동적이다. 이웃은 늘 열려 있다. 고정된 닫힌 집단이 아니다. 어떤 사건이나 어떤 상황에서 어려운 사람을 돕고 자신을 희생하면서 비로소 이웃이 된다. 이웃은 필요할 때마다 발생하는 사건이다. 이웃은 '있는 것'이 아니라 '되는 것'이다.

이제 예수의 사마리아 사람 이야기의 마지막 부분을 보자. 예수의 역질문에 대하여 율법 교사가 대답하고 거기에 바로 예수의 가르침이 이어진다. 37절 전반부가 율법 교사의 대답이고 후반부가 예수의 가르침이다.

(율법 교사가) 이르되 자비를 베푼 자니이다.
예수께서 이르시되 가서 너도 이와 같이 하라 하시니라.

예수의 역질문에 율법 교사는 달리 대답할 수가 없었을 것이다. 지금 예수와 율법 교사가 논쟁하는 자리에는 많은 사람이 둘러서 있다. 공개 논쟁이다. 예수가 구성한 이야기는 어린아이도 쉽게 이해할 수 있다. 이야기 후에 던지는 질문도 마찬가지다. 율법 교사보다 예수가 훨씬 수가 높다. 율법 교사는 '사마리아인'이라는 표현을 입에 담지 않은 것 정도로 겨우 자존심을 지킬 수 있었다. 그는 "자비를 베푼 자"라고 말한다.

예수의 가르침은 단순하고 그래서 강하다. 예수의 가르침에서 두 글자로 된 세 단어가 중요하다. 가서, 너도, 하라! 예수는 늘 이런 식이었다. 사람들이 예수가 전하는 말씀을 삼십 분이고 한 시간이고 들으면 다음과 같은 생각이 들지 않았다.

'아, 참 좋은 지식을 얻었다. 멋진 생각이다, 어디에 써먹으면 좋겠다, 야, 참 탁월한 발상이고 독특한 사상이다. 대단하다.'

예수는 이런 생각을 하지 못하게 가르쳤다. 단순하지만 강력하게 삶의 변화를 요청했다. 그렇게 살아야 한다고 가르쳤다. 이야기의 끝에 예수는 늘 어떻게 살 것인가를 물었다. 저 유명한 예수의 산상설교도 그렇다. 마태복음 5~7장에 기록된 산상설교의 결론은 들은 내용을 실천해야 한다는 것이다.

> "그러므로 내 말을 듣고 그대로 행하는 사람은, 반석 위에다 자기 집을 지은, 슬기로운 사람과 같다고 할 것이다. 비가 내리고, 홍수가 나고, 바람이 불어서, 그 집에 들이쳤지만, 무너지지 않았다. 그 집을 반석 위에 세웠기 때문이다. 그러나 나의 이 말을 듣고서도 그대로 행하지 않는 사람은, 모래 위에 자기 집을 지은, 어리석은 사람과 같다고 할 것이다. 비가 내리고, 홍수가 나고, 바람이 불어서, 그 집에 들이치니, 무너졌다. 그리고 그 무너짐이 엄청났다."
>
> 예수께서 이 말씀을 마치시니, 무리가 그의 가르침에 놀랐다. 예수께서는 그들의 율법 학자들과는 달리, 권위 있게 가르치셨기 때문이다. (마태복음 7장 24~27절)

예수는 자신이 그렇게 살면서 가르쳤다. 지식의 유희가 아니라 삶의 변화를 목표로 삼고 가르쳤다. 그의 가르침이 복잡하지 않았다. 누구나 쉽게 이해할 수 있었다. 탁상공론이나 고도의 논리가 아니라 삶의 실천이 중심이었다. 예수의 가르침에 권위가 있었던 까닭이 여기에 있다.

예수는 이웃에 대해 가르치면서 삶을 바닥이 드러나도록 뒤집어 놓는다. 아니 바닥이 없는 곳까지 파헤친다. 사고의 밭인 인생관, 가치관, 세계관을 갈아엎는다. 발상과 생각을 전환하라는 것, 잘못된 사유는 하나도 남김없이 처절하게 바꾸라는 것, 악한 것은 모양이라도 버리라는 것, 돌 하나도 돌 위에 첩(疊) 놓이지 않게 하라는 것, 오로지 진리의 말씀만 바라보고 거침없이 가라는 것, 그리스도의 십자가에서 하나님이 계시한 진리의 말씀 빼고는 다 바꾸라는 것, 그렇게 사고의 혁명을 감행하라는 것이 예수의 가르침이다.

사마리아 사람 이야기에서 예수는 혁명적으로 도발한다. 오늘 여기의 우리에게 사고와 존재를 개혁하라고 요구한다. 사람을 대하는 사고와 태도를 바꿔야 한다, 회개함으로써 존재 자체가 변해야 한다! 이웃이 없는 시대, 그래서 우리는 야만의 세월을 걷고 있다. 너나 할 것 없이 이웃을 찾고 있다. 이웃이 없다고 한탄하지 말고 내가 먼저 남에게 이웃이 되면 된다. 소외된 사람에게 이웃이 있는 세상이 하나님 나라다. 이 나라를 위해 사는 사람을 그리스도인이라 부른다. 누가복음 10장의 사마리아 사람 이야기는 하나님 나라를 꿈꾸는 사람에게 지금도 현재진행형이다.

누가복음 10장 29~37절에 나오는 선한 사마리아 사람 이야기는 누가복음 10장 전체의 문맥에서 작은 상자에 해당한다. 이 상자가 들어있는 더 큰 상자가 있다. 10장 25~37절이다. 여기에 예수의 근본적인 가르침이 있다. 사마리아 사람 이야기는 이 근본적인 가르침을 확실하게 세우기 위한 장치 중의 하나다. 말씀이 삶이 되는 것이 그 주제다.

무엇이라 기록되었으며 너는 어떻게 읽느냐

예수의 비유와 이야기들은 하나님의 말씀이 우리 삶으로 이어지는 길을 알려준다. 말씀에서 삶까지, 곧 본문(Text)에서 상황(Context)까지 이르는 과정을 말씀묵상이라고 한다. 누가복음 10장에 예수가 가르친 말씀묵상 방법이 나온다. 이 내용으로 들어가기 전에 먼저 예수가 구약 성경의 말씀 전통에 깊이 연결되어 있다는 점을 기억하는 것이 필요하다.

신구약 성경에는 복에 관한 이야기로 가득하다. 성경의 처음과 한가운데와 마지막이 복에 관한 가르침으로 이어진다. 성경의 첫 번째 책 창세기에 하나님이 창조 세계에 준 복이 기록되어 있다. 천지를 창조하면서 하나님이 사람에게 복을 주었다. 사람을 통해서 피조물 전체가 복을 누리게 했다. 역사의 한가운데 사람으로 온 하나님의 아들 예수가 가르친 말씀 중에 가장 주옥같은 내용이 마태복음 5~7장에 기록된 산상설교다. 산상설교를 시작하면서 예수는 여덟 가지 복에 대하여 말씀한다. 성경의 마지막 책 요한계시록의 마지막 장에 복에 관한 메시지가 나온다. 천사가 요한계시록의 저자 요한에게 말한다.

> "'보아라, 내가 곧 오겠다' 하신 주님의 말씀을 기억하여라." 이 책에 기록된 예언의 말씀을 지키는 사람들은 복이 있습니다. (요한계시록 22장 7절)

어떤 문화권 어느 시대에 살든지 사람은 누구나 복을 받고 누리며 살기를 바란다. 행복론은 인류 역사에서 모든 철학과 사상의 중심 주제다. 기독교 신앙에서 가르치는 복은 성경에 기록되어 있다. 가장 익숙한 성경 구절을 보자. 구약 성경의 시편은 이스라엘 민족에게 참으로 중요했다. 예수 그리스도의 부활과 성령의 강림으로 본격적으로 시작된 교회의 시대에도 시편은 교회와 그리스도인의 삶에서 늘 중심에 있었다. 신약 성경에 가장 많이 인용된 구약의 책이 시편과 이사야서다.

그 시편 1편에 복에 관한 가르침이 나온다. 1편은 전체 시편을 여는 서론인데 좀 더 정확하게 말하면 '결론적 서론'이다. 여기에 시편 전체의 결론이 이미 담겨 있다. 이 시의 주제가 복이다. 어떤 사람이 복이 있는 사람인지, 그 복을 받고 누리며 나누는 방법이 무엇인지 여기에 나온다.

복 있는 사람은 악인의 꾀를 따르지 아니하며, 죄인의 길에 서지 아니하며, 오만한 자의 자리에 앉지 아니하며, 오로지 주님의 율법을 즐거워하며 밤낮으로 율법을 묵상하는 사람이다. (시편 1편 1~2절)

복이 무엇인지에 관해서 두 가지로 방식으로 말한다. 이러이러한 것은 복의 길이 아니라는 부정형 표현이 먼저 나온다. 복 있는 사람은 악인과 죄인과 오만한 자의 길로 가지 않는다. 이것이 복이라는 긍정형 표현으로 말하면, 복은 근본적으로 하나님의 말씀인 율법과 연관된다. 하나님의 말씀대로 사는 것이 복이다. 그 구체적인 방법이 묵상이다. 하나님의 말씀을 즐거워하며 밤낮으로 묵상하는 것이 복 있는 사람의 특징이다. 묵상한다는 히브리어의 문자적인 뜻은 작은 소리로 읊조린다는 것이다.

예수의 말씀묵상 방법이 담긴 누가복음의 본문으로 들어가자. 선한 사마리아 사람 이야기가 있는 10장 29~37절을 작은 상자로 본다면 10장 25~37절은 작은 상자가 들어있는 큰 상자다. 먼저 본문의 흐름을 구조적으로 살펴본다. 한 율법 교사가 예수에게 질문하면서 이어지는 대화가 전체의 내용이다. 율법 교사는 예수를 공격하러 왔다. 질문과 대화는 순수하지 않다. 꼬투리를 잡아서 예수를 옭아매려는 것이었다. 본문을 두 덩어리로 나눌 수 있다. 25~28절, 29~37절이다. 두 부분은 네 단계의 같은 구조로 되어 있다. (1) 율법 교사의 질문, (2) 질문에 관한 예수의 역질문, (3) 역질문에 대한 율법 교사의 대답, (4) 대답에 연결된 예수의 가르침이다. 먼저 첫 번째 덩어리다.

(1) 질문, 25절	어떤 율법 교사가 일어나 예수를 시험하여 이르되 선생님 내가 무엇을 하여야 영생을 얻으리이까?
(2) 역질문, 26절	예수께서 이르시되 율법에 무엇이라 기록되었으며 네가 어떻게 읽느냐?
(3) 대답, 27절	대답하여 이르되 네 마음을 다하며 목숨을 다하며 힘을 다하며 뜻을 다하여 주 너의 하나님을 사랑하고 또한 네 이웃을 네 자신 같이 사랑하라 하였나이다.
(4) 가르침, 28절	예수께서 이르시되 네 대답이 옳도다, 이를 행하라, 그러면 살리라.

율법 교사는 역시 성경의 전문가다. 질문을 보면 안다. 성경의 핵심 주제를 정확하게 짚는다. 영생의 문제 말이다. 예수는 율법 교사의 시선을 율법, 곧 기록된 말씀인 성경으로 향하게 한다. 이 점이 매우 중요하다. 기록된 말씀이 기준이다. 예수는 하나님이며 말씀 자체시다. 그러나 육신을 입고 세상에 있을 때는 예수도 기록된 말씀에 순종했다. 기독교 신앙에서 정당성을 가지려면 무엇이든지 말씀과 연관되어야 한다. 예수는 네가 율법의 전문가니까 잘 알 것 아니냐며 율법 교사에게 역질문을 던진다. 율법 교사는 망설이지 않고 즉시 하나님 사랑과 이웃 사랑으로 대답한다. 구약

성경 신명기 6장 4절 이하와 레위기 19장 18절을 인용한 것이다. 예수는 율법 교사의 질문이 끝나자마자 바로 가르침을 준다. 개역 개정 성경 번역에서 예수의 가르침에 세 글자로 된 단어 세 개가 중요하다. '옳도다, 행하라, 살리라.' 예수는 율법 교사의 대답을 옳다고 인정한다. 그러나 옳은 것을 알고 있다고 다 된 것이 아니다. 그것대로 행동해야 한다. 그래야 살면서 누릴 수 있다.

이어지는 두 번째 덩어리 29~37절도 앞에서 본 것처럼 같은 구조로 되어 있다. 다만 여기에서는 예수의 역질문 내용이 길다. 선한 사마리아 사람 이야기가 역질문에 들어가 있어서다. 중요한 부분은 두 덩어리의 가르침 부분이다. 표현은 달라도 강조점은 같다. 말씀이 삶이 되어야 한다는 것이다.

28절: 예수께서 이르시되 네 대답이 옳도다, 이를 행하라, 그러면 살리라.
37절 후반부: 예수께서 이르시되 가서, 너도, 이와 같이 하라.

예수는 두 번 반복한다. 지식으로 아는 것만으로는 안 된다. 아는 대로 살아야 한다. 성경 말씀을 올바르게 이해하고 깨닫는 것이 물론 중요하다. 이것이 토대다. 그러나 거기에서 그치면 큰 문제가 생긴다. 지식은 많은데 삶은 변하지 않는 기형적인 신앙인이 생긴다. 이 상황이 오래 지속되면 그리스도인이라고 인정할 수 없는 상태가 된다.

누가복음 10장 25~37절 본문의 제목을 '예수님의 말씀묵상'이라고 붙일 수 있다. 이제 제목에 직결된 핵심을 살피자. 두 번에 걸친 예수의 가르침 부분이 결론이지만 이 결론이 근거하고 있는 지점을 늘여다보는 것이다. 첫 번째 덩어리에서 역질문이 담긴 구절, 곧 26절이다. 여기에서 말씀 자체인 예수가 직접 말씀을 묵상하는 구체적인 방법을 언급한다. 나는 십수 년 전에 이것을 깨닫고는 온몸에 전율을 느낄 정도로 감격했다. 율법 학자가 영생을 얻는 길을 묻자 예수가 이렇게 역질문을 던진다.

> (1) 율법에 무엇이라 기록되었으며,
> (2) 네가 어떻게 읽느냐?

이 역질문에 두 가지 질문이 담겨 있다. 하나는 성경 말씀에 어떻게 기록되어 있는지를 묻는 관찰 질문이다. 다른 하나는 관찰한 그 내용이 내 삶이 어떻게 연관되며 내가 그 말씀에 따라 어떻게 살고 있느냐는 적용 질문이다. 하나는 객관적인 지식의 문제요, 다른 하나는 주관적이고 실존적인 자기 삶의 결단이 걸린 문제다. 이런 상황을 가정해서 설명해 보자.

신약 성경에 있는 에베소서를 연구하여 신학박사 학위를 받은 목사가 어느 교회에 강사로 초대를 받아서 주일 오후 예배에서 설교하게 되었다. 가정의 달 5월이었다. 에베소서 5~6장에 가족의 인간관계에 관한 말씀이 있다. 특히 5장에 남편과 아내에게 권면

하는 내용이 나온다. 아내는 교회가 그리스도에게 하듯이 남편에게 순종하며 남편은 그리스도가 교회를 위하여 자신을 희생한 것처럼 아내를 사랑하라는 것이다. 신학자며 목사인 이 사람이 최선을 다해서 설교했고 성도들이 크게 은혜를 받았다.

예배가 끝나고 설교에서 큰 은혜를 받은 어느 집사님 내외가 담임목사 내외와 강사 목사를 초대해서 함께 식사했다. 식사 자리에서 남편 집사가 강사 목사에게 묻는다. 남편 집사는 요즘 한창 신앙생활을 열심히 하면서 믿음이 부쩍 자라고 있었다.

"목사님, 오늘 설교에서 크게 은혜를 받았습니다. 감사합니다! 특히 남편이 아내에게 잘해야 한다는 말씀이 마음에 깊이 와 닿았습니다. 여기 제 아내가 있습니다만, 저도 요즈음 성경의 가르침을 따라서 제 아내에게 잘하려고 노력하고 있습니다. 그런데 목사님, 우리 남자들 자존심이란 것이 괜한 것에도 불쑥불쑥 올라올 때가 있잖습니까. 제가 잘 안되는 게 있어서 좀 여쭈어보겠는데요, 목사님은 이런 경우에 어떻게 하십니까? …"

순수한 마음으로 갑자기 던지는 질문에 강사 목사가 크게 당황했다. 강사 목사가 최근에 자기 아내와 심하게 다투었다. 부부 싸움이 종종 그렇게 진행되는 것처럼 상대방 집안도 거론했다. 홧김에 나온 것이지만 도장을 찍느니 마느니 하는 얘기까지 나온 터였다. 설교할 때까지 부인과 감정을 풀지 못했다. 강사 목사가 당황할 만도 했다.

생각해보라. 에베소서 연구로 신약학 분야에서 박사학위를 받은 사람에게 다음의 두 가지 일에서 어느 것이 더 어렵겠는가. 에베소서를 본문으로 설교 한 편을 하는 것, 그 설교의 내용대로 사는 것. 설교 말씀대로 사는 것이 당연히 더 어렵다. 예수가 율법 학자에게 던진 역질문에 담긴 두 가지 질문과 연결해 보자.

성경 본문을 잘 관찰하고 설교하는 것은 '율법에 무엇이라 기록되었느냐'는 질문에 연관된다. 준비한 설교 내용대로 설교자 자신이 실천하며 사는 것은 '네가 어떻게 읽느냐'는 질문에 연관된다. 설교자나 신학자 또는 교회 공동체의 여러 가지 지도자들이 두 번째 질문과 관련하여 얼마나 많이 실패하고 넘어지는가. 성경 말씀을 가르치거나 설교하는 사람 가운데서 그 말씀대로 완전히 사는 사람은 아주 드물 것이다. 그러나 자기 자의식에 자신이 설교하는 내용대로 살려는 생각이 아예 없는 설교자라면 큰 문제다. 신앙인들이 이런 설교자를 용인하는 것이 또 큰 문제다.

그러면 예수의 역질문에 대해 율법 학자가 대답하는 내용 27절을 가만히 보라. 그는 역질문에 담긴 두 가지 질문 중에서 첫 번째에만 대답한다. 성경의 기록과 연관된 객관적인 지식만 말한다. 두 번째 사항, 곧 자신이 이 말씀에 따라 어떻게 살고 있는지는 대답하지 않는다. 그래서 예수는 바로 이어지는 28절에서 율법 학자가 피해서 넘어간 문제를 정확하게 지적하며 가르침을 준다.

27절: 대답하여 이르되 네 마음을 다하며 목숨을 다하며 힘을 다하며 뜻을 다하여 주 너의 하나님을 사랑하고 또한 네 이웃을 네 자신 같이 사랑하라 하였나이다.

28절: 예수께서 이르시되 네 대답이 옳도다, 이를 행하라, 그러면 살리라.

성경 66권에서 어떤 부분을 읽든지 그 본문 말씀을 묵상하는 방법이 이것이다. 예수가 가르친 대로 두 단계로 작업하면 된다. 먼저는 '성경이 무엇을 말씀하는가'를 생각하며 본문을 객관적으로 관찰한다. 그러면서 그 본문의 요점을 파악한다. 다음은 그렇게 파악한 내용을 깊이 생각하면서 내 마음과 삶에 새기며 산다. '성경이 나에게 무엇을 말씀하는가'를 생각하며 주관적으로 적용하는 것이다. 이것이 예수가 가르친 말씀묵상 방법이다.

말씀묵상을 말씀과 기도가 어우러지는 것이라고 설명할 수 있다. 사도 바울이 디모데에게 보낸 편지에서 나오는 내용이다. 바울은 물질과 영혼을 이분법적으로 갈라놓는 영지주의를 경계하라고 권면한다. 물질세계는 하나님이 창조하신 것으로서 근본적으로 창조주의 선물이다. 세상에는 그 자체로서 선도 아니고 악도 아닌 것들이 많다. 말하자면 가치로 따져서 중립적인 것이다. 춤, 돈, 음식 같은 것이다. 춤은 선의 도구도 될 수 있고 악한 도구도 될 수 있다. 어떻게 쓰느냐에 달렸다. 돈은 사람에게 유용하기도 하고 사람을 망하게도 한다. 음식이 사람의 건강에 필요하다. 하지만 탐식은 건강을 해친다. 존재하는 모든 것은 근본적으로 하나님의 선물이다. 말씀과 기도로 경건한 삶을 훈련하며 거룩함을 추구하는 것이 중요하다.

성령께서 환히 말씀하십니다. 마지막 때에, 어떤 사람들은 믿음에서 떠나, 속이는 영과 악마의 교훈을 따를 것입니다. 그러한 교훈은, 그 양심에 낙인이 찍힌 거짓말쟁이의 속임수에서 나오는 것입니다. 이런 자들은 혼인을 금하고, 어떤 음식물을 먹지 말라고 할 것입니다. 그러나 그 음식물은, 하나님께서, 믿는 사람과 진리를 아는 사람이 감사하는 마음으로 먹게 하시려고 만드신 것입니다.

하나님께서 지으신 것은 모두 다 좋은 것이요, 감사하는 마음으로 받으면, 버릴 것이 하나도 없습니다. 모든 것은 하나님의 말씀과 기도로 거룩해집니다. (디모데전서 4장 1~5절)

말씀과 기도는 하나다. 기도 없는 말씀의 지식으로는 결코 구원에 이르지 못한다. 반면 말씀 없는 기도는 일반 종교 체험으로 빠지게 만든다. 하나님의 말씀과 하나님을 향한 신뢰의 기도가 사람을 구원하며 거룩하게 한다. 거룩은 기독교 신앙의 최종 목표다. 다른 표현으로 하면 예수의 인격을 닮는 것이며 하나님의 신성한 성품에 참여하는 것이다. 교회와 그리스도인이 하는 모든 일의 최종 목표는 거룩함에 이르는 것이다. 다른 모든 것은 이 목표를 위한 중간 과정이며 중간 목표. 이천 년 기독교 역사에서 이것을 시야에서 놓칠 때마다 교회와 그리스도인이 곁길로 빠지며 타락했다. 말씀과 기도, 곧 말씀묵상이 신앙인을 거룩하게 만든다. 거룩함으로 가는 길의 이름이 말씀묵상이다.

예수는 주로 비유로 가르쳤다. 비유는 두 세계를 연결하는 다리다. 예컨대, 영원한 하늘나라에 갔다 온 사람이 있다고 가정해 보자. 그 사람이 하늘나라를 본 적이 없는 사람에게 하늘나라를 어떻게 설명할까. 지금 우리가 사는 세상에 있는 어떤 것을 예로 들면서 '천국이 마치 무엇 무엇과 같다'는 식으로 설명할 것이다. 신약 성경의 마지막 책 요한계시록에 영원한 천국의 모습이 나온다. 영원한 천국의 성을 새 예루살렘이라고 하는데 거기는 길바닥이 순금이다. 열두 개의 문을 비롯한 이런저런 건축물이 온통 온갖 보석으로 되어 있다. 진짜 그런 보석이며 순금이란 얘기가 아니다. 사람 사는 세상에서 보통 가장 값진 것으로써 비유적으로 묘사한 것이다.

예수는 하나님의 말씀이 어떻게 사람의 삶에서 살아 움직이며 하나님의 뜻을 이루는지를 비유로 설명했다. 말씀이 삶이 된다는 것이 신약 성경 전체를 꿰뚫고 흐르는 중심축인데 마태복음 13장에 그에 관한 비유가 오롯이 담겨 있다. 성경 어느 장의 내용이 특별한 주제에 집중되어 있어서 별명이 붙은 경우가 있다. 마태복음 13장의 별명이 '하늘나라 비유의 장'이다.

귀 있는 사람은 들어라

마태복음에는 예수의 말씀을 모아놓은 다섯 개의 설교가 있다. 이 설교를 중심으로 사이 사이에 예수의 행적과 사건이 배치되어 있다. 마태복음에 있는 예수의 말씀 다섯 개가 구약 성경의 모세오경과 상응한다는 분석은 주후 2세기부터 있었고 마태복음을 이해하는 가장 전통적인 해석이 되었다. 마태복음은 유대인과 유대인 그리스도인을 염두에 두고 기록된 책이다. 유대인은 구약 성경을 율법서, 예언서, 성문서의 세 부분으로 나누며 이 중 율법서를 최고의 가치로 여긴다. 율법서는 모세오경을 가리키는데 창세기, 출애굽기, 레위기, 민수기, 신명기의 다섯 권이다. 모세가 이 다섯 책을 기록했다고 해서 모세오경이라고 부른다. 마태가 모세오경을 생각하며 자신의 복음서를 다섯 부분으로 구성했다고도 본다.

다섯 개의 설교, 곧 예수의 말씀 모음을 중심으로 마태복음을 이해하는 근거는 헬라어 원문에 다섯 번 반복되는 같은 표현이 나오기 때문이다. "예수께서 마치시며"라는 표현이 다섯 개의 설교가 끝날 때마다 나온다. 개역개정 성경이 원문을 잘 살려 번역했다.

- 7장 28절, 예수께서 이 말씀을 마치시매 무리들이 그 가르치심에 놀래니
- 11장 1절, 예수께서 열두 제자에게 명하시기를 마치시고 이에

저희 여러 동네에서

- 13장 53절, 예수께서 이 모든 비유를 마치신 후에 거기를 떠나서
- 19장 1절, 예수께서 이 말씀을 마치시고 갈릴리에서 떠나 요단강을 건너
- 26장 1절, 예수께서 이 말씀을 다 마치시고 제자들에게 이르시되

다섯 개의 말씀 모음을 중심으로 마태복음 전체를 개괄하면 이렇다. 말씀 모음들 사이에는 예수의 사역과 사역 현장에서 일어나는 논쟁이나 기적 등이 나온다. 기적은 특히 표적(表迹)이라고 표현해야 적절하다. 기적적인 사건 자체가 초점이 아니라 그 기적 사건이 무엇을 가리키는지가 중요하기 때문이다. 복음서에 나오는 모든 기적은 예수가 하나님의 아들 그리스도라는 것을 가리키는 표지판이다.

- 1~4장: 서론, 예수의 공생애 준비
- 5~7장: 첫 번째 말씀, 산상설교
- 8~9장: 사역과 표적
- 10장: 두 번째 말씀, 열두 사도 파송의 설교
- 11~12장: 사역과 표적
- 13장: 세 번째 말씀, 하늘나라 비유의 설교

- 14~17장: 사역과 표적
- 18장: 네 번째 말씀, 교회 공동체에 관한 설교
- 19~22장: 사역과 표적
- 23~25장: 다섯 번째 말씀, 종말에 관한 설교
- 26~28장: 결론, 십자가 사건과 지상명령(至上命令)

예수는 다섯 개의 설교에서 '하나님의 말씀이 우리 삶으로' 이어져야 한다는 것을 강조하여 가르친다. 산상설교는 말씀을 깨닫고 실천하라는 것이며, 열두 사도 파송의 설교는 하늘나라의 말씀을 전파하라는 실행 명령이며, 하늘나라 비유의 설교는 말씀이 삶이 되면서 하늘나라가 작동한다는 것이며, 교회 공동체에 관한 설교는 말씀에 따라 한 사람을 소중히 여기며 용서하며 공동체를 세워가라는 것이며, 종말에 관한 설교는 최후의 심판에서 말씀을 삶으로 순명했는지에 따라 구원과 멸망이 결정된다는 것이다.

마태복음의 큰 주제는 하나님이 우리와 함께 계신다는 것이다. 첫 장과 마지막 장에 이 주제가 나오면서 앞뒤가 꽉 맞물린다. 가운데는 다섯 개의 설교를 통해서 말씀이 삶으로 이어져야 한다는 것을 가르친다. 그러면, 하나님의 말씀을 듣고 깨달아 그 말씀대로 사는 것이 하나님이 우리와 함께 계시는 구체적인 방식이라는 메시지가 된다. 우리는 이제 곧 주옥같은 하늘나라의 비유들을 담은 마태복음 13장의 정원으로 걸어 들어갈 것이다. 그에 앞서 마태복음 1장과 마지막 장인 28장의 마지막 구절 그리고 그 한가운데 있는 13장의 중심 구절을 보자. 여기에 하나님이 말씀을 통해 우리와 함께 계신다는 중심 주제가 분명하다.

"보아라, 동정녀가 잉태하여 아들을 낳을 것이니, 그의 이름을 임마누엘이라고 할 것이다" 하신 말씀을 이루려고 하신 것이다. (임마누엘은 번역하면 '하나님이 우리와 함께 계시다'는 뜻이다. (마태복음 1장 23절)

"그런데 좋은 땅에 뿌린 씨는 말씀을 듣고서 깨닫는 사람을 두고 하는 말인데, 이 사람이야말로 열매를 맺되, 백 배 혹은 육십 배 혹은 삼십 배의 결실을 낸다." (마태복음 13장 23절)

"내가 너희에게 명령한 모든 것을 그들에게 가르쳐 지키게 하여라. 보아라, 내가 세상 끝 날까지 항상 너희와 함께 있을 것이다." (마태복음 28장 20절)

하늘나라를 비유로써 가르치는 내용이 수록된 마태복음 13장에는 비유가 여덟 개 들어있다. 그 가운데서 첫 번째로 나오는 씨를 뿌리는 사람의 비유가 중심이고 또 가장 잘 알려져 있다. 우리나라에서는 씨를 심지만 팔레스타인에서는 뿌린다. 어느 날 예수가 집에서 나가서 바닷가로 갔다. 바닷가는 갈릴리 호숫가를 말한다. 유대의 언어 개념에서 바다와 호수를 정확히 구분하지 않을 때가 많다. 예수의 인기가 이미 아주 높았다. 수많은 사람이 모여들었다. 그들은 해변에 서 있고 예수는 호숫가에 있는 배에 올라가 앉았다. 당시에 가르치는 사람은 앉고 듣는 사람이 서 있는 것이 보통이었다. 바닷바람이 불었고 예수의 음성이 바람결에 실려 사람들 귀에 잘 전달되었다. 예수의 머리카락도 음성처럼 바람에 휘날렸다. 잔잔하고 부드러운데 힘 있는 분명한 음성이 사람들의 마음에 와 닿았다.

씨를 뿌리는 사람이 밭에 나가서 씨를 뿌리는데 더러는 길가에, 더러는 흙이 많지 않은 돌짝 밭에, 더러는 가시덤불에, 더러는 좋은 땅에 떨어졌다. 각기 다른 네 가지 땅에 떨어진 씨들이 다른 결과를 내게 되었다. 예수의 비유는 간결하고 짧은데 뜻이 깊다.

> "보아라, 씨를 뿌리는 사람이 씨를 뿌리러 나갔다. 그가 씨를 뿌리는데, 더러는 길가에 떨어지니, 새들이 와서, 그것을 쪼아먹었다. 또 더러는 흙이 많지 않은 돌짝 밭에 떨어지니, 흙이 깊지 않아서 싹은 곧 났지만, 해가 뜨자 타버리고, 뿌리가 없어서 말라버렸다. 또 더러는 가시덤불에 떨어지니, 가시덤불이 자라서 그 기운을 막았다. 그러나 더러는 좋은 땅에 떨어져서 열매를 맺었는데, 어떤 것은 백 배가 되고, 어떤 것은 육십 배가 되고, 어떤 것은 삼십 배가 되었다. 귀 있는 사람은 들어라." (마태복음 13장 3~9절)

예수는 비유의 내용을 말씀한 후에 큰 소리로, "귀 있는 사람은 들으라" 하고 외쳤다. 신체의 귀가 아니라 마음의 귀를 열고 들으라는 것이다. 11~12장에는 예수의 말씀과 사역을 받아들이지 않고 비난하고 공격하는 사람들이 나온다. 바리새인과 서기관 등 유대인들이다. 그들은 들을 귀가 없는 사람이다. 하나님의 은혜를 갈망하면서 예수의 입에서 나오는 말씀에 귀를 기울여 들어야 한다. 그렇게 듣는 사람이 비유를 깨닫고 깨달은 대로 순명하여 살면서 하늘나라의 복을 누릴 것이다. 예수의 제자들이 이 비유를 제대로 깨닫지 못했다. 제자들이 비유의 뜻을 묻자 예수가 직접 뜻을 풀어 준다.

"너희는 이제 씨를 뿌리는 사람의 비유가 무슨 뜻을 지녔는지를 들어라.

누구든지 하늘나라를 두고 하는 말씀을 듣고도 깨닫지 못하면, 악한 자가 와서, 그 마음에 뿌려진 것을 빼앗아 간다. 길가에 뿌린 씨는 그런 사람을 두고 하는 말이다.

또 돌짝 밭에 뿌린 씨는 이런 사람이다. 그는 말씀을 듣고, 곧 기쁘게 받아들이기는 하지만, 그 속에 뿌리가 없어서 오래 가지 못하고, 말씀 때문에 환난이나 박해가 일어나면, 곧 걸려 넘어진다.

또 가시덤불 속에 뿌린 씨는 이런 사람이다. 그는 말씀을 듣기는 하지만, 세상의 염려와 재물의 유혹이 말씀을 막아, 열매를 맺지 못한다.

그런데 좋은 땅에 뿌린 씨는 말씀을 듣고서 깨닫는 사람을 두고 하는 말인데, 이 사람이야말로 열매를 맺되, 백 배 혹은 육십 배 혹은 삼십 배의 결실을 낸다."

공관복음서에서 마가복음이 먼저 기록되고 20년 정도 후에 마태복음과 누가복음이 기록되었다는 것을 기억하자. 나중에 기록된 두 복음서의 저자는 마가복음을 잘 알고 있었다. 씨를 뿌리는 사람의 비유와 그 해석이 세 복음서에 모두 나온다. 이 비유에서 씨가 가리키는 것이 중요하다. 씨는 말씀이다.

씨를 뿌리는 사람은 말씀을 뿌리는 것이다. (마가복음 4장 14절)

그 비유의 뜻은 이러하다. 씨는 하나님의 말씀이다. (누가복음 8장 11절)

네 종류의 땅은 말씀을 받는 사람들의 마음이다. 이 비유에 이어지는 세 개의 비유는 모두 "예수께서 또 다른 비유를 그들에게 말씀하셨다. 하늘나라는 …과 같다"는 표현으로 시작된다. 씨를 뿌리는 사람을 시작으로 해서 이어지는 네 개의 비유는 모두 하늘나라에 관한 비유다. 하늘나라는 하나님의 말씀과 뗄 수 없이 연관되어 있다. 말씀이 전해지고 전해진 말씀이 싹이 트고 자라서 열매를 맺는 것이 하늘나라다. 마가복음의 표현으로는 하나님 나라다. 요한복음의 증언에 따르면 하나님이신 말씀이 세상에 오셨는

데 그가 예수다. 예수는 하나님 나라를 선포하기 위해서 세상에
오신 하나님의 아들이다. 구체적으로 그 나라는 예수가 선포한 말
씀으로 작동한다. 예수의 삶과 사역은 선포되는 말씀이 진리요 능
력이라는 것을 증명한다.

흥미로운 것은 좋은 땅에 떨어진 씨가 얼마만큼 결실하느냐는
점이다. 마가복음, 마태복음, 누가복음이 각각 다르게 표현한다.

> 그런데 더러는 좋은 땅에 떨어져서, 싹이 나고, 자라서, 열매를 맺
> 었다. 그리하여 삼십 배, 육십 배, 백 배가 되었다. (마가복음 4장
> 8절)

> 그러나 더러는 좋은 땅에 떨어져서 열매를 맺었는데, 어떤 것은
> 백 배가 되고, 어떤 것은 육십 배가 되고, 어떤 것은 삼십 배가 되
> 었다. (마태복음 13장 8절)

> 그런데 더러는 좋은 땅에 떨어져서 자라나, 백 배의 열매를 맺었
> 다. (누가복음 8장 8절)

먼저 기록된 마가복음은 30배, 60배, 100배로 말한다. 마태복음
은 거꾸로다. 100배, 60배, 30배로 말한다. 누가복음은 100배 하나
만 말한다. 마가복음은 하나님 나라가 말씀이 삶이 되면서 성장하
는 모습을 강조하고 있다. 긍정적인 표현이다. 이에 비하여 마태

복음은 경고의 분위기를 담고 있다. 똑같이 하나님의 말씀을 들어도 어떤 사람은 100배의 결실을 거두지만 다른 사람은 그보다 적게 결실한다. 말씀을 들어도 다 같지 않다. 마가복음이 기록된 후 이십 년 정도가 흐른 후 교회 공동체가 말씀을 듣고 순종하는 일에 문제가 생겼을지 모른다. 마태복음의 저자는 성경 지식은 많은데 삶으로 충분히 순종하지 못하는 그리스도인들에게 경고하고 있다.

누가복음은 넉넉한 마음으로 격려하고 있다. 누가복음의 이야기 흐름을 보면 씨 뿌리는 사람의 비유 바로 전에 예수를 따르며 사역하는 사람들이 나온다. 열두 제자, 예수에게 와서 병이 나은 여인들, 일곱 귀신에 씌웠다가 예수를 통하여 치유된 막달라 마리아, 자기들의 돈을 헌금하여 예수를 섬기는 요한나와 수산나 등의 여인들이다. 누가복음의 저자는 이런 사람들을 격려한다. 말씀을 듣고 따르면 100배로 열매를 얻는다. 착한 마음으로 말씀을 듣고 인내하며 헌신하면 100배의 열매를 맺는다. 힘을 내라.

> 그리고 좋은 땅에 떨어진 것들은, 바르고 착한 마음으로 말씀을 듣고서, 그것을 굳게 간직하여 견디는 가운데 열매를 맺는 사람들이다. (누가복음 8장 15절)

마태복음 13장에 나오는 비유 여덟 개는 네 개씩 두 덩어리로 구성되어 있다. 우리가 살펴본 대로 앞의 네 개는 하늘나라를 하나님의 말씀으로 설명한다. 뒤의 네 개는 "하늘나라(하늘나라의 율법 학자)는 …과 같다"는 표현을 중심으로 전개된다. 뒤의 네 개 가운데 처음 두 개, 그러니까 13장의 8개 비유 중에서 다섯 번째와 여섯 번째는 하늘나라를 밭에 숨겨진 보물과 값진 진주에 비유한다. 보물과 진주를 발견한 사람은 자신이 가진 모든 것을 처분해서 보물이 숨겨진 밭을 사고 값진 진주를 산다. 하늘나라를 지금 여기에서 누리기 위해 삶의 모든 것을 헌신해야 한다. 하늘나라는 그럴 가치가 넉넉하다.

일곱 번째 비유는 그물에 잡힌 물고기에서 좋은 것과 나쁜 것을 구분하는 이야기다. 세상 끝에 있을 심판을 말하는 것인데, 좋은 것과 나쁜 것을 구분하는 기준은 말씀을 삶으로 살아내었는가를 뜻한다. 여덟 번째 비유는 하늘나라를 위하여 일하는 일꾼에 관한 이야기다. 하늘나라를 위하여 일하는 사람은 서기관이나 율법 학자, 곧 말씀의 사역자다. 그는 자기 보물창고에서 필요할 때마다 새것과 낡은 것을 꺼내는 주인과 같다. 하나님의 말씀을 시대와 상황에 맞게 해석하여 가르치는 일을 말한다. 지금 비유의 말씀을 전하는 예수가 바로 이 일을 하고 있다.

여덟 개의 비유 모두는 처음에 나오는 씨 뿌리는 사람의 비유에 걸려 있다. 하나님 나라는 말씀이신 예수를 마음을 열고 받아들여 삶이 변하는 데서 현재진행형으로 작동한다. 삶의 변화가 말씀의 열매다. 말씀이 하나님 자신이고 사람 몸을 입고 세상에 오신 하나님이다. 창조주가 피조물인 사람을 찾아오셨다. 이보다 더 엄청난 사건이 어디 있겠는가. 혁명(革命)이나 개벽(開闢)이 이처럼 어울리는 사건이 또 어디 있는가. 마태복음 13장의 하늘나라 비유는 사람의 변화를 통해 세상을 변화시키려는 새로운 창조의 기획이다.

마태복음에 나오는 예수의 말씀 모음 다섯 개는 새로운 세상이 열렸다는 선언서라는 점에서 공통점을 갖고 있다. 이 가운데서 교회 역사와 일반 역사에서 가장 유명한 것이 5~7장에 나오는 산상설교다. 독실한 힌두교 신앙을 가진 인도의 마하트마 간디가 평생 묵상하고 따랐다는 내용이다. 인류 역사에 나타났던 비폭력 평화운동 중에 산상설교에서 영향을 받은 것이 많다.

너희는 세상의 소금이다, 빛이다

마태복음 5~7장에 나오는 예수의 산상설교는 이 복음서에 있는 다섯 개의 말씀 모음 중에서 첫 번째 것이다. 산상설교란 명칭은 산상설교 전체의 도입부인 5장 1~2절에서 나왔다.

예수께서 무리를 보시고, 산에 올라가 앉으시니, 제자들이 그에게 나아왔다. 예수께서 입을 열어서 그들을 가르치셨다. (마태복음 5장 1~2절)

예수가 무리와 제자들에게 산 위에서 가르친 말씀이다. 산은 구약 성경에서 하나님을 만나는 장소다. 하나님이 모세에게 말씀을 주실 장소가 시내산이었다. 산상설교의 내용이 현실 세상에서 실현 가능한지에 관한 토론이 많았다. 너무 고매해서 실현 가능성은 없지만 바라보고 걸어갈 이상적인 신앙의 윤리를 제시함으로써 교회와 그리스도인의 삶이 타락하지 않게 한다는 논리도 있다. 하지만 지킬 수 없는 가르침을 복음서에 담아 놓았다는 것은 이치에 맞지 않는다.

마태복음 전체의 문맥에서 보면 사람의 힘으로 불가능한 것이 하나님이 사람과 함께 계시면 가능하게 된다. 하늘나라는 그렇게 해서 현실 세상에서 작동한다. 마태복음은 처음과 마지막에서 우리와 함께 계시는 임마누엘 하나님을 언급한다. 사람 몸을 입고 세상에 오신 하나님의 아들 예수 그리스도가 부활하셨다. 하늘과 땅의 모든 권세를 가진 그가 성령으로 세상 끝날까지 함께 계신다. 교회 공동체와 함께 계시는 하나님의 힘으로 세상을 변화시키는 신앙 윤리가 산상설교다.

산상설교에서 5장의 내용을 보자. 도입부에 이어 바로 저 유명한 팔복(八福)이 나온다. 여덟 가지 복은 통상적인 복과 사뭇 다르다. 구약 성경의 내용을 사람에게 편한대로 왜곡시킨 당시 종교 지도자들의 잘못된 가르침에 대비된다.

마음이 가난한 사람은 복이 있다. 하늘나라가 그들의 것이다.
슬퍼하는 사람은 복이 있다. 하나님이 그들을 위로하실 것이다.

온유한 사람은 복이 있다. 그들이 땅을 차지할 것이다.

의에 주리고 목마른 사람은 복이 있다. 그들이 배부를 것이다.

자비한 사람은 복이 있다. 하나님이 그들을 자비롭게 대하실 것이다.

마음이 깨끗한 사람은 복이 있다. 그들이 하나님을 볼 것이다.

평화를 이루는 사람은 복이 있다. 하나님이 그들을 자기의 자녀라고 부르실 것이다.

의를 위하여 박해를 받은 사람은 복이 있다. 하늘나라가 그들의 것이다.

너희가 나 때문에 모욕을 당하고, 박해를 받고, 터무니없는 말로 온갖 비난을 받으면, 복이 있다. 너희는 기뻐하고 즐거워하여라. 하늘에서 받을 너희의 상이 크기 때문이다. 너희보다 먼저 온 예언자들도 이와 같이 박해를 받았다. (마태복음 5장 3~12절)

인간 역사의 어느 문화권, 어느 시대, 어느 종교를 막론하고 복을 갈구하는 현상은 일반적이다. 그러나 팔복의 내용은 이런 복과 다르다. 통속적으로 사람이 바라는 복은 누구에게나 비슷하다. 건강하게 장수하고, 경제적으로 풍요롭고, 부모와 자녀 후손이 사회적으로 성공하고, 명예와 권력이 넉넉하고, 남에게 인정받으며 사는 것이다. 성경도 이런 복을 말한다. 그러나 이런 복은 그 자체가 목적이 아니다. 하나님의 뜻을 이루는 수단일 뿐이다. 신앙의 지도자들이 대놓고 통속적인 복을 선전하면서 사람들을 끌어들이면 기독교 신앙이 미신적인 기복신앙으로 전락한다. 구약의 하나님 신앙과 신약 시대 이후의 기독교 신앙은 늘 미신적인 기복신앙의 유혹에 시달려 왔다. 예수는 산상설교에서 구약의 하나님 말씀을 이기적인 기복신앙과 공의를 저버린 성공 지상주의로 변질시킨 당시의 신앙을 뒤엎는다. 이 개혁의 포문을 여는 것이 팔복이다. 시인 윤동주는 예수의 팔복을 깊이 이해했다. 팔복의 이런 과격함을 잘 알고 있었다. 그가 자신의 시 '팔복'에서 통속적인 복을 완전히 끊어버린 것이 그래서다.

> 슬퍼하는 자는 복이 있나니
> 슬퍼하는 자는 복이 있나니
> 슬퍼하는 자는 복이 있나니
> 슬퍼하는 자는 복이 있나니
> 슬퍼하는 자는 복이 있나니
> 슬퍼하는 자는 복이 있나니
> 슬퍼하는 자는 복이 있나니
> 슬퍼하는 자는 복이 있나니
>
> 저희가 영원히 슬플 것이오.
> (윤동주, '팔복')

팔복의 내용은 명백하게 하늘나라를 바라보고 있다. 첫 번째 복과 여덟 번째 복의 공통점이 하늘나라를 약속하고 있다. 하늘나라를 믿지 않으면 팔복을 따를 수 없다. 다른 그 어떤 복이 아니라 하나님 아버지가 주시는 그 복과 상을 갈망하는 사람, 하나님 아버지가 참된 복을 주시는 분임을 확신하는 사람이 아니면 팔복에 자기 삶을 던질 수 없다. 세상에서 받는 고난과 박해는 하늘나라의 복에 비하면 아무것도 아니다.

하늘나라로 가득한 팔복에 이어서 사람 사는 세상이 주제가 된다. 하늘나라와 세상은 떨어질 수 없는 짝이 된다. 예수는 하늘나라와 세상을 연결한다. 하늘나라를 확신하며 우러르는 사람만이 세상에서 올바르게 살 수 있다. 세상에서 그렇게 살도록 하는 가르침이 소금과 빛에 관한 예수의 선언이다. 예수는 너희가 세상의 소금과 빛이 '되라'고 하지 않는다. 소금과 빛'이라'고 선언한다. "너희는 세상의 소금이다. 너희는 세상의 빛이다." 이미 세상의 소금과 빛이므로, 그렇게 '살라'고 한다. 예수는 말씀으로 선언한다. 선언의 말씀은 그 자체로 하나님의 능력이며 은혜다. 말씀으로 천지를 창조하신 하나님이 사람이 되셔서 지금 말씀하신다.

존재의 변화는 사람의 힘으로는 불가능하다. 하나님의 은혜로만 가능하다. 하늘의 은혜로써 변화된 존재에게 실존의 헌신을 요청하는 것은 타당하다. 사과나무가 아닌 것에게 사과나무가 되라는 것은 불가능한 일이고 부당하다. 그러나 사과나무에서 사과 열매를 구하는 것은 자연스럽고 마땅하다. 존재가 행위보다 먼저다. 존재에서 행위가 나온다. 존재의 변화는 하나님의 은혜로 가능하다. 실존의 성숙은 사람의 인격적인 결단과 행동으로 진행된다. 존재의 변화와 실존의 성숙이 하나로 어우러지면서 하늘나라와 세상이 연결된다.

> 너희는 세상의 소금이다. 소금이 짠 맛을 잃으면, 무엇으로 그 짠맛을 되찾게 하겠느냐? 짠맛을 잃은 소금은 아무 데도 쓸 데가 없으므로, 바깥에 내버려서 사람들이 짓밟을 뿐이다. 너희는 세상의 빛이다. 산 위에 세운 마을은 숨길 수 없다. 또 사람이 등불을 켜서 말 아래에다 내려놓지 아니하고, 등경 위에다 놓아둔다. 그래야 등불이 집 안에 있는 모든 사람에게 환히 비친다. 이와 같이, 너희 빛을 사람에게 비추어서, 그들이 너희의 착한 행실을 보고, 하늘에 계신 너희 아버지께 영광을 돌리게 하여라. (마태복음 5장 13~16절)

소금과 빛으로서 살면서 드러나는 착한 행실은 단순한 윤리 도덕적 선행이 아니다. 하나님의 은혜로 변화된 존재 안에서 하늘나라의 능력이 작동하면서 나타나는 신앙적 삶의 모습이다. 이를 종말론적 신앙 윤리라고 한다. '종말론적'이라는 표현이 중요하다. 하나님의 아들 예수의 사역으로써 하늘나라가 이 세상에서 활동하기 시작했다. 이로써 열리는 시대는 창세 이래의 모든 시간 흐름에서 마지막 시대, 곧 말세(末世)다. 말세의 윤리는 엄중하고 긴박하다. 하나님 앞에서 진행되는 최종 결산이 멀지 않았기 때문이다.

착한 행실은 하나님의 말씀을 그 본디 뜻대로 깨닫고 삶으로 순명(殉名)하는 것이다. 예수 시대의 율법 전문가인 바리새인이나 제사장 혈통인 사두개인은 예수가 율법이나 예언자들의 말, 곧 구약 성경을 무시하며 폐기한다고 비난했다. 그러나 아니었다. 예수는 폐기가 아니라 무섭도록 철저하게 그 본디 뜻을 캐물어 들어갔다. 목숨을 걸고 하나님 아버지의 심중을 헤아렸다.

> 내가 율법이나 예언자들의 말을 폐하러 온 줄로 생각하지 말아라. 폐하러 온 것이 아니라, 완성하러 왔다. 내가 진정으로 너희에게 말한다. 천지가 없어지기 전에는 율법은 일점일획도 없어지지 않고, 다 이루어질 것이다.
>
> 그러므로 누구든지 이 계명 가운데 아주 작은 것 하나라도 어기고 사람들을 그렇게 가르치는 사람은, 하늘나라에서 아주 작은 사람으로 일컬어질 것이요, 또 누구든지 계명을 행하며 가르치는 사람은, 하늘나라에서 큰 사람이라고 일컬어질 것이다. (마태복음 5장 17~19절)

예수는 율법 학자와 바리새인의 구약 해석이 왜곡되었다고 단정한다. 그들의 해석은 하나님 앞에서 정당하다고 인정받지 못한다. 그들의 의는 실패했다. 하늘나라에 들어가려면 그들의 의를 넘어서야 한다. 그래서 예수는 율법 전문가들이 전통적으로 가르친 내용을 뒤집는다. 당시의 전통적인 해석과 가르침을 먼저 언급하고 바로 이어서 그것을 정반대로 뒤엎는 명제, 곧 반명제(反命題)를 선언한다.

'너희는 이러이러하다고 들었다. 그러나 나는 너희에게 말한다.'

이런 반명제가 모두 여섯 개다. 살인 금지, 간음 금지, 이혼 금지, 맹세 금지, 보복 금지, 원수 사랑. 여기에서 예수의 구약 해석이 본격적으로 드러난다.

내가 너희에게 말한다. 너희의 의가 율법 학자들과 바리새파 사람들의 의보다 낫지 않으면, 너희는 하늘나라에 들어가지 못할 것이다.	
반명제 1	옛사람들에게 말하기를 '살인하지 말아라. 누구든지 살인하는 사람은 재판을 받아야 할 것이다' 한 것을 너희는 들었다. 그러나 나는 너희에게 말한다. 자기 형제나 자매에게 성내는 사람은, 누구나 심판을 받는다. 자기 형제나 자매에게 얼간이라고 말하는 사람은, 누구나 공의회에 불려갈 것이요, 또 바보라고 말하는 사람은 지옥 불 속에 던져질 것이다.
반명제 2	'간음하지 말아라' 하고 말한 것을, 너희는 들었다. 그러나 나는 너희에게 말한다. 여자를 보고 음욕을 품는 사람은 이미 마음으로 그 여자를 범하였다. 네 오른 눈이 너로 하여금 죄를 짓게 하거든, 빼서 내버려라. 신체의 한 부분을 잃는 것이, 온몸이 지옥에 던져지는 것보다 더 낫다. 또 네 오른손이 너로 하여금 죄를 짓게 하거든, 찍어서 내버려라. 신체의 한 부분을 잃는 것이, 온몸이 지옥에 던져지는 것보다 더 낫다.

반명제 3	'누구든지 아내를 버리려는 사람은 그에게 이혼 증서를 써주어라' 하고 말하였다. 그러나 나는 너희에게 말한다. 음행을 한 경우를 제외하고 아내를 버리는 사람은 그 여자를 간음하게 하는 것이요, 또 버림받은 여자와 결혼하는 사람은 누구든지 간음하는 것이다.
반명제 4	옛사람들에게 말하기를 '너는 거짓 맹세를 하지 말아야 하고, 네가 맹세한 것은 그대로 주님께 지켜야 한다' 한 것을, 너희는 또한 들었다. 그러나 나는 너희에게 말한다. 아예 맹세하지 말아라. 하늘을 두고도 맹세하지 말아라. 그것은 하나님의 보좌이기 때문이다. 땅을 두고도 맹세하지 말아라. 그것은 하나님께서 발을 놓으시는 발판이기 때문이다. 예루살렘을 두고도 맹세하지 말아라. 그것은 크신 임금님의 도성이기 때문이다. 네 머리를 두고도 맹세하지 말아라. 너는 머리카락 하나라도 희게 하거나 검게 할 수 없기 때문이다. 너희는 '예' 할 때에는 '예'라는 말만 하고, '아니오' 할 때에는 '아니오'라는 말만 하여라. 이보다 지나치는 것은 악에서 나오는 것이다.
반명제 5	'눈은 눈으로, 이는 이로 갚아라' 하고 말한 것을 너희는 들었다. 그러나 나는 너희에게 말한다. 악한 사람에게 맞서지 말아라. 누가 네 오른쪽 뺨을 치거든, 왼쪽 뺨마저 돌려대어라. 너를 걸어 고소하여 네 속옷을 가지려는 사람에게는, 겉옷까지도 내주어라. 누가 너더러 억지로 오 리를 가자고 하거든, 십 리를 같이 가주어라. 네게 달라는 사람에게는 주고, 네게 꾸려고 하는 사람을 물리치지 말아라.
반명제 6	'네 이웃을 사랑하고, 네 원수를 미워하여라' 하고 말한 것을 너희는 들었다. 그러나 나는 너희에게 말한다. 너희 원수를 사랑하고, 너희를 박해하는 사람을 위하여 기도하여라. 그래야만 너희가 하늘에 계신 너희 아버지의 자녀가 될 것이다. 아버지께서는, 악한 사람에게나 선한 사람에게나 똑같이 해를 떠오르게 하시고, 의로운 사람에게나 불의한 사람에게나 똑같이 비를 내려주신다. 너희를 사랑하는 사람만 너희가 사랑하면, 무슨 상을 받겠느냐? 세리도 그만큼은 하지 않느냐? 또 너희가 너희 형제자매들에게만 인사를 하면서 지내면, 남보다 나을 것이 무엇이냐? 이방 사람들도 그만큼은 하지 않느냐?

반명제는 구약 성경의 본디 뜻을 무섭게 캐물어 들어간 결과였다. 그 말씀을 주신 하나님의 심중을 철저하게 묻고 묵상한 엄중한 결론이었다. 예수는 하나님을 하늘에 계신 너희 아버지라고 가르친다. 그 하늘 아버지의 뜻에 온 삶을 헌신하는 것이 참된 신앙이다. 여섯 개 반명제의 결론이 5장의 마지막 절에 나온다.

> 그러므로 하늘에 계신 너희 아버지께서 완전하신 것 같이, 너희도 완전하여라. (마태복음 5장 48절)

이제 6장으로 넘어간다. 유대인의 세 가지 신앙 덕목이 자선과 기도와 금식이다. 예수는 이 세 가지를 새롭게 해석한다. 해석의 대전제가 1절에 나온다. 그 어떤 경우에도 사람에게 보이려고 하지 말라는 것이다. 사람 앞에서 사람에게 보이며 인정받으려 하면 하늘 아버지에게 전혀 인정받지 못한다.

> 너희는 남에게 보이려고 의로운 일을 사람들 앞에서 하지 않도록 조심하여라. 그렇지 않으면, 너희는 하늘에 계신 너희 아버지에게서 상을 받지 못한다. (마태복음 6장 1절)

예수는 신앙의 본질이 무엇보다 먼저 하늘 아버지와의 관계에 있다는 것을 명확하게 밝힌다. 하나님과의 수직적인 관계가 바르게 정립되어야 다른 사람과의 수평적인 관계가 올바르게 회복된다. 그래야 자선과 기도와 금식이 의미가 있게 된다.

그러므로 네가 자선을 베풀 때에는, 위선자들이 사람들에게 칭찬을 받으려고 회당과 거리에서 그렇게 하듯이, 네 앞에 나팔을 불지 말아라. 내가 진정으로 너희에게 말한다. 그들은 자기네 상을 이미 다 받았다. 너는 자선을 베풀 때에는, 오른손이 하는 일을 왼손이 모르게 하여, 네 자선 행위를 숨겨두어라. 그리하면, 남모르게 숨어서 보시는 네 아버지께서 너에게 갚아 주실 것이다.

너희는 기도할 때에, 위선자들처럼 하지 말아라. 그들은 사람들에게 보이려고, 회당과 큰 길 모퉁이에 서서 기도하기를 좋아한다. 내가 진정으로 너희에게 말한다. 그들은 자기네 상을 이미 다 받았다. 너는 기도할 때에, 골방에 들어가 문을 닫고서, 숨어서 계시는 네 아버지께 기도하여라. 그리하면 숨어서 보시는 너의 아버지께서 너에게 갚아 주실 것이다. (마태복음 6장 2~6절)

너는 금식할 때에, 머리에 기름을 바르고, 낯을 씻어라. 그리하여 금식하는 것을 사람들에게 드러내지 말고, 보이지 않게 숨어서 계시는 네 아버지께서 보시게 하여라. 그리하면 남모르게 숨어서 보시는 네 아버지께서 너에게 갚아 주실 것이다. (마태복음 6장 17~18절)

이어지는 내용은 재물과 의식주에 관한 것이다. 사람 사는데 이런 것이 필요하지만 이것들의 노예가 되면 안 된다. 이것들 때문에 걱정하면 안 된다. 6장의 대전제가 여기에도 적용된다. 문제는 하늘 아버지를 신뢰하며 어떤 상황에도 흔들리지 않도록 그분과의 관계를 정립하는 것이다.

> 너의 보물이 있는 곳에, 너의 마음도 있을 것이다. (마태복음 6장 21절)

> 아무도 두 주인을 섬기지 못한다. 한쪽을 미워하고 다른 쪽을 사랑하거나, 한쪽을 중히 여기고 다른 쪽을 업신여길 것이다. 너희는 하나님과 재물을 아울러 섬길 수 없다. (마태복음 6장 24절)

> 그러므로 무엇을 먹을까, 무엇을 마실까, 무엇을 입을까, 하고 걱정하지 말아라. 이 모든 것은 모두 이방 사람들이 구하는 것이요, 너희의 하늘 아버지께서는, 이 모든 것이 너희에게 필요하다는 것을 아신다. 너희는 먼저 하나님의 나라와 하나님의 의를 구하여라. 그리하면 이 모든 것을 너희에게 더하여 주실 것이다. 그러므로 내일 일을 걱정하지 말아라. 내일 걱정은 내일이 맡아서 할 것이다. 한 날의 괴로움은 그날에 겪는 것으로 족하다. (마태복음 6장 31~34절)

7장의 내용에서 기도에 관한 가르침이 매우 중요하다. 산상설교가 실천 가능한가 하는 문제와 기도에 관한 내용이 깊게 연관된다. 산상설교의 가르침은 사람의 힘만으로는 실천할 수 없다. 그러나 하늘 아버지의 도움이 있으면 가능하다. 하늘 아버지의 도움을 구하는 것이 기도다.

구하여라, 그리하면 하나님께서 너희에게 주실 것이다. 찾아라, 그리하면 너희가 찾을 것이다. 문을 두드려라, 그리하면 하나님께서 너희에게 열어주실 것이다. 구하는 사람마다 얻을 것이요, 찾는 사람마다 찾을 것이요, 문을 두드리는 사람에게 열어주실 것이다.

너희 가운데서 아들이 빵을 달라고 하는데 돌을 줄 사람이 어디에 있으며, 생선을 달라고 하는데 뱀을 줄 사람이 어디에 있겠느냐? 너희가 악해도 너희 자녀에게 좋은 것을 줄 줄 알거든, 하물며 하늘에 계신 너희 아버지께서, 구하는 사람에게 좋은 것을 주지 아니하시겠느냐? (마태복음 7장 7~11절)

산상설교의 복이 통속적인 복과 다르다는 것이 7장에서도 명백하다. 헌신과 희생과 섬김과 고난은 얘기하지 않고 그저 잘 될 것이라는 약속은 허언이다. 산상설교와 전혀 어울리지 않는다. 좁은 문을 들어가야 참된 복을 받는다.

좁은 문으로 들어가거라. 멸망으로 이끄는 문은 넓고, 그 길이 널찍하여서, 그리로 들어가는 사람이 많다. 생명으로 이끄는 문은 너무나도 좁고, 그 길이 비좁아서, 그것을 찾는 사람이 적다. (마태복음 7장 13~14절)

산상설교의 결론은 말씀이 삶으로 이어져야 한다는 것이다. 예수는 세 번에 걸쳐서 이 점을 강조한다. 첫 번째 얘기, 예언자든 누구든 그 사람의 삶이 어떤지 봐야 한다. 말만 잘한다고 믿으면 안 된다. 좋은 나무인지 나쁜 나무인지는 열매로 판단한다. 삶의 열매가 그 사람이 어떤 존재인지를 검증한다. 두 번째 얘기, '주님, 주님' 말만 한다고 다 하늘나라에 들어가는 것이 아니다. 하늘 아버지의 뜻대로 살아야 한다. 주님의 이름으로 예언도 하고 귀신도 쫓아내고 기적을 행사했어도 마찬가지다. 종교적인 업적이나 직위가 문제가 아니다. 하늘 아버지의 뜻에 순종하여 살지 않으면 다 불법을 저지른 것이다. 결코 하늘나라에 들어가지 못한다.

마지막 얘기가 유명하다. 반석 위에 집을 짓는 사람과 모래 위에 집을 짓는 사람의 비유다. 산상설교의 마지막 부분이다.

그러므로 내 말을 듣고 그대로 행하는 사람은, 반석 위에다 자기 집을 지은, 슬기로운 사람과 같다고 할 것이다. 비가 내리고, 홍수가 나고, 바람이 불어서, 그 집에 들이쳤지만, 무너지지 않았다. 그 집을 반석 위에 세웠기 때문이다. 그러나 나의 이 말을 듣고서도 그대로 행하지 않는 사람은, 모래 위에 자기 집을 지은, 어리석은 사람과 같다고 할 것이다. 비가 내리고, 홍수가 나고, 바람이 불어서, 그 집에 들이치니, 무너졌다. 그리고 그 무너짐이 엄청났다. (마태복음 7장 24~27절)

마태복음 7장의 마지막 두 절은, 예수의 말씀을 듣고 무리가 놀랐다고 전한다. 예수의 가르침이 당시의 율법 학자들과 달랐다. 권위가 있었다. 이 권위는 어디에서 온 것인가? 사람이 되신 말씀, 사람이 되신 하나님에게서 나오는 권위다. 말씀이 삶이 되어야 한다는 것을 결코 시야에서 놓치지 않은 가르침에서 비롯된 권위다. 산상설교는 오늘날의 교회와 그리스도인에게 큰 꾸지람과 회초리다. 그러나 동시에 큰 도전이며 출구며 희망이다. 진실한 마음으로 이 가르침을 묵상하는 데서 이 땅의 교회가 걸어갈 길이 보일 것이다. 우리는 이제 그 길을 한 문장으로 요약하는 예수의 가르침을 볼 것이다. 예수는 그것을 "새 계명"이라고 이름 붙였다.

이제 나는 너희에게 새 계명을 준다

네 번째 복음서인 요한복음은 이보다 앞서 기록된 공관복음서, 곧 마태복음과 마가복음과 누가복음과는 여러 가지 점에서 상당히 다르다. 요한복음의 저자는 예수 그리스도를 통해서 하나님의 영광을 보았다. 말씀이신 하나님이 세상에 오셨다. 예수 그리스도시다. 요한복음은 첫 장에서 그 영광을 증언한다.

> 태초에 '말씀'이 계셨다. 그 '말씀'은 하나님과 함께 계셨다. 그 '말씀'은 하나님이셨다. (요한복음 1장 1절)

> 그 말씀은 육신이 되어 우리 가운데 사셨다. 우리는 그의 영광을 보았다. 그것은 아버지께서 주신, 외아들의 영광이었다. 그는 은혜와 진리가 충만하였다. (요한복음 1장 1, 14절)

> 일찍이, 하나님을 본 사람은 아무도 없다. 아버지의 품속에 계신 외아들이신 하나님께서 하나님을 알려주셨다. (요한복음 1장 18절)

예수는 자신의 사역을 마무리하는 시간에 제자들과 이후에 시작될 교회 공동체를 위하여 중보의 기도를 올린다. 요한복음 17장에 기록된 이 기도를 예수가 올린 대제사장의 기도라고 한다. 대제사장이 제사를 집전하면서 사람들을 위해 하나님께 중보 기도를 올리는 것에 비유한 표현이다. 이 기도에서 예수는 하늘 아버지와 자신이 누리는 영광에 그리스도인과 교회를 참여하게 하신다. 기도의 내용에서 중요한 단어들이 있다. 영광, 영생, 하나 됨, 말씀, 알다(믿다), 거룩함, 사랑이다. 이 단어들이 어떻게 긴밀하게 연결되어 하나의 메시지를 이루는가를 살펴야 한다.

영광은 본디 하나님과 그 아들이 창세전부터 갖고 누리던 것이다. 하나님의 아들이 사람 몸을 입고 세상에 오면서 그 영광을 스스로 버렸다. 하늘 아버지가 주신 사명의 길을 걸어가면서 이제 드디어 십자가 사건에서 그 사명을 완성할 때가 왔다. 하나님의 아들이 다시금 그 본디 영광을 충만히 갖게 되는 것이다.

하나님의 영광이 세상에 드러나는 목적인 세상의 모든 사람이 영원한 멸망에서 벗어나 영생을 얻게 하는 것이다. 하나님과 그 아들의 영광에 참여하는 것이 곧 영생이다. 처음 사람이 죄를 지어서 잃어버린 것이 하나님과의 사귐이다. 영광의 하나님과 교제하는 것을 잃어버렸으니 영광을 잃어버린 것이고 생명을 잃어버린 것이다. 영광을 누림으로써 영생을 얻는다.

영원한 영광 가운데서 하나님과 그 아들과 성령은 온전히 하나다. 타락한 인류의 전형적인 특징은 갈등과 분리와 소외다. 구원은 이를 극복하는 것인데 영광을 체험하면 사람은 하나가 된다. 생각해 보라. 아주 엄청난 체험을 하면 그 감동에 사로잡혀 그 자리에 있는 사람들은 다 하나가 된다. 사람이 체험할 수 있는 것 가운데서 가장 크고 위대한 것이 신(神) 체험, 곧 하나님을 만나고 그 영광을 체험하는 것이다.

영광을 체험하여 영생을 얻고 그 안에서 모두 하나 되는 구체적인 방법이 진리의 말씀을 듣고 깨달아 사는 것이다. 예수가 사람들에게 준 것은 근본적으로 하나, 곧 말씀이다. 그리스도인은 세상 안에서 살지만 이 말씀 때문에 세상과 구별된다. 말씀이 삶이 되는 힘으로 세상을 변화시킨다. 말씀을 들어 깨닫고 삶까지 이어지는 모든 과정, 곧 성경 본문에서 삶의 상황까지 이르는 길을 말씀묵상이라고 한다. 이 길에서 하나님을 알고 믿는다. 안다는 것과 믿는다는 것은 같은 뜻인데 언제나 삶의 헌신과 변화까지를 포함한다.

하나님을 알아가면서 사람은 죄의 오염에서 벗어나 거룩하게 된다. 진리의 말씀을 묵상하면서 사람은 거룩함에 이른다. 말씀이 하나님이 주신 것이고 하나님 자신인데, 하나님이 거룩하신 존재이기 때문이다. 기독교의 모든 사역에서 목표는 하나님의 거룩함에 참여하는 것이다. 예수 그리스도를 닮아가는 것, 하나님의 성품에 참여하는 것은 같은 뜻이다.

영광, 영생, 하나 됨, 말씀, 알다(믿다), 거룩함이란 단어들이 어떻게 연관되는지를 살폈다. 이 모든 것이 구체적으로 작동하게 하는 행동 지침이 있다. 마지막 단어인 사랑이다. 사랑하면 이 모든 것을 누리며 체험한다. 지금까지 설명한 것을 마음에 담고 요한복음 17장 거의 전부를 인용한 아래의 내용을 차분하게 읽어보라. 이 기도문을 이해하면 신약 성경 전체를 아는 것과 마찬가지다.

예수께서 이 말씀을 마치시고, 눈을 들어 하늘을 우러러보시고 말씀하셨다.

"아버지, 때가 왔습니다. 아버지의 아들을 영광되게 하셔서, 아들이 아버지께 영광을 돌리게 하여 주십시오. 아버지께서는 아들에게 모든 사람을 다스리는 권세를 주셨습니다. 그것은 아들로 하여금 아버지께서 그에게 주신 모든 사람에게 영생을 주게 하려는 것입니다. 영생은 오직 한 분이신 참 하나님을 알고, 또 아버지께서 보내신 예수 그리스도를 아는 것입니다. 나는 아버지께서 내게 하라고 맡기신 일을 완성하여, 땅에서 아버지께 영광을 돌렸습니다. 아버지, 창세 전에 내가 아버지와 함께 누리던 그 영광으로, 나를 아버지 앞에서 영광되게 하여 주십시오.

나는, 아버지께서 세상에서 택하셔서 내게 주신 사람들에게 아버지의 이름을 드러냈습니다. 그들은 아버지의 말씀을 지켰습니다. 나는 아버지께서 내게 주신 말씀을 그들에게 주었습니다. 그들은 그 말씀을 받아들였으며, 내가 아버지께로부터 온 것을 참으로 알았고, 또 아버지께서 나를 보내신 것을 믿었습니다. 나의 것은 모두 아버지의 것이고, 아버지의 것은 모두 나의 것입니다. 나는 그들로 말미암아 영광을 받았습니다.

나는 이제 더 이상 세상에 있지 않으나, 그들은 세상에 있습니다. 나는 아버지께로 갑니다. 거룩하신 아버지, 아버지께서 내게 주신 아버지의 이름으로 그들을 지켜주셔서, 우리가 하나인 것 같이, 그들도 하나가 되게 하여 주십시오.

나는 그들에게 아버지의 말씀을 주었는데, 세상은 그들을 미워하였습니다. 그것은, 내가 세상에 속하여 있지 않은 것과 같이, 그들도 세상에 속하여 있지 않기 때문입니다. 내가 세상에 속하지 않은 것과 같이, 그들도 세상에 속하지 않았습니다. 진리로 그들을 거룩하게 하여 주십시오. 아버지의 말씀은 진리입니다. 아버지께서 나를 세상에 보내신 것과 같이, 나도 그들을 세상으로 보냈습니다. 그리고 내가 그들을 위하여 나를 거룩하게 하는 것은, 그들도 진리로 거룩하게 하려는 것입니다.

나는 이 사람들을 위해서만 비는 것이 아니고, 이 사람들의 말을 듣고 나를 믿는 사람들을 위해서도 빕니다. 아버지, 아버지께서 내 안에 계시고, 내가 아버지 안에 있는 것과 같이, 그들도 하나가 되어서 우리 안에 있게 하여 주십시오. 그래서 아버지께서 나를 보내셨다는 것을, 세상이 믿게 하여 주십시오. 나는 아버지께서 내게 주신 영광을 그들에게 주었습니다. 그것은, 우리가 하나인 것과 같이, 그들도 하나가 되게 하려는 것입니다. 내가 그들 안에 있고, 아버지께서 내 안에 계신 것은, 그들이 완전히 하나가 되게 하려는 것입니다. 그것은 또, 아버지께서 나를 보내셨다는 것과, 아버지께서 나를 사랑하신 것과 같이 그들도 사랑하셨다는 것을, 세상이 알게 하려는 것입니다.

아버지, 아버지께서 내게 주신 사람들도, 내가 있는 곳에 나와 함께 있게 하여 주시고, 창세 전부터 아버지께서 나를 사랑하셔서 내게 주신 내 영광을, 그들도 보게 하여 주시기를 빕니다. 의로우신 아버지, 세상은 아버지를 알지 못하였으나, 나는 아버지를 알았으며, 이 사람들도 아버지께서 나를 보내신 것을 알고 있습니다.

나는 이미 그들에게 아버지의 이름을 알렸으며, 앞으로도 알리겠습니다. 그것은, 아버지께서 나를 사랑하신 그 사랑이 그들 안에

있게 하고, 나도 그들 안에 있게 하려는 것입니다." (요한복음 17장)

요한복음의 중심 구절이 3장 16절이다. 이 구절의 중심 단어가 사랑이다. 하나님이 인류를 비롯하여 창조된 세계 전체를 극진히 사랑하셔서 당신의 독생자 예수 그리스도를 세상에 보내셨다. 예수를 그리스도, 곧 나와 세상의 구세주로 믿는 사람마다 멸망하지 않고 영원한 생명을 얻는다. 요한복음은 영광의 하나님이 죄에 빠진 사람을 사랑한 이야기다.

네 번째 복음서는 영광으로 첫 장을 열고 사랑으로 마지막 장을 닫는다. 마지막 장 21장에 예수가 자신을 배신한 베드로에게 '네가 나를 사랑하느냐'고 물으며 그를 회복시킨다. 사람들에게 영이 양식인 진리의 말씀을 먹이라는 사명을 다시금 주신다. 영광이 나타난 것은 인류가 사랑으로 살아 평화를 누리게 하려는 것이다.

첫 장과 마지막 장이 영광과 사랑으로 꽉 맞물려 있다면 그 한가운데 있는 13장에 아주 깊은 사랑의 장면이 기록돼 있다. 최후의 만찬이다. 예수는 제자들과 함께 마지막 저녁을 먹는다. 이 장면을 서술하고 있는 요한복음은 13장의 첫 절이 이렇다.

유월절 전에 예수께서는, 자기가 이 세상을 떠나서 아버지께로 가야 할 때가 된 것을 아시고, 세상에 있는 자기의 사람들을 사랑하시되, 끝까지 사랑하셨다. (요한복음 13장 1절)

저녁을 먹을 때에 시몬 가롯의 아들 유다는 악마와 결탁했다. 예수를 대제사장들에게 팔아넘기기로 마음을 먹었다. 누가복음에 따르면 식사 자리에서 제자들이 누가 더 서열이 높으냐고 싸운다. 처음이 아니었다. 갑자기 예수가 식사하던 자리에서 일어선다. 요한복음은 예수의 움직임을 이례적으로 상세하게 기록한다.

'예수가 식사하다가 일어선다, 겉옷을 벗는다, 수건을 가져다가 허리에 두른다, 대야에 물을 담아 갖고 온다, 한 사람씩 제자들의 발을 씻기고 허리에 두른 수건으로 물기를 닦아준다.'

예수의 이렇게 하는 데 시간이 얼마나 걸렸을까? 제자들이 열두 명이었다. 정확하게 열두 제자만 식탁에 둘러앉지는 않았을 것이다. 예수가 열 두 사람에게 특별한 지위를 주면서 다른 사람과 다르게 특별하게 대우하지는 않았을 것이 분명하다. 특권 의식은 예수가 싫어한 것 아닌가 말이다. 한 사람의 발을 씻기고 수건으로 닦아주는 시간을 가장 짧게 잡아도 삼사 분이고, 물을 여러 번 바꾸기도 했을 테니 적어도 한 시간 이상이 걸렸다.

그 긴 시간 동안 제자들은 여전히 싸우며 나름대로 먹고 마시고 있었을까. 아니었을 것이다. 예수가 자리에서 일어난 이유를 알자마자 제자들은 모두 조용해졌다. 당혹스러웠을 것이다. 발을 씻기는 것은 당시에 노예가 하는 일이었다. 식사하던 자리에 침묵이 흘렀다. 예수가 제자들의 발을 씻기는 물소리만 공간에 퍼졌다. 베드로 차례가 되자 베드로는 적극적으로 사양한다. 그러나 예수는 베드로가 이해하지 못하는 말씀을 한다.

"내가 하는 일을 지금은 네가 알지 못하나, 나중에는 알게 될 것이다. ··· 내가 너를 씻기지 아니하면, 너는 나와 상관이 없다." (요한복음 13장 7~8절)

예수는 곧 일어날 십자가 사건을 염두에 두고 있다. 십자가의 죽음을 통해서 인류의 죄를 대신 지고 형벌을 당하는 대속(代贖)의 사건을 예수는 지금 발을 씻기는 행동으로 보여주고 있다. 공관복음서는 최후의 만찬 자리에서 예수는 자기 몸과 피를 상징하는 떡과 포도주로써 성찬의 예식을 제정한다. 성찬 예식을 지속함으로써 십자가 사건을 기념하라고 명령한다. 그런데 요한복음에는 성찬을 제정하는 기록이 없다. 대신 발을 씻기는 장면이 기록되어 있다. 세족(洗足) 장면은 요한복음에만 나온다. 요한복음은 발을 씻기는 행동으로써 십자가의 희생과 사랑을 전하고 있다.

공관복음서(마태복음, 마가복음, 누가복음)보다 요한복음이 더 늦게 기록되었다는 점을 생각하자. 초기 교회는 예수의 명령대로 성찬의 예식을 계속했다. 그러나 성찬에 담긴 예수의 희생이 일상의 실천으로 이어지지 못한 점이 많았을 것이다. 겸손과 섬김으로써 십자가를 살아내지 못하는 그리스도인에게 요한복음은 성찬의 의미를 발을 씻긴 사건으로 말하고 있다. 제자들의 발을 다 씻긴 후에 예수는 다시 겉옷을 입고 식탁에 앉아 발을 씻긴 행동의 뜻을 설명한다.

내가 너희에게 한 일을 알겠느냐? 너희가 나를 선생님 또는 주님 이라고 부르는데, 그것은 옳은 말이다. 내가 사실로 그러하다. 주이며 선생인 내가 너희의 발을 씻겨 주었으니, 너희도 서로 남의 발을 씻겨 주어야 한다. 내가 너희에게 한 것과 같이, 너희도 이렇게 하라고, 내가 본을 보여 준 것이다. (요한복음 13장 12~15절)

이렇듯, 상황이 무거우면서도 특별했다. 예수는 최선을 다해서 제자들에게 온몸으로 중대한 메시지를 전달한다. 제자들도 스승 예수가 자신들을 떠난다는 것을 알고 있었다. 예수가 이미 십자가 사건을 예고한 터였다. 제자 중 어떤 사람은 십자가 사건에 관한 예수의 언급을 비유로 생각했을지 모른다. 예수가 워낙 자주 비유로 말씀하셨으니까 말이다. 최후의 만찬 자리는 분위기가 무겁고 깊었다. 조금만 건드리면 무슨 일이 터질 것 같았다. 바로 여기에서 예수는 제자들에게 아주 중대한 명령을 전한다.

이제 나는 너희에게 새 계명을 준다. 서로 사랑하여라. 내가 너희를 사랑한 것 같이, 너희도 서로 사랑하여라. 너희가 서로 사랑하면, 모든 사람이 그것으로써 너희가 내 제자인 줄을 알게 될 것이다. (요한복음 13장 34~35절)

"새 계명", 새롭다는 것은 옛날로 갈수록 동서양을 막론하고 긍정적인 말이 아니었다. 서양의 역사에서 적어도 17세기 이전까지 새로운 어떤 것은 전통을 벗어나는 것으로서 부정적이었다. 근대적인 과학 기술의 발전과 산업혁명 등의 영향으로 전에는 한 번도 경험해 보지 못한 것들이 생겨나면서 새롭다는 것이 비로소 긍정적인 뜻을 갖게 되었다.

이런 점에서 '새로운 계명'이란 예수의 표현은 과격하다. 그렇게 표현하면서까지 명령한 내용이 서로 사랑하라는 것이다. 사랑이 예수 그리스도의 제자냐 아니냐를 가르는 시금석이다. 이 사랑의 토대는 십자가 사건에서 드러난 하나님의 사랑이다. 예수는 바로 내일, 자신이 십자가에서 처형당함으로써 사랑으로 삶을 살림하라는 메시지를 전할 것이다. 예수의 십자가에 담긴 뜻이 희생, 낮아짐, 섬김, 대속 등 여러 가지다. 이 모든 것을 다 담은 한 단어가 사랑이다. 예수는 이것을 새 계명으로 주신다. 요한복음의 정신을 따라 기록된 요한 서신은 요한복음 13장의 새 계명의 가르침을 더 깊이 묵상하며 이어간다. 사랑에 관하여 근원적으로 말씀한다.

> 사랑하는 여러분, 서로 사랑합시다. 사랑은 하나님에게서 난 것입니다. 사랑하는 사람은 다 하나님에게서 났고, 하나님을 압니다. 사랑하지 않는 사람은 하나님을 알지 못합니다. 하나님은 사랑이시기 때문입니다.
>
> 하나님의 사랑이 우리에게 이렇게 드러났으니, 곧 하나님이 자기 외아들을 세상에 보내주셔서 우리로 하여금 그로 말미암아 살게

해주신 것입니다. 사랑은 이 사실에 있으니, 곧 우리가 하나님을 사랑한 것이 아니라, 하나님이 우리를 사랑하셔서, 자기 아들을 보내어 우리의 죄를 위하여 화목제물이 되게 하신 것입니다.

사랑하는 여러분, 하나님께서 이렇게까지 우리를 사랑하셨으니, 우리도 서로 사랑해야 합니다. 지금까지 하나님을 본 사람은 없습니다. 그러나 우리가 서로 사랑하면, 하나님이 우리 가운데 계시고, 또 하나님의 사랑이 우리 가운데서 완성된 것입니다. (요한일서 4장 7~12절)

우리는 하나님이 우리에게 베푸시는 사랑을 알았고, 또 믿었습니다. 하나님은 사랑이십니다. 사랑 안에 있는 사람은 하나님 안에 있고 하나님도 그 사람 안에 계십니다. (요한일서 4장 16절)

요한일서의 이 본문은 참으로 깊다. 근원적이다. 사랑을 하나님의 존재 자체에 연결한다. 하나님이 사랑하신다는 정도가 아니라 하나님의 존재 자체가 사랑이라고 한다. "하나님은 사랑이십니다." 하나님의 모든 뜻과 섭리, 하나님이 하시는 모든 활동과 선물, 사람이 되신 하나님으로서 예수의 삶과 사역의 모든 것이 다 사랑에 걸려 있다. 하나님의 사랑을 깨닫지 못하면 진정으로 사랑하지 못한다. 십자가에서 드러난 하나님의 사랑에 연결되어 있지 않으면서 사랑이라고 하는 것들은 모두 모조품이다. 교회와 그리스도인이 세상에서 이 사랑을 삶으로 보이지 못하면 말로 하는 전도는 헛되다. 사랑의 삶이 사랑을 설명하는 말을 증명한다.

교회는 예수 그리스도를 통해서 드러난 하나님의 사랑을 살며 사랑을 전하는 공동체다. 그러면 예수가 십자가에서 죽임을 당하고 부활하여 승천한 후 성령의 강림으로 본격적으로 시작된 초기 교회는 이 사랑을 어떻게 살았는가? 사회 현상으로 확인할 수 있는 역사적인 첫 교회의 삶에서 사랑은 어떤 역할을 했는가? 예수가 온몸으로 가르친 그 사랑이 깎이거나 변형되지 않고 교회라 불린 사람들의 집단에서 실행될 수 있었을까? 이천 년전에 시작된 초기 교회의 상황으로 들어가야 이런 질문들이 풀린다. 우리는 사도행전으로 간다.

PART 4

증인들,
증언하기 시작하다

무엇보다 먼저 자신의 신앙 성장에 필요한 일에 적극적인 사람들을 위하여 우리를 헌신합시다. 목회자들이 교회에서 다른 사람보다 이런 사람들을 먼저 양육하여 이들의 구원의 분량이 점점 성숙하면 나중에 이들의 본보기가 다른 이들에게 영향을 끼칩니다. 이렇게 되면 지금은 잃어버린 것처럼 보이는 사람들을 하나님의 은혜로써 점진적으로 이끌어 결국에는 그들도 구원할 수 있을 것입니다.

목회자가 자기 신앙의 성숙에 관심이 있는 사람들을 먼저 돕고 이들의 신앙 성숙에 필요한 일에 최선을 다하는 것, 나의 모든 제안은 거의 전적으로 이것을 목표로 삼고 있습니다. 이 일이 잘 진행되어서 기초가 튼튼해지면 불순종하는 사람들을 위한 노력에서 더 많은 열매를 거둘 것입니다.

— **필립 야콥 스페너**(Philipp Jakob Spener, 1635~1705), **'경건한 요청'**

저녁에는 별로 내키지 않는 마음으로 올더스게이트 거리에 있는 어느 모임에 갔다. 한 사람이 루터의 로마서 주석 서문을 읽고 있었다.

9시 15분 전쯤, 그가 그리스도를 신뢰하는 믿음을 통하여 하나님께서 마음에 변화를 일으키신다고 설명하고 있는데 내 마음이 이상하게 뜨거워졌다. 나는 구원받기 위하여 그리스도를, 오직 그리스도만을 믿는다고 느꼈다. 주님께서 내 모든 죄를 씻고 죄와 사망의 법에서 나를 구원하셨다는 확신이 생겼다.

— **존 웨슬리**(John Wesley, 1703~1791)**의 1738년 5월 24일 '일기'**

첫 번째 책에서 다루었습니다

예수의 생애를 다룬 복음서 넷은 각기 특징이 있다. 누가 복음의 가장 중요한 특징은 사도행전과 한 책을 구성한다는 점이다. 의사 직업을 갖고 있던 이방인 누가가 두 책을 썼다. 누가복음과 사도행전은 전편과 후편이다. 누가는 사도행전을 시작하면서 자신이 먼저 쓴 책에 관하여 명시적으로 언급한다.

> 데오빌로님, 나는 첫 번째 책에서 예수께서 행하시고 가르치신 모든 일을 다루었습니다. 거기에 나는, 예수께서 활동을 시작하신 때로부터 그가 택하신 사도들에게 성령을 통하여 지시를 내리시고 하늘로 올라가신 날까지 하신, 모든 일을 기록했습니다. (사도행전 1장 1~2절)

예수의 생애에 이어 예수가 자신이 세우겠다고 예고한 교회가 시작된다. 예수의 생애에 관한 기록이 누가복음이고 교회의 초기 역사에 관한 기록이 사도행전이다. 사도행전의 시작에서 중심은 예수의 십자가 처형 후 50일이 지난 후에 있었던 오순절의 성령 강림 사건이다. 마지막은 사도 바울이 2년 동안 로마의 셋집에 가택 연금 상태로 있으면서 하나님 나라를 전파하고 주 예수 그리스도에 관해서 가르치는 장면이다. 사도행전은 초기 교회의 역사 30년 정도의 역사를 다루고 있다. 이천 년의 교회 역사에서 교회가 약해지고 병들고 타락할 때마다 하나님의 사람이라고 불린 신앙인들은 '초대교회로 돌아가자'고 외쳤다. 사도행전의 증언이 바로 그 돌아갈 지점이다.

누가복음과 사도행전을 연결하는 내용이 참 중요하다. 여기에 하나님이 당신의 아들 예수 그리스도를 통하여 이루는 구원의 구상이 명백하다. 기독교의 구원에서 중심 내용을 가장 간단하게 십자가 사건이라고 말한다. 정확한 얘기다. 십자가 사건은 두 가지로 구성된다. 죽음과 부활이다. 그러나 사복음서와 사도행전의 맥락에서 보면 여기에 두 가지가 더해야 구원의 사건이 완성된다. 예수의 승천과 성령의 강림이다. 사복음서의 마지막 부분 모두에 예수의 부활과 부활한 예수가 사람들에게 나타난 사건이 기록되어 있다. 제자들을 비롯한 핵심적으로 헌신한 사람들이 예수의 부활을 확인했다. 그러나 그들은 즉시로 큰 기쁨과 강한 확신으로 예수 그리스도의 복음을 전하지 못했다. 부활한 예수를 만났지만, 십자가 처형 이전의 상황처럼 여전히 불안했다. 어떤 면에서는 더 당혹스러웠다. 종교 권력자들의 박해로 피바람이 불 것을 걱정한 사람이 많았을 것이다.

예수의 부활도 알았고 예수가 명령한 복음 전파의 사명도 알았지만, 그것을 삶의 구체적인 현장에서 온몸으로 실천할 인격적 결단과 실행의 능력이 없었다. 아는 것과 사는 것의 괴리는 사람이란 존재가 완전히 풀지 못하는 숙제다. 삶의 행동은 하늘의 능력이 받아야 작동되는 것이었다. 예수가 이 점을 명백하게 말한다.

예수가 하늘로 올라가서 하나님의 영이며 그리스도의 영인 성령을 보낼 것이다. 아버지와 아들의 영 성령이 사람 사는 세상에 내려와서 함께 살 것이다. 거룩한 영의 능력을 통해서야 아는 대로 살게 될 것이다. 예수가 가르친 말씀이 삶으로 작동할 것이다.

그러면 첫 번째 책인 누가복음과 속편인 사도행전이 연결되는 내용의 흐름을 보자. 누가복음의 마지막 장인 24장에 부활한 예수가 제자들을 만나는 장면이 나온다. 부활한 후에 예수는 40일을 세상에 더 있었다. 왜 바로 승천하지 않았을까? 할 일이 있었다. 십자가의 죽음 이전에 모든 일을 깔끔하게 완료하면 좋지 않았을까 하는 생각도 든다. 하지만 예수가 부활한 후에 할 일은 부활한 상태에서 해야 할 일이었다. 24장에 예수가 제자들을 만나는 장면이 두 번 나온다. 엠마오로 내려가고 있는 두 제자를 만나는 것, 예루살렘에서 열한 명의 제자 및 그들과 함께 있는 사람들을 만나는 것이다.

> 마침 그날에 그들 가운데 두 사람이 예루살렘에서 한 삼십 리 떨어져 있는 엠마오라는 마을로 가고 있었다. 그들은 일어난 이 모든 일을 서로 이야기하고 있었다. 그들이 이야기하며 토론하고 있는데, 예수께서 가까이 가서, 그들과 함께 걸으셨다. 그러나 그들은 눈이 가려져서 예수를 알아보지 못하였다. (누가복음 24장 13~16절)

글로바와 또 한 사람이 이야기하는 주제는 예수가 부활했다는 소식과 그에 관한 이런저런 상황이었다. 열두 제자와 예수를 따르는 중심적인 사람들이 예수의 부활을 기다리거나 기대하고 있지 않았다는 것은 명백하다. 예수가 죽음과 부활을 예고할 때 그들은 부활을 이해하지 못했다. 부활한 후에 그들은 어쩌면 당혹스러웠다. 이것이 무슨 일일까 하고 이 상황과 연관된 파장이 먼저 떠올랐을 것이다. 그렇지 않아도 대제사장들을 중심으로 종교 권력자들이 신경을 곤두세우고 있다. 피바람이 불 수 있다. 두 제자는 곧 들이닥칠 검거와 투옥 등 무서운 박해를 피해서 엠마오로 내려가는 것일지 모른다.

예수가 두 사람에게 질문을 던지며 대화가 진행된다.

"당신들이 걸으면서 서로 주고받는 이 말들은 무슨 이야기입니까?"

두 사람의 심정은 복잡하고 침통했다. 그런 마음이 얼굴에 묻어났다. 글로바가 말한다.

"길을 가는 방향을 보니 선생께서도 예루살렘에 머물러 있었던 것 같은데, 이 며칠 동안에 거기에서 일어난 일을 당신 혼자만 모른단 말입니까?"

예수는 짐짓 모르는 체 묻는다.

"무슨 일입니까?"

"나사렛 예수에 관한 일입니다. 그는 하나님과 모든 백성 앞에서, 행동과 말씀에 힘이 있는 예언자였습니다. 그런데 우리의 대제사장들과 지도자들이 그를 넘겨주어서, 사형선고를 받게 하고, 십자가에 못 박아 죽였습니다. 우리는 그분이야말로 이스라엘을 구원하실 분이라는 것을 알고서, 그분에게 소망을 걸고 있었던 것입니다. 그뿐만 아니라, 그런 일이 있은 지 벌써 사흘이 되었는데, 우리 가운데서 몇몇 여자가 우리를 놀라게 하였습니다. 그들은 새벽에 무덤에 갔다가, 그의 시신을 찾지 못하고 돌아와서 하는 말이, 천사들의 환상을 보았다는 것입니다. 천사들이 예수가 살아 계신다고 말했다는 것입니다. 그래서 우리와 함께 있던 몇 사람이 무덤으로 가서 보니, 그 여자들이 말한 대로였고, 그분은 보지 못하였습니다."

예수를 따르던 사람들이 예수에게 걸고 있던 소망은 십자가의 죽음에서 끝났다. 사람들의 소망도 거기서 죽었다. 부활한 예수는 이 소망을, 말씀을 통해서 다시 살린다. 예수가 말과 그에 이어지는 누가복음 저자의 설명을 보자.

"어리석은 사람들입니다. 예언자들이 말한 모든 것을 믿는 마음이 그렇게도 무디니 말입니다. 그리스도가 마땅히 이런 고난을 겪고서, 자기 영광에 들어가야 하지 않겠습니까?" 그리고 예수께서는 모세와 모든 예언자에서부터 시작하여 성경 전체에서 자기에 관하여 써 놓은 일을 그들에게 설명하여 주셨다. (누가복음 24장 25~27절)

예수는 구약 성경을 그리스도(구세주) 중심으로 해석한다. 두 사람이 예수의 설명을 듣고 어떤 영향을 받았을까? 두 사람이 받은 영향은 조금 후에 드러난다. 날이 저물 즈음 두 사람의 집에 도착했다. 예수가 더 가려는 것처럼 하자 두 사람이 자기 집에 묵으라고 권한다. 저녁을 먹는데 예수가 빵을 들어서 축복하며 그들에게 떼어준다. 그때 그들의 눈이 열려 예수를 알아본다. 그 순간 예수는 사라진다. 두 사람이 서로 이렇게 말한다.

> "길에서 그분이 우리에게 말씀하시고, 성경을 풀이하여 주실 때에, 우리의 마음이 뜨거워지지 않았습니까?" (누가복음 24장 32절)

두 사람은 성경 말씀을 확실하게 깨달았다. 말씀이 마음 깊은 곳에 닿았다. 두 사람이 곧바로 일어나서 다시 예루살렘으로 올라간다. 이미 해가 떨어졌다. 어두운 길을 삼십 리 걷는 것은 쉽지 않은 일이었고 위험했다. 그러나 그들이 받은 감동이 워낙 커서 날이 새기까지 기다릴 수 없었다. 그들의 마음에 희망이 사시 살아났다. 세 시간 정도를 걸어 예루살렘에 돌아왔다. 한밤이었다.

열한 제자 그리고 늘 함께하던 사람들이 모여 있었다. 그들은 예수가 부활한 것이 확실하다는 것과 시몬 베드로에게 나타나셨다는 것을 이야기하고 있었다. 두 사람이 나타나자 모두 기뻐하며 놀랐다. 두 사람이 길에서 예수를 만나서 나눈 대화와 저녁을 먹으면서 빵을 뗄 때 예수를 알아본 일을 전했다. 바로 그때였다. 부활한 예수가 갑자기 나타났다. 모두 소스라치게 놀랐다. 유령을 보고 있는 줄로 생각했다. 예수는 자기 손과 발을 보이면서 자신이 살과 뼈가 있다고 말한다. 그들이 여전히 믿지 못하자 예수는 사람들이 보는 데서 구운 생선 한 토막을 먹는다. 예수는 그들에게 성경 말씀을 깨닫게 한다. 엠마오로 내려가는 길에서 두 제자에게 한 것과 같다.

> 예수께서 그들에게 말씀하셨다.
> "내가 전에 너희와 함께 있을 때에 너희에게 말하기를, 모세의 율법과 예언서와 시편에 나를 두고 기록한 모든 일이 반드시 이루어져야 한다고 하였다."
> 그 때에 예수께서는 성경을 깨닫게 하시려고, 그들의 마음을 열어 주시고, 그들에게 말씀하셨다.
> "이렇게 기록되어 있다.
> 곧, '그리스도는 고난을 겪으시고, 사흘째 되는 날에 죽은 사람들 가운데서 살아나실 것이며, 그의 이름으로 죄 사함을 받게 하는 회개가 모든 민족에게 전파될 것이다' 하였다. 예루살렘에서부터 시작하여 너희는 이 일의 증인이다." (누가복음 24장 44~48절)

예수는 지금 구약 성경 전체에서 심장과 같은 내용을 요약하여 설명하고 있다. 십자가 사건이다. 이것이 말씀 중의 말씀이다.

이것을 깨닫게 하는 것, 예수가 부활하고 나서 40일을 세상에 더 있었던 이유가 이것이었다. 십자가의 죽음과 부활을 확실하게 설명하려고 예수는 부활한 모습으로 제자들에게 나타나서 말하고 있다.

'나를 봐라, 며칠 전에 확실히 죽었는데 지금 이렇게 다시 살아 있다. 성경에 기록된 그 예언이 성취된 것이다.'

예수는 삼 년의 공생애 중에 늘 하나님의 말씀을 가르치셨다. 십자가의 처형 이전까지 가르친 말씀을 이제 부활한 상황에서 다시금 확실하게 요약하고 정리하며 깨닫게 하고 있다. 말씀이 삶이 되려면 세 단계를 거쳐야 한다. 하나는 말씀을 이해하는 것이다. 이성의 작용으로 말씀을 뜻을 머리로 아는 단계다. 다음은 이해한 말씀을 통해 각성하는 것이다. 말씀을 마음 깊이 깨닫고 가슴이 뜨거워지는 단계다. 이 두 단계의 차이를 구별하는 것이 중요하다. 한자의 뜻을 생각하면 차이점을 쉽게 구별할 수 있다. 이해(理解)란 단어에서 이(理)는 이치 또는 다스림을 뜻한다. 해(解)는 풀다, 벗기다, 해부하다, 연다는 뜻이다. 말씀을 이성적으로 파악하는 것이다. 각성(覺性)에서 각(覺)은 깨우치다, 깨닫는다는 말이다. 성(性)은 성품, 생명, 목숨을 이른다. 각성은 이해한 내용을 내 성품을 뒤흔들 정도로 마음 깊이 깨우치는 것이다. 생명을 바칠 정도까지 깨닫는 것이다.

말씀을 이해하고 각성한 뒤에 마지막 단계가 이어진다. 이것이 아주 중요하다. 행동이다. 예수가 "너희는 이 일의 증인"이라고 말한 부분이다. 십자가 사건을 전파하고 증언하는 일, 말씀이 삶으로 이어지는 일이 결코 쉽지 않다. '하나님의 말씀이 우리 삶으로' 이어지는 것을 가장 싫어하는 존재가 악한 영이다. 성경에 사탄, 악마, 마귀, 귀신 등으로 표현된 것이다. 말씀이 삶이 되는 만큼 악한 영의 지배력이 무너진다. 악한 영이 있는 힘을 다해서 회유하고 속이며, 협박하며 공격하면서 말씀이 삶이 되는 길을 막는다. 이 무서운 방해를 뚫고 말씀대로 행동하려면 사람의 힘만으로는 불가능하다. 악한 영의 힘은 거룩한 영으로야 꺾는다. 하나님 아버지와 그 아들의 영인 성령이 임해야 한다.

예수는 누가복음의 마지막 장면에서 성령이 오실 것을 약속한다. 그 임재를 기다리라고 명령하며 하늘로 오른다. 누가복음의 결말이다.

> "보아라, 나는 내 아버지께서 약속하신 것을 너희에게 보낸다. 그러므로 너희는 위로부터 오는 능력을 입을 때까지, 이 성에 머물러 있어라."
> 그리고 예수께서는 그들을 밖으로 베다니까지 데리고 가서, 손을 들어 그들을 축복하셨다. 예수께서는 그들을 축복하시는 가운데, 그들에게서 떠나 하늘로 올라가셨다. 그들은 예수께 경배하고, 크게 기뻐하면서, 예루살렘으로 돌아가서, 하나님을 찬양하면서 날마다 성전에서 지냈다. (누가복음 24장 49~53절)

누가복음의 이 결말이 후편인 사도행전의 첫 부분에서 다시 언급된다. 누가는 첫 번째 책인 누가복음의 내용을 요약하고 나서 부활 이후 승천까지의 상황, 곧 누가복음 24장의 내용을 반복한다.

데오빌로님, 나는 첫 번째 책에서 예수께서 행하시고 가르치신 모든 일을 다루었습니다. 거기에 나는, 예수께서 활동을 시작하신 때로부터 그가 택하신 사도들에게 성령을 통하여 지시를 내리시고 하늘로 올라가신 날까지 하신, 모든 일을 기록했습니다.

예수께서 고난을 받으신 뒤에, 자기가 살아 계심을 여러 가지 증거로 드러내셨습니다. 그는 사십 일 동안 그들에게 여러 차례 나타나시고, 하나님 나라에 관한 일들을 말씀하셨습니다. 예수께서 사도들과 함께 잡수실 때에 그들에게 이렇게 분부하셨습니다.

"너희는 예루살렘을 떠나지 말고, 내게서 들은 아버지의 약속을 기다려라. 요한은 물로 세례를 주었으나, 너희는 여러 날이 되지 않아서 성령으로 세례를 받을 것이다." (사도행전 1장 1~5절)

예수가 승천하는 장면에서 예수와 제자들이 나눈 짧은 대화가 참 중요하다. 성령의 약속 외에 꼭 주목해야 할 것이 여기에 있다. 사도들이 예수께 묻는다.

"주님, 주님께서 이스라엘에게 나라를 되찾아 주실 때가 바로 지금입니까?"

그들은 여전히 이스라엘 민족의 현실적인 회복을 기대하고 있다. 로마제국의 압제에서 벗어나 독립된 나라를 세우는 정치 사회적인 회복을 바라고 있다. 예수가 삼 년 동안 하나님 나라에 관해서 그렇게 많이 가르쳤는데도 이들은 아직도 예수가 선포한 그 나라가 무엇인지 알지 못한다. 성령이 오면 깨닫게 될 것이었다. 유대 민족의 나라를 묻는 그들에게 예수는 모든 민족을 구원할 하나님 나라를 말한다. 제자들이 관심하고 있는 한 민족의 나라를 세우는 것보다 훨씬 과격하고 철저한 혁명, 저 유명한 지상명령이다.

"때나 시기는 아버지께서 아버지의 권한으로 정하신 것이니, 너희가 알 바가 아니다. 그러나 성령이 너희에게 내리시면, 너희는 능력을 받고, 예루살렘과 온 유대와 사마리아에서, 그리고 마침내 땅끝에까지 이르러 내 증인이 될 것이다."

예수가 승천한 후에 두 천사가 하늘을 쳐다보고 있는 사람들에게 말한다. 이 내용에도 꼭 주목할 것이 있다.

"갈릴리 사람들아, 어찌하여 하늘을 쳐다보면서 서 있느냐? 너희를 떠나서 하늘로 올라가신 이 예수는, 하늘로 올라가시는 것을 너희가 본 그대로 오실 것이다."

하늘만 쳐다보고 있지 말고 땅에서 할 일을 생각하라는 것이다. 하늘로 향한 시선을 땅에 있는 모든 민족에게로, 수평적인 시선으로 바꾸게 한다. 예수를 그리스도로 믿고 따르는 사람들이 모인 교회라는 공동체는 이제 승천과 재림 사이에 산다. 한정된 시간이다. 세상의 모든 것이 끝날 종말의 시점, 그 재림의 시기는 누구도 알지 못한다. 그래서 이 사이의 시간에는 팽팽한 긴장이 있다. 종말론적인 긴장이다.

교회는 그런 존재다. 영원한 하나님 나라를 바라보고 걸어가지만, 주님이 주신 사명에 지금 여기의 세상에서 헌신하는 공동체다. 하나님의 말씀에 담긴 영혼의 구원과 사회의 공의, 예수의 십자가와 하나님의 평화를 교회가 먼저 살아내며 세상에 전한다. 사람을 구원하는 일뿐 아니라 지구 행성의 창조 세계를 보전하고 구원하는 일까지 감당한다. 기술 문명의 발전 이면에 있는 인간 소외의 문제와 더불어 기후 위기의 문제까지가 그리스도인과 교회의 과제가 된다.

예수의 승천 후 열흘이 지나면 오순절이다. 사도행전 2장에 오순절에 성령이 사람들에게 내려온 사건이 나온다. 성경이 가르치는 하나님은 삼위일체 하나님이다. 성부, 성자, 성령의 세 위격으로 존재하는 유일한 신이다. 누구도 삼위일체 자체의 구조를 깔끔하게 해석하지 못한다. 다만 창세 이후 타락한 인류를 구원하려고 일하시는 하나님의 모습에서 그 현상을 설명할 뿐이다. 성부 하나님이 구원의 모든 것을 섭리하신다. 성자 하나님이 사람 몸을 입고 직접 세상에 오신다. 성자 하나님의 승천 이후에 바톤터치를 하듯이 성령 하나님이 직접 세상에 오신다. 성령 하나님이 사람들의 마음과 영혼에 영원히 함께 살기 시작한다.

성령이 내리시면 내 증인이 될 것이다

이제 설명하는 내용에 이런 제목을 붙일 수 있다. '사도행전 1장 8절 구하기.' 성경 말씀이 어디 갇혀 있어서 구출하자는 것이 아니다. 말씀은 그 자체로 하나님의 능력이며 인격이다. 다만 이 유명한 구절이 한국 교회에서 (오늘날 세계의 모든 교회에서도) 충분히 이해되지 못한 점이 있어서다. 교회의 사역 현장에서 이 구절을 오해하고 남용한 점이 심각해서 이 중요한 구절을 바르게 이해하여 깨닫고 살자는 것이다.

> 오직 성령이 너희에게 임하시면 너희가 권능을 받고 예루살렘과 온 유대와 사마리아와 땅 끝까지 이르러 내 증인이 되리라 하시니라. (사도행전 1장 8절, 개역개정)

사도행전은 성경 66권에서 잘 알려진 책이다. 특히 목회자들이 가장 좋아하는 몇 권의 책 중 하나일 것이다. '초대 교회로 돌아가자'는 저 유명한 구호의 초대 교회의 역사가 이 책에 기록되어 있다. 오순절의 성령 강림으로써 교회가 탄생한 후 교회가 계속해서 역동적으로 확장해가는 상황을 담은 것이 이 책의 매력이다. 목회자로서 자신이 목회하는 교회가 강력하게 성장하기를 바라지 않는 사람은 아무도 없다. 그리스도인도 마찬가지다. 이런 점에서 사도행전에 등장하는 교회의 모습은 모든 목회자와 그리스도인의 로망이다. 그러나 한국 교회는 많은 경우에 사도행전을 그 정확한 문맥을 따라 읽지 못했다. 사도행전 읽기에 오류가 있다. 그 단면이 1장 8절의 해석이다.

이 구절은 사도행전의 심장이며 요절이다. 한국 교회가 이 구절을 해석하는 데 상당한 문제가 있다. 먼저 문장 구조를 정확하게 분석하자. 구절 자체를 주어와 술어를 중심으로 짧게 줄이면 이렇다.

"너희가 … 되리라."

헬라어 원문에 따라 주어와 술어를 정리해도 한글 번역과 다르지 않다. 정확히 말하면 한글 번역의 구조가 더 강화된다. 헬라어 원문은 대등한 문장 두 개가 연결된 중문(重門) 구조로 되어 있다. 두 문장에서 '너희가 되리라'는 주어와 술어가 반복된다.

"너희가 되리라 … 너희가 되리라."

무엇이 된다는 것인가? 그 수식하는 내용을 붙여보자.

"너희가 권능을 받게 되리라 …… 너희가 내 증인이 되리라."

권능으로 번역된 헬라어 '두나미스'에서 다이너마이트란 말이 나왔다. 증인으로 번역된 '마르투스'는 순교자란 단어와 어근이 같다. 두 번 나오는 '되리라'는 표현은 먼저는 사람에게 임하는 하나님의 선물을 말하고, 다음은 사람 존재의 변화를 말한다. 사도행전 1장 8절을 기록된 문자대로 보면 '권능을 받고 증인, 곧 사람이 된다'는 것이다. 권능을 받는 것이 중요하다. 기초요 토대다. 그러나 그만큼, 권능을 받은 다음 단계가 중요하다. 증인이 되는 것, 예수의 사람이 되고 말씀의 사람이 되는 것이다.

논점을 날카롭게 말한다면, 성령이 임재하여 하늘의 권능을 받으면 '증인(證人)이 된다'고 했지 '증언(證言)을 한다'고 표현되지 않았다. 물론 증인이란 뜻에는 증언한다는 행동이 포함되어 있다. 당연하고 필연적이다. 진짜 증인이면 분명히 증언한다. 그러나 바로 여기에서 중요한 점을 놓치면 안 된다. 증인이 되는 것, 곧 사람이 되는 것이 먼저다. 이 토대가 놓이고서야 증언할 수 있다. 증인이 되는 것은 사람됨의 문제요 존재의 변화다. 증언한다는 것은 사람됨에 근거한 살아감의 문제며 실존의 행위다. 이 두 가지를 조금만 깊이 생각해 보라. 사람됨과 살아감 또는 존재와 행위의 관계 말이다. 이 주제는 기독교 신학과 신앙의 오래된 가르침과 일맥상통한다.

'존재(存在)가 행위(行爲)에 앞선다.'

사과나무를 생각해 보자. 사과나무가 사과 열매를 맺는다. 사과나무라는 존재가 먼저이고 여기에 근거하여 사과 열매가 맺히는 행위가 뒤따른다. 예수 그리스도의 십자가 사건을 통해 거듭나서 하나님의 자녀가 되는 것이 존재의 변화, 곧 사람됨이다. 그렇게 변화된 사람이 살아가는 일상과 인격의 삶이 행위의 측면, 곧 살아감이다.

이 주제는 기독교 역사 전체를 꿰뚫고 흐른다. 역사의 중요한 시기마다 존경받는 신앙의 지도자들은 이 가르침을 기억하고 강조했다. 종교개혁 시대에 격렬한 논쟁의 중심에 이 주제가 있었다. 저 유명하고 논란이 많은 '믿음과 행위, 믿음과 윤리'의 주제가 바로 이것이다. 종교개혁의 중심인물인 마르틴 루터를 비롯한 개혁자들은 참된 믿음으로 존재가 변화되는 것이 올바른 행동의 근거임을 깊이 깨닫고 있었다. 참된 믿음에서 삶의 진정한 변화가 일어난다. 개인의 삶뿐 아니라 사회와 역사의 변화까지 이어진다. 정확히 말하면 믿음이란 개념에 행동의 변화까지 포함되어 있다. '행함이 없는 믿음'이란 표현은 참된 믿음을 설명하기 위한 논리적인 설명일 뿐이지 그런 믿음이 믿음의 종류 중 하나가 아니다. 성경은 그런 믿음을 말하지 않는다.

기독교 신앙은 존재의 변화에서 출발해서 실존의 변화로 이어진다. 사람됨이 없으면 살아가는 모습에 필연적으로 문제가 발생한다. 그리스도인이란 이름뿐 내용은 부실하다. 안에서 새는 바가지 밖에서도 샌다는 우리말처럼, 속사람의 존재가 새롭게 되지 못했으니 밖으로 드러나는 행동이 올바를 리가 없다.

사도행전 1장 8절은 성령이 임하면 사람이 된다고 말씀한다. 사도행전 1장의 문맥을 자세히 읽으면 승천하는 예수도 이 점을 깊이 생각했다. 제대로 사람이 되지 못한 채 섣불리 증언하러 나갈까 걱정했다. 더구나 제자들은 부활한 예수가 이스라엘의 정치 사회적인 독립을 이룰 지도자라고 오해하고 있지 않은가. 그리스도인답게 사람이 되지 못한 채 하나님 나라를 위해 일한다고 나서면 오히려 일을 망친다. 그래서 예수는 제자들에게 이렇게 명령한다.

예수께서 사도들과 함께 잡수실 때에 그들에게 이렇게 분부하셨습니다.

"너희는 예루살렘을 떠나지 말고, 내게서 들은 아버지의 약속을 기다려라. 요한은 물로 세례를 주었으나, 너희는 여러 날이 되지 않아서 성령으로 세례를 받을 것이다." (사도행전 1장 4~5절)

아버지께서 약속하신 것, 성령의 강림이다. 성령이 내리면 먼저 사람이 된다. 그러고 나서 일해야 한다. 사람됨이 먼저고 일하는 것은 나중이다. 일이 사람보다 앞서면 실패한다. 더구나 일에 관한 욕심에 사로잡히거나 그 일로써 자기 명예나 권력을 쟁취하려는 경우면 필패한다. 한국 교회는 교회의 양적인 성장을 목표로 놓고 성령의 충만을 이 목표를 이루기 위한 도구나 수단으로 생각하지 않았는가. 목회자가 교회에 모이는 사람과 재정의 규모를 되도록 크게 늘려 목회적으로 성공하는 것을 목표로 놓고 이를 위해 사도행전 1장 8절을 수단으로 사용하지 않았는가. 교회의 그리스도인 한 사람 한 사람이 성령에 충만한 사람, 예수의 사람, 말씀의 사람이 되는 데는 별 관심이 없고 신앙인을 교회 성장을 위한 수단으로만 생각하지는 않았는가. 교회 성장이라는 업적을 최종 목표로 삼고 천하보다 소중한 한 사람 한 사람을 그 수단으로 이용해 먹지 않았는가. 그러했다면, 그러했기 때문에 심각한 문제다.

오늘날의 교회가 사도행전 1장 8절 말씀의 본디 뜻을 새겨들어야 한다. 증인이 되지도 못한 채 나가서 증언하는 일이 적지 않다.

사도행전은 그런 증언과 전도를 말하지 않는다. 오늘날의 한국 교회뿐 아니라 이천 년 역사에서 교회가 약해지고 병들고 타락할 때마다 그 원인은 거의 모두 그리스도인이 그리스도인답지 않아서였다. 교회의 목사, 신학자, 선교사, 장로, 권사, 안수집사, 집사 그리고 교단과 각종 기독교 단체에서 중요 직책을 맡은 교회의 지도자들 가운데 이 점을 깊이 인식하지 못하는 사람이 적지 않다. 알고 그랬든지 모르고 그랬든지 교회가 자기 집단의 물량적 교세를 늘리기 위해 사도행전 1장 8절을 이용해 왔다.

사도행전은 교회의 초기 30년 역사를 담은 기록이요 증언이다. 사도행전을 보면 교회의 본질이 보인다. 그러면 조금만 깊이 사도행전을 들여다보며 생각해 보자. 어느 지역의 한 교회가 계속해서 물량적으로 커지는 것은 사도행전이 말하는 교회의 모습이 아니다. 그런 교회는 사도행전에 없다. 어느 한 교회의 등록 교인 수를 늘리고 가용 재정을 불리는 것이 중요한 목표이면 안 된다. 예수는 그렇게 가르치거나 명령한 적이 없다.

하나님이 창조한 세상에서 예수 그리스도의 복음을 듣고 하나님의 자녀가 되는 사람이 많아지는 것이 목표요 사명이다. '땅 끝'이란 범위를 시야에서 놓치면 안 된다. 땅 끝까지 가서 모든 문화권의 모든 사회에 있는 사람들에게 하나님의 복음을 전해서 그들이 사랑과 평화와 정의로 살게 하는 것, 그래서 하나님 나라가 이루어지는 것이 최종 목표다. 이것을 잊은 채 물량적인 교세 증가에 매진한다면 성경적인 교회가 아니다.

제대로 증인이 된 사람의 삶은 어떨까? 일상과 인격에서 그리스도의 향기를 드러낸다. 당연하다. 예수가 "내 증인"이 되라고 했으니 뼛속까지 예수를 닮아야 마땅하다. 삶의 가장 평범한 모습에서 예수의 인격이 드러나는 것이 자연스럽다. 교회의 부정적인 문제들은 거의 모두 그리스도인이 그리스도인답게 성숙하지 못하고 그래서 일상과 인격이 변하지 못한 데 원인이 있다.

그리스도인의 삶에서 월요일부터 토요일까지 주중의 삶이 달라져야 한다. 주일에 드리는 예배는 하나님에게 경배를 올리는 것이며 주중의 삶에서 사람을 사랑하기 위한 것이다. 주일과 주중을 설교자에게 적용한다면 설교하고서 다시 설교 강단에 서기까지의 시간이다. 설교자는 회중에게 설교하기 전에 먼저 자신에게 설교해야 한다. 그리스도인마다 예배드린 후 다시 예배의 자리에 나오기까지 삶의 현장에서 예배에서 받은 말씀에 순명(殉命)하며 살아야 한다. 예배의 마지막 순서인 축도에 파송의 뜻이 담겨 있다. 예배에서 말씀 자체인 주님을 만난 은혜를 끌어안고 세상으로 가서 증인답게 살라는 것, 말씀이 삶이 되라는 것이다.

증인은 사람됨이며 존재의 문제다. 증언은 살아감이며 행위의 문제다. 이 주제와 연관하여 한국 교회 역사의 한 단면을 살펴보자. 우리 민족이 외세의 침략에 속절없이 무너져가던 시절인 1907년에 평양 대부흥 운동이 일어났다. 그때 사도행전 1장 8절 말씀이 강력하게 작동했다. 평양 대부흥 운동은 1903년 원산의 회개 운동에서 발단했고 이후에 그 각성의 흐름이 계속되면서 서울

평양 등 전국으로 이어졌다. 1906년 정월에 서울에 있는 그리스도인들이 세 교회에서 모였다. 1906년 3월 8일 자 '그리스도 신문'에 실린 박승병의 "련동교회 통신"이란 글을 인용한다. 한글맞춤법에 따라 당시의 글을 고쳤다.

> 서울교회에서 음력 정월 초삼일부터 십사일까지 밤마다 부흥회를 할 새 감리교회와 장로교회가 합동하여 세 처소로 모였는데, 동북 편에 사는 형제들은 연동교회당으로 모이고 서남 편에 사는 형제들은 정동회당에서 모이고 남대문께 있는 형제들은 상동회당으로 모여 기도들을 매우 간절하게 하여 새로 믿기로 작정한 형제들도 사오백 명이요, 이왕부터 믿던 형제자매 중에 죄를 분명히 회개하고 고쳐 믿기로 작정한 이가 여러 백 명이니 감사하옵나이다. (박용규, '평양대부흥운동', 생명의말씀사, 2000, 150.)

같은 해 '그리스도 신문' 1월 18일 자에도 그 집회의 상황이 해설 기사로 보도되었다.

> 그런고로 우리가 부흥회를 일으키고자 하면 … 사람마다 자기 마음을 살펴보고 무슨 죄가 있거든 다 하나님께 고하고 회개하여야 그 죄 사유함을 받을 것이라. 지금은 우리 대한에 있는 예수교회가 지극히 큰 복을 받을 것이, 새로 믿기를 작정한 사람이 아니요 이미 믿기로 작정한 형제자매들이 하나님의 신령한 뜻을 더 깊

이 깨닫고 거듭난 사람이 된 줄을 알아 성신이 그 믿음으로 더불어 거듭난 증거를 받은 것이니, 그러면 여러 형제자매들이 열심히 하나님의 도를 전할 것이요 믿지 아니하는 사람 가운데 믿는 사람이 많이 일어날 수밖에 없는 것이니라. (박용규, '평양대부흥운동', 145.)

백 수십 년 역사의 한국 교회에서 그 정체성이 형성된 모태와 같은 사건이 평양 대부흥 운동이다. 이 거룩한 사건의 핵심을 보라. 당시의 문제는 믿지 않는 사람들이 아니었다. 이미 믿고 있는 사람들이 변하지 않는 것이 문제였다. 교회에 다니는 사람들이 진실하고 성숙한 그리스도인이 되는 것이 관건이다. 이미 믿는 사람들이 회개하고 고쳐 믿는 것이 해답이다. 사도행전 1장 8절에 담긴 뜻이 이것이다. 성령이 임한다는 것은 말씀 자체인 예수 그리스도가 그리스도인의 마음과 영혼에 함께 산다는 것이다. 성령은 사람을 변화시킨다. 사도행전 2장에 성령의 강림 사건이 나오고 그 이후에 성령으로 변화된 사람들과 그 공동체인 초기 교회의 이야기가 전개된다.

어찌하여 여러분은 우리를 바라봅니까

사람이 제대로 변화되면 어떤 모습이 나타날까? 속사람인 인격의 변화가 일상으로 나타나는 모습에서 중요한 특징이 무엇일까? 변화를 바르게 검증하는 기준은 무엇일까? 이런 질문에 답하려면 사람이 보통 사는 모습을 보면 된다. 사람 누구에게나 있는 본능이 무엇인지를 파악하고 그 본능을 제어할 정도로 변화되면 진짜로 변화된 것으로 보면 된다. 누구나 살면서 생존을 위해 반응하고 더 나은 생존을 위해 애쓴다. 자기 이익을 위해 노력하고 자기에게 위험이나 손해가 될 때 자기를 방어하려는 행동은 누구에게나 일반적이다.

인정받으려는 욕구는 사람이란 존재에서 가장 기본적인 본능이다. 경제적인 문제는 누구에게나 중요하다. 정도의 차이는 있지만 돈에 관심이 없는 사람은 없다. 내 재산을 지키려는 것은 삶에서 필요하고 중요하다. 혈연이나 지연 등으로 묶이는 집단의 이익은 사람의 삶에서 밑바닥에 깔린 행동의 동기다. 사람은 혼자서 살 수 없다. 생존과 그 의미를 위해서 사람은 집단에 속하고 집단을 만든다. 여기에서 가족을 중심으로 하는 혈연과 출신 지역과 맞물려 있는 지연의 끈이 가장 강하다. 개인이든 집단이든 이기주의가 발동하는 것은 인간의 본능이다. 인종, 혈연, 문화, 종교를 넘어서는 어떤 선한 목적을 위해 삶을 헌신하는 것은 어려운 일이다. 더구나 그런 고상한 목적을 위해 자기 목숨을 바친다면 확실하게 변화되었다는 증거가 된다.

변화를 가늠할 수 있는 상황 네 가지를 말했다. 인정의 욕구, 재물의 문제, 혈연과 지연을 중심으로 한 집단의식, 이타적인 목적을 위해 자기 목숨까지 바치는 것이다. 사도행전 2장의 성령 강림 사건 이후를 살펴보면 초기 교회의 그리스도인들이 이 네 가지 점과 관련하여 확실하게 변화되었다는 현상적 정황이 분명하다. 요건은 인격과 일상이다. 인격은 속사람이며 일상은 겉으로 나타나는 상황이다. 일상의 삶에서 드러나는 지속적이고 분명한 현상은 인격에 변화가 있었다는 증거가 된다.

먼저 성령 강림에 관한 기록을 관찰하자. 사도행전 2장에 있는 이 본문은 신구약 성경 전체의 흐름에서 매우 중요하다.

오순절이 되어서, 그들은 모두 한곳에 모여 있었다. 그 때에 갑자기 하늘에서 세찬 바람이 부는 듯한 소리가 나더니, 그들이 앉아 있는 온 집안을 가득 채웠다. 그리고 불길이 솟아오를 때 혓바닥처럼 갈라지는 것 같은 혀들이 그들에게 나타나더니, 각 사람 위에 내려앉았다. 그들은 모두 성령으로 충만하게 되어서, 성령이 시키시는 대로, 각각 방언으로 말하기 시작하였다.
예루살렘에는 경건한 유대 사람이 세계 각국에서 와서 살고 있었다. 그런데 이런 말소리가 나니, 많은 사람이 모여와서, 각각 자기네 지방 말로 제자들이 말하는 것을 듣고서, 어리둥절하였다. 그들은 놀라, 신기하게 여기면서 말하였다.

"보시오, 말하고 있는 이 사람들은 모두 갈릴리 사람이 아니오? 그런데 우리 모두가 저마다 태어난 지방의 말로 듣고 있으니, 어찌 된 일이오? 우리는 바대 사람과 메대 사람과 엘람 사람이고, 메소포타미아와 유대와 갑바도기아와 본도와 아시아와 브루기아와 밤빌리아와 이집트와 구레네 근처 리비아의 여러 지역에 사는 사람이고, 또 나그네로 머물고 있는 로마 사람과 유대 사람과 유대교에 개종한 사람과 크레타 사람과 아라비아 사람인데, 우리는 저들이 하나님의 큰일들을 방언으로 말하는 것을 듣고 있소."
사람들은 모두 놀라 어쩔 줄 몰라서 "이게 도대체 어찌 된 일이오?" 하면서 서로 말하였다. 그런데 더러는 조롱하면서 "그들이 새 술에 취하였다" 하고 말하는 사람도 있었다. (사도행전 2장 1~13절)

사도 베드로가 사람들 앞에 나선다. 지금 일어난 이 현상이 구약 성경 요엘서의 예언이 성취된 것이라고 외친다. 마지막 날에 하나님이 모든 사람에게 하나님의 영을 부어 주신다. 아들들과 딸들은 예언하고 젊은이들은 환상을 보고 늙은이들은 꿈을 꾼다. 하나님의 영이 종들에게도 임하고 그들도 예언한다. 그날은 무서운 심판의 날이기도 하다. 그러나 누구든지 주님의 이름을 부르면 구원받는다.
성령 강림에 관한 사도행전 2장의 기록에서 언어의 소통에 주목해야 한다. 베드로와 사도들은 그저 쓰던 언어로 말하는데 거기

모인 사람들이 각기 자신들의 언어로 들을 수 있었다. 본문에 나오는 방언이란 표현은 다른 언어를 말한다. 말이 통한다는 것은 구원의 핵심이다. 창세기 11장에 태곳적에 있었던 바벨탑 사건이 나온다. 사람들이 악해져서 인간신(人間神)이 되려고 했다. 우상숭배의 극치가 인간 스스로 신이 되는 것이다. 하나님이 친히 내려와서 그들의 패역을 보고 말을 뒤섞어서 서로 알아듣지 못하게 했다. 타락과 심판의 상징적인 사건이다. 언어 혼란을 통한 태곳적의 심판이 말세에 임한 하나님의 영으로 회복된다. 언어가 소통되면서 복음을 전하여 구원을 이루는 길이 뚫린다. 예수 그리스도의 복음이 소통되는 곳마다 하나님의 나라가 활동한다.

구약의 예언자들은 이스라엘 민족의 실패를 지적하면서 하나님의 섭리가 말세에 임할 성령으로 결국 성취될 것이라고 예언한다. 타락한 세상을 구원하는 하나님의 계획이 이스라엘 민족과 연관된다. 하나님은 한 사람 아브라함을 부르고 그에게 하나님의 말씀에 순종해서 살라고 명령하고 가르친다. 아브라함의 후손으로 이루어질 이스라엘 민족을 표본으로 해서 말씀대로 사는 구원의 길을 모든 민족에게 퍼지게 한다.

구약 시대의 이스라엘 민족은 말씀 중심으로 구성되었다. 광야를 지나는 이스라엘 민족의 진영 구조가 이를 잘 말해준다. 전체 진영의 한가운데 성막이 있다. 하나님이 현존하는 곳이다. 성막의 중심, 곧 지성소에 언약궤가 있고 그 안에 십계명이 새겨진 두 돌판이 들어있다. 하나님의 손가락으로 직접 써주신 것이다. 돌판은 하나님이 시내산에서 모세를 통하여 이스라엘 민족에게 주신 모든 말씀을 대표한다. 성막을 중심으로 동서남북에 세 지파씩 열두 지파가 진을 쳤다. 공중에서 내려다본다면 말씀을 중심으로 십자가 모양으로 진이 구성되어 있다. 가나안 땅에 들어가서도 마찬가지다. 모든 것의 중심이 언약궤가 있는 예루살렘 성전이었다.

이스라엘 민족이 하나님의 백성이 되고 하나님이 그들의 하나님이 되는 근본적인 조건이 말씀대로 사는 것이었다. 그러나 이스라엘 민족은 말씀에 따라 살지 않았다. 언약이 깨졌다. 예언자들은 하나님과 이스라엘 민족의 관계를 남편과 아내의 관계로 비유하면서 이스라엘이 관계를 깼다고 책망한다. 역사의 우여곡절을 거치면서 예언자들은 이스라엘의 회복과 구원이 미래에 도래한다고 예언한다. 그때가 되면 하나님이 거룩한 영을 사람들의 마음에 부어준다. 하나님이 사람들의 마음에 말씀을 새길 것이다. 그 말씀은 돌 판에 새겨진 것처럼 깨지지 않는다. 마음과 영혼에서부터 말씀이 살아 움직이면서 하나님의 뜻이 온전히 이루어진다.

사도행전 2장의 성령 강림에서 이처럼 오래된 예언자들의 예언이 성취되었다. 성령 강림 사건의 요점은 이제부터 말씀이 삶이 되는 일이 본격적으로 작동한다는 것이다. 거룩한 영이 온다는 예언들에서 두 곳만 보자.

그 때가 오면, 내가 이스라엘 가문과 유다 가문에 새 언약을 세우겠다. 나 주의 말이다. 이것은 내가 그들의 조상의 손을 붙잡고 이

집트 땅에서 데리고 나오던 때에 세운 언약과는 다른 것이다. 내가 그들의 남편이 되었어도 그들은 나의 언약을 깨뜨려 버렸다. 나 주의 말이다. 그러나 그 시절이 지난 뒤에, 내가 이스라엘 가문과 언약을 세울 것이니, 나는 나의 율법을 그들의 가슴 속에 넣어 주며, 그들의 마음 판에 새겨 기록하여, 나는 그들의 하나님이 되고, 그들은 나의 백성이 될 것이다. 나 주의 말이다.

그 때에는 이웃이나 동포끼리 서로 '너는 주님을 알아라' 하지 않을 것이니, 이것은 작은 사람으로부터 큰 사람에 이르기까지, 그들이 모두 나를 알 것이기 때문이다. 내가 그들의 허물을 용서하고, 그들의 죄를 다시는 기억하지 않겠다. 나 주의 말이다. (예레미야 31장 31~34절)

그리고 내가 너희에게 맑은 물을 뿌려서 너희를 정결하게 하며, 너희의 온갖 더러움과 너희가 우상들을 섬긴 모든 더러움을 깨끗하게 씻어 주며, 너희에게 새로운 마음을 주고 너희 속에 새로운 영을 넣어 주며, 너희 몸에서 돌같이 굳은 마음을 없애고 살갗처럼 부드러운 마음을 주며, 너희 속에 내 영을 두어, 너희가 나의 모든 율례대로 행동하게 하겠다. 그러면 너희가 내 모든 규례를 지키고 실천할 것이다. 그 때에는 내가 너희 조상에게 준 땅에서 너희가 살아서, 너희는 내 백성이 되고, 나는 너희의 하나님이 될 것이다. (에스겔 36장 25~28절)

위의 예레미야 31장 31절에 "새 언약"이란 표현이 나온다. 여기에서 구약에 대비되는 신약이란 용어가 나왔다. 이 새로운 말씀의 약속이 성령이 내리면서 드디어 성취되었다. 그러면 성령으로 충만해진 사람들의 모습이 어떠했을까?

사도행전 3장에 베드로와 요한이 성전으로 들어가다가 태어날 때부터 걷지 못하는 장애인을 예수의 이름으로 명령하여 고친다. 놀라운 기적을 보고 수많은 사람이 두 사람 주변에 모여들었다. 사람들이 베드로와 요한을 경이로운 눈으로 쳐다보고 있는데 베드로가 분명하게 말한다.

> 어찌하여 여러분은, 우리가 우리의 능력이나 경건으로 이 사람을 걷게 하기나 한 것처럼, 우리를 바라봅니까? 아브라함의 하나님과 이삭의 하나님과 야곱의 하나님 곧 우리 조상의 하나님께서 자기의 종 예수를 … 죽은 사람들 가운데서 살리셨습니다. 우리는 이 일의 증인입니다. 바로 이 예수의 이름이, 여러분이 지금 보고 있고 잘 알고 있는 이 사람을 낫게 하였으니, 이것은 그의 이름을 믿는 믿음을 힘입어서 된 것입니다. 예수로 말미암은 그 믿음이 이 사람을 여러분 앞에서 이렇게 완전히 성하게 한 것입니다. (사도행전 3장 12~16절)

자신들을 대단한 사람으로 바라보는 사람들의 시선을 예수 그리스도에게로 돌리게 한다. 베드로와 요한은 인정받으려는 본능에서 해방되었다. 이들이 본디 그런 사람이 아니었다. 베드로는 형제인 야고보와 요한과 더불어 열두 제자 중의 중심에 있었다. 서열 다툼에 민감한 사람들이었다. 야고보와 요한의 경우에는 어머니까지 나서서 두 아들에게 좋은 자리를 달라고 청탁할 정도였다. 주도권을 쥐려는 집착이 강한 이들이 이제 바뀌었다. 성령으로 충만해지면서 변했다.

사도행전 2장에 예루살렘 교회 공동체의 초기에 모든 것을 공동으로 소유하며 재산을 팔아서 필요한 사람들에게 서로 나눠주었다는 기록이 있다. 오래도록 지속된 현상은 아니지만, 초기에 재산을 공유하는 현상이 있었다고 보인다. 서구 역사에서 공산주의 사상이나 여러 형태의 유토피아 구상에서 나타나는 재산 공유는 성경에서 비롯된 것이 많다. 사도행전 4장으로 가면 박해를 받는 상황에서 이런 현상이 나타났다는 기록이 있다.

그들이 기도를 마치니, 그들이 모여 있는 곳이 흔들리고, 그들은 모두 성령으로 충만해서, 하나님의 말씀을 담대히 말하게 되었다. 많은 신도가 다 한마음과 한뜻이 되어서, 아무도 자기 소유를 자기 것이라고 하지 않고, 모든 것을 공동으로 사용하였다.

사도들은 큰 능력으로 주 예수의 부활을 증언하였고, 사람들은 모두 큰 은혜를 받았다. 그들 가운데는 가난한 사람이 한 사람도 없었다. 땅이나 집을 가진 사람들은 그것을 팔아서, 그 판 돈을 가져다가 사도들의 발 앞에 놓았고, 사도들은 각 사람에게 필요에 따라 나누어주었다.

키프로스 태생으로, 레위 사람이요, 사도들에게서 바나바 곧 '위로의 아들'이라는 뜻의 별명을 받은 요셉이, 자기가 가지고 있는 밭을 팔아서, 그 돈을 가져다가 사도들의 발 앞에 놓았다. (사도행전 4장 31~37절)

재산을 나눈다는 것은 가치관, 인생관, 세계관이 바뀐 증거다. 18세기 영국의 복음 전도자 존 웨슬리는 '나는 주머니가 회개하지 않은 사람의 회개를 믿지 않는다'고 했다. 예루살렘 교회의 신앙인들은 전체적으로 돈 문제에서 통상적인 사람들과 달랐다. 성령이 그들에게 재물보다 더 크고 위대한 꿈을 꾸게 했다.

사도행전 6장에는 예루살렘 교회의 내부 갈등이 나온다. 경제적으로 어려운 사람을 많이 돕고 있던 예루살렘의 신앙 공동체에 구제 재정의 지출 때문에 불평과 원망이 생겼다. 주로 유대인으로 구성된 예루살렘 교회에 두 부류의 유대인이 있었다. 헬라어를 사용하는 헬라파와 히브리어를 쓰는 히브리파였다. 예루살렘에는 히브리파 사람이 많았다. 갈등의 원인은 가난한 과부들에게 구제 재정을 사용하면서 히브리파 과부들에게 부당하게 더 많이 지출된 것이었다. 헬라파 과부들 가운데 마땅히 도움을 받아야 하는 사람들이 도움을 받지 못하고 구제 명단에서 빠지는 일이 자주 있었다.

이 문제를 해결하기 위하여 믿음과 성령이 충만한 일곱 명을 뽑아서 그들에게 재정을 담당하게 한다. 그런데 그 일곱 명이 모두 다수를 차지하고 있는 히브리파 사람이 아니었다. 여섯 명은 헬라파 유대인이고 더구나 한 명은 유대교에 개종한 이방인이었다. 어느 집단에서 다수를 차지하는 사람들이 스스로 권력을 포기하는 것은 흔히 일어나는 일이 결코 아니다. 학자들이 사도행전 6장의 본문을 해석하면서 소수파 사람들을 재정 담당자로 세울 수밖에 없었던 특별한 이유를 찾지 못한다. 이유는 한 가지다. 예루살렘 공동체에 성령이 충만했다.

우리는 사도행전 2장 이하에서 성령의 역사로 속사람이 변화된 유형 세 가지를 살펴보았다. 인정받으려는 본능에서 자유로운 사람들, 재물의 욕심에서 해방된 사람들, 집단 이기주의를 넘어선 사람들이다. 성령이 이들에게 충만했고 이들은 이미 여기에서 작동하고 있는 하나님 나라를 누리고 있었다. 앞으로 더욱 힘차게 전개되며 미래에 완성될 하나님 나라를 꿈꾸고 있었다. 이 힘이 그들을 변화시켰다. 인격의 변화가 일상의 변화로 이어졌다.

변화의 네 번째 유형, 이타적인 목적을 위해 목숨을 바치는 변화는 사도행전 2장부터 6장까지의 흐름을 살피면서 보게 될 것이다. 여기에서 우리는 성령으로 변화된 사람들의 중심에 하나님의 말씀이 건강한 사람의 심장처럼 힘차게 뛰고 있다는 것을 보게 될 것이다.

기독교 신앙이 시작될 시기에 인류 역사에 위대한 유산을 많이 남긴 로마제국은 그 천년의 역사에서 정점에 있었다. 기독교 신앙은 유대교의 한 분파에 불과했다. 교회는 처음에는 유대교로부터 박해받았고 나중에는 로마제국으로부터 무서운 핍박을 받았다. 그러나 결국 기독교 신앙이 로마제국을 품었다. 로마제국은 기독교에 귀의했다. 일반적인 역사 분석에서 이 현상을 설명하기 힘들다. 여러 가지 상황을 종합한 결과는 그리스도인의 삶이 달랐다는 것이다.

무서운 전염병이 돌 때 그리스도인은 감염을 두려워하지 않고 병자들을 돌보았다. 자신을 박해하고 죽이는 사람들을 사랑했다. 예수의 산상설교가 그들의 일상에서 작동했다. 그리스도인은 종교나 인종이나 사회 계층 등 어느 것에도 상관하지 않고 만나는 사람 모두에게 친절했고 관대했고 헌신적이었다. 이런 모습이 세계 최강의 제국에 사는 사람들에게 매력이 되었다. 예수가 가르친 말씀에 삶으로 순명하는 사람들이 그리스도인이었다.

순명(殉命)에서 순(殉) 자는 따라 죽는다는 뜻이다. 명(命)은 목숨이나 명령을 뜻한다. 하나님이 예수 그리스도의 십자가 사건에서 계시한 거룩한 말씀에 자신의 목숨을 바쳐 삶의 여정을 걸어간 사람들을 그리스도인이라고 불렀다. 그런 사람들의 모임을 교회라고 불렀다.

우리는 말하지 않을 수 없습니다

사도행전 2장의 성령 강림 이후로 사도행전 6장 7절까지 예루살렘의 교회 공동체와 유대의 종교 권력층 사이에 벌어지는 갈등과 충돌이 나온다. 종교 권력층은 중요한 몇 가지 사항들 외에는 유대 사회를 다스리는 산헤드린 공회를 말한다. 열두 제자를 비롯한 예루살렘의 신앙 공동체는 성령의 강림을 통하여 신앙적 정체성이 깊어지면서 본격적으로 예수를 그리스도라고 전도하기 시작했다. 대제사장이 중심인 사두개인과 율법 학자들이 포함된 바리새인은 신경이 곤두설 대로 곤두서 있었다. 그리스도를 추종하는 사람이 많아질수록 자신들의 권력이 위태로워질 것이었다. 총독 빌라도를 협박하기까지 하면서 예수를 십자가에 처형하게 한 것이 어떤 역풍으로 불어 닥칠 것을 두려워했을 것이다.

이들과 교회 공동체의 충돌은 여러 번에 걸쳐서 진행된다. 영적인 측면에서 보면 악한 영이 산헤드린을 수하로 삼아서 교회를 박해하는 것이었다. 여러 번 발생하는 이 충돌에서 교회가 어떻게 생존하며 자신의 사명을 관철했는지를 보면 사도행전 전체의 중심축이 보인다. 종교 권력자들이 어떻게든 막으려 했던 것이 무엇인가를 보면 사도행전의 심장이 보인다. 이 충돌을 살펴보기 전에 먼저 이 모든 내용의 대전제가 되는 기독교 교회 역사의 첫 설교를 알아보자.

기독(基督)이 그리스도를 한자로 음역한 것이니 기독교와 그리스도교는 같은 말이다. 기독교가 사회 역사적으로 시작된 것은 예수를 하나님의 아들이며 그리스도로 믿는 사람들의 모임이 출현하면서부터다. 신약 성경의 언어인 헬라어로 그리스도, 구약 성경의 언어인 히브리어로 메시아는 문자대로는 '기름 부음을 받은 사람'이란 뜻이고 내용을 살려 옮기면 '세상의 구세주'라는 뜻이다. 이천 년 전 예루살렘에서 시작된 기독교의 최초 설교가 사도행전 2장 14~36절에 기록되어 있다. 설교자는 베드로다. 참으로 귀하고 중요한 사료며 증언이다.

성령으로 충만한 베드로가 사람들 앞에 섰다. 그의 좌우에는 다른 열한 명의 사도들이 섰다. 예수를 배신하고 스스로 목을 매어 죽은 가룟 유다 대신에 맛디아라는 사람이 열두 사도에 들었다. 베드로가 큰 소리로 설교한다. 성령에 사로잡혀 외치는 베드로의 설교는 사실 베드로의 말이 아니었다. 성령이 베드로를 통해서 말씀하고 있다. 최초의 설교를 듣는 회중은 예루살렘의 주민들과 오순절을 지키러 예루살렘에 올라온 순례자들, 주로 이스라엘 사람들이었다. 설교는 늘 그렇다. 구체적인 어떤 상황에서 전달하는 하나님의 말씀이 설교다. 청중은 추상적인 대상이 아니다. 그때 거기에 있는 사람들이다. 베드로는 죽느냐 사느냐를 가르는 내용을 전한다.

베드로의 설교는 세 부분으로 나눌 수 있다. 첫 번째는 낮술을 마시고 취한 것 아니냐는 사람들의 조롱을 반박하면서 구약 성경

요엘 2장의 예언을 인용한다. 하나님의 영이 사람들에게 내려와서 함께 살 것이라는 오랜 예언이 드디어 성취되었다고 확증한다. 두 번째는 이스라엘 사람들 누구나 그 권위를 인정하는 다윗의 말을 시편 16편에서 인용하며 다윗의 예언이 예수의 죽음과 부활에서 성취되었다고 선포한다. 세 번째는 다시 한 번 다윗의 고백을 인용한다. 시편 110편 말씀이 예수의 승천과 하나님 보좌 우편에 앉으심, 그리고 성령의 강림으로 성취되었다고 외친다. 네 요소가 기독교 최초의 설교에 아주 분명하다. 죽음, 부활, 승천, 성령 강림 말이다. 십자가 사건이라는 표현으로써 기독교의 복음을 다 말하려면 근본적으로 이 넷을 포함해야 완전하다.

얼른 봐도 중요한 점이 드러난다. 기독교 최초의 설교는 구약 성경의 흐름을 잇고 있다. 구약과 신약의 내용은 하나님의 말씀으로서 큰 강처럼 하나로 흐른다. 구약의 하나님 신앙과 메시아 예언은 신약에서 그리스도로 오신 예수의 십자가 사건에서 성취된다. 베드로의 설교 그 세 부분의 결론은 '예수가 그리스도'라는 것이다. 세 부분의 요점을 보자. 베드로는 지금 자신이 전달하는 메시지를 반드시 들어야 한다고 반복해서 강조한다.

> 유대 사람들과 모든 예루살렘 주민 여러분, 이것을 아시기 바랍니다. 내 말에 귀를 기울이십시오. … 그러나 주님의 이름을 부르는 사람은 구원을 얻을 것이다. (사도행전 2장 14, 21절)

이스라엘 동포 여러분, 이 말을 들으십시오. 여러분이 아시는 바와 같이, 나사렛 예수는 하나님께서 기적과 놀라운 일과 표징으로 여러분에게 증명해 보이신 분입니다. 하나님께서는 그를 통하여 여러분 가운데서 이 모든 일을 행하셨습니다. … 이 예수를 하나님께서 살리셨습니다. 우리는 모두 이 일의 증인입니다. (사도행전 2장 22, 32절)

하나님께서는 이 예수를 높이 올리셔서, 자기의 오른쪽에 앉히셨습니다. 그는 아버지로부터 약속하신 성령을 받아서 우리에게 부어 주셨습니다. 여러분은 지금 이 일을 보기도 하고 듣기도 하고 있는 것입니다. … 그러므로 이스라엘 온 집안은 확실히 알아두십시오. 하나님께서는 여러분이 십자가에 못 박은 이 예수를 주님과 그리스도가 되게 하셨습니다. (사도행전 2장 33, 36절)

최초의 설교에서 명시적으로 선포한 그 결론, 예수가 세상을 구원하는 그리스도라는 메시지가 이어지는 사도행전의 기록에서 심장이다. 예루살렘 교회는 여기에 모든 것을 헌신했다. 종교 권력자들이 막으려던 것도 바로 이것이었다.

이제 몇 번에 걸쳐서 진행되는 종교 권력자들과 예루살렘 교회 사이의 충돌을 살펴본다. 그 첫 번째 충돌이 사도행전 3장 1절~4장 31절에 나온다. 사도행전 3장에 베드로와 요한이 성전의 미문(美門)에서 날 때부터 걷지 못하는 장애인을 예수 그리스도의 이름으로 걷게 한다. 나이 사십이 넘은 사람이다. 놀라운 기적을 보고 많은 사람이 모인다. 베드로는 다시금 예수가 구약 성경에서 예언한 그리스도임을 전한다.

이 예수는 영원 전부터, 하나님이 자기의 거룩한 예언자들의 입을 빌어서 말씀하신 대로 만물을 회복하실 때까지, 마땅히 하늘에 계실 것입니다.

모세는 말하기를 '주 하나님께서 나를 세우신 것 같이, 너희를 위하여 너희 동족 가운데서 한 예언자를 세워주실 것이다. 그가 너희에게 하는 말은 무엇이든지 다 들어라. 누구든지 그 예언자의 말을 듣지 않는 사람은, 백성 가운데서 망하여 없어질 것이다' 하였습니다. 그리고 사무엘을 비롯하여 그 뒤를 이어서 예언한 모든 예언자도, 다 이날에 있을 일을 알려 주었습니다.

여러분은 예언자들의 자손이며, 하나님께서 여러분의 조상들과 맺은 언약의 자손입니다. 하나님께서 아브라함에게 '너의 자손으로 말미암아 땅 위의 모든 족속이 복을 받을 것이다' 하고 말씀하셨습니다. 하나님께서 여러분 한 사람 한 사람을 악에서 돌아서게 하셔서, 여러분에게 복을 내려 주시려고, 먼저 자기의 종을 일으켜 세우시고, 그를 여러분에게 보내셨습니다. (사도행전 3장 21~26절)

베드로와 요한이 그리스도를 증언해서 그날에 오천 명이나 믿음을 갖게 되었다. 종교 권력자들은 현장에서 두 사도를 체포했다. 날이 이미 저물어서 옥에 가두고 이튿날 공회를 소집해서 심문한다. 대제사장 안나스를 중심으로 가문이 모두 모였다. 이들이 막으려 하는 것이 아주 분명하다. 예수의 부활에 관한 것을 가르치고 전하는 것이었다. 예수의 부활은 하나님의 모든 말씀에서 심장에 해당한다. 그러니까 '말씀을 가르치고 전하는 것'을 막으려 한 것이다. 말씀을 가르치는 것은 이미 예수를 믿은 사람들에게 하는 말씀 사역이고 말씀을 전하는 것은 아직 예수를 믿지 않는 사람에게 하는 말씀 사역이다. 사도행전 4장의 내용부터는 개역개정 성경으로 보자.

> 사도들이 백성에게 말할 때에 제사장들과 성전 맡은 자와 사두개인들이 이르러 예수 안에 죽은 자의 부활이 있다고 백성을 가르치고 전함을 싫어하여 그들을 잡으매 날이 이미 저물었으므로 이튿날까지 가두었으나 말씀을 들은 사람 중에 믿는 자가 많으니 남자의 수가 약 오천이나 되었더라.
> 이튿날 관리들과 장로들과 서기관들이 예루살렘에 모였는데 대제사장 안나스와 가야바와 요한과 알렉산더와 및 대제사장의 문중이 다 참여하여 사도들을 가운데 세우고 묻되 너희가 무슨 권세와 누구의 이름으로 이 일을 행하였느냐? (사도행전 4장 1~7절, 개역개정)

너희와 모든 이스라엘 백성들은 알라. 너희가 십자가에 못 박고 하나님이 죽은 자 가운데서 살리신 나사렛 예수 그리스도의 이름으로 이 사람이 건강하게 되어 너희 앞에 섰느니라. (사도행전 4장 10절, 개역개정)

이 사람들을 어떻게 할까. 그들로 말미암아 유명한 표적 나타난 것이 예루살렘에 사는 모든 사람에게 알려졌으니 우리도 부인할 수 없는지라. 이것이 민간에 더 퍼지지 못하게 그들을 위협하여 이후에는 이 이름으로 아무에게도 말하지 말게 하자 하고 그들을 불러 경고하여 도무지 예수의 이름으로 말하지도 말고 가르치지도 말라 하니, 베드로와 요한이 대답하여 이르되 하나님 앞에서 너희의 말을 듣는 것이 하나님의 말씀을 듣는 것보다 옳은가 판단하라. 우리는 보고 들은 것을 말하지 아니할 수 없다. (사도행전 4장 16~20절, 개역개정)

베드로와 요한의 기준은 분명했다. 그들은 현상적으로는 유대 사회의 최고 권력 기관인 산헤드린 앞에 서 있지만 정신적으로는 하나님 앞에서 서 있었다. "보고 들은 것을 말하지 않을 수 없다"는 이들의 선언은 증인으로서 잠잠할 수 없다는 말이다. 증인(證人)이 증언(證言)하지 않으면 죽은 것과 다름없다.

대제사장은 베드로와 요한을 풀어줄 수밖에 없었다. 풀려난 두 사람은 교회 공동체에 돌아와서 그간의 상황을 보고하고 공동체 모두가 마음을 모아 하나님께 간절히 기도한다. 기도의 핵심 내용은 말씀을 담대하게 전하게 해달라는 것이고, 그 응답으로 성령이 충만했고 그 힘으로 말씀을 더욱 담대하게 전했다. 그리스도인 모두의 마음이 하나였다. 같은 성령으로 충만했으니 당연했다.

> 주여 이제도 그들의 위협함을 굽어보시옵고 또 종들로 하여금 담대히 하나님의 말씀을 전하게 하여 주시오며 (사도행전 4장 29절, 개역개정)

> 빌기를 다하매 모인 곳이 진동하더니 무리가 다 성령이 충만하여 담대히 하나님의 말씀을 전하니라. (사도행전 4장 31절, 개역개정)

첫 번째 충돌에선 교회 공동체가 승리했다. 여기에서 진행된 과정이 이어지는 대결에서도 반복된다. 중심 사안은 말씀 사역, 곧 말씀을 가르치고 전하는 것이다. 먼저는 성령의 능력과 표적으로 진행되는 교회의 말씀 사역, 다음은 말씀 사역을 어떻게든 막으려는 종교 권력자들의 위협과 박해, 그리고 교회가 기도와 성령의 충만으로 한마음이 되어 목숨을 걸고 말씀 사역을 계속하는 것이다.

두 번째 충돌이 4장 32절~5장 11절에 나온다. 첫 번째 충돌이 교회의 승리로 끝난 후에 교회 공동체는 더욱 한마음과 한뜻이 되었다. 모든 물건을 공유했다. 자기 재물을 자기 것이라고 하는 사람이 하나도 없었다. 사도들은 더욱 힘있게 예수의 부활을 증언했다. 사람들이 은혜를 받고 자기가 가진 밭을 팔아서 교회에 헌금도 했고 교회는 이것을 가난한 사람들에게 나누어 주었다. 이 상황에서 바나바라는 인물이 등장한다. 이름이 요셉인데 다른 사람을 위로하고 격려하여 세워주는 일을 워낙 잘해서 사도들이 '위로의 아들'이란 뜻을 가진 이름 바나바라 부른 사람이다. 바나바는 초기 교회에서 존경받았고 중요한 역할을 했다. 우리는 나중에 이 사람을 따로 만날 것이다. 바나바도 자기 밭을 팔아서 헌금했다.

첫 번째가 직접적인 공격이라면 두 번째는 교회 내부에서부터 공격하는 형태였다. 한마음과 한뜻으로 삶을 나누며 예수 그리스도를 전하는 상황에서 아나니아와 삽비라 부부도 소유를 팔아서 헌금한다. 그런데 그 값에서 얼마를 감춘다. 부부가 이 사실을 숨기고 마치 다 헌금한 것처럼 행동했다. 베드로가 이들 부부에게 사실을 묻는다. 먼저는 남편에게 다음은 아내에게 묻는데 둘 다 거짓말로 대답한다. 두 사람이 차례로 죽는다.

베드로가 이르되 아나니아야 어찌하여 사탄이 네 마음에 가득하여 네가 성령을 속이고 땅 값 얼마를 감추었느냐, 땅이 그대로 있을 때에는 네 땅이 아니며 판 후에도 네 마음대로 할 수가 없더냐, 어찌하여 이 일을 네 마음에 두었느냐, 사람에게 거짓말한 것이 아니요, 하나님께로다. 아나니아가 이 말을 듣고 엎드러져 혼이 떠나니 이 일을 듣는 사람이 다 크게 두려워하더라. 젊은 사람들이 일어나 시신을 싸서 메고 나가 장사하니라.

세 시간쯤 지나 그의 아내가 그 일어난 일을 알지 못하고 들어오니 베드로가 이르되 그 땅 판 값이 이것뿐이냐 내게 말하라 하니 이르되 예 이것뿐이라 하더라. 베드로가 이르되 너희가 어찌 함께 꾀하여 주의 영을 시험하려 하느냐. 보라 네 남편을 장사하고 오는 사람들의 발이 문 앞에 이르렀으니 또 너를 메어 내가리라 하니 곧 그가 베드로의 발 앞에 엎드러져 혼이 떠나는지라. 젊은 사람들이 들어와 죽은 것을 보고 메어다가 그의 남편 곁에 장사하니 온 교회와 이 일을 듣는 사람들이 다 크게 두려워하니라. (사도행전 5장 3~11절, 개역개정)

무서운 일이 벌어졌다. 상식적으로는 이해하기 힘들다. 그러나 사도행전 2장의 성령 강림부터 이어지는 흐름을 보아야 한다. 이 사건에서 돈의 액수가 문제가 아니다. 초점은 성령의 활동이며 이 힘으로 그리스도인들이 한마음과 한뜻으로 말씀 사역에 헌신하는 것이다. 성령의 활동이 약해지면 교회의 생명도 약해진다. 성령은 거짓이 있는 사람과 함께 일하지 않는다. 거짓은 공동체의 하나 됨을 깬다. 거짓을 적당하게 용인하거나 거짓이 버젓이 활동하는 곳에서 진실과 정의를 가르치는 하나님의 말씀이 작동하지 않는다. 자신이 인정받으려고 헌금하는 것 자체가 잘못된 것인데 하물며 거짓이 포함된 헌금은 교회 공동체에 결정적인 해악이 된다.

교회는 재정의 규모로 일하지 않는다. 제아무리 재정의 총액이 늘어나도 교인들 마음이 성령으로 충만하지 않으면 소용없다. 베드로와 예루살렘 교회의 지도력은 이런 문제를 정확하게 알고 있었다. 교회 공동체의 초기 상황이었다. 지도자들은 가장 중요한 가치를 가장 통속적인 방법으로 무너뜨리려는 교묘한 공격을 분명하고 확실하게 차단했다. 이 사건을 듣는 사람들이 모두 크게 두려워했다. 두려워했다는 것은 하나님의 거룩함 앞에서 극도의 경외심을 가졌다는 것을 말한다. 이 회전도 교회의 승리였다.

그리고 세 번째, 종교 권력자들은 다시 직접적으로 공격한다. 5장 12절부터 5장 마지막인 42절에 이 상황이 나온다. 이 회전이 끝난 후 믿는 사람들 모두가 한마음이 되어 부지런히 모였다. 새로 믿고 주님 앞으로 나오는 사람들이 더 많아졌다. 남녀의 큰 무리가 교회 공동체에 모였다. 베드로를 비롯한 지도자들을 통하여 병든 사람들과 귀신에 시달리는 사람들이 치유되었다. 사람들의 마음이 교회 공동체로 모이는 것을 보고 대제사장과 사두개인들이 시기심이 가득해서 사도 여럿을 체포해서 옥에 가두었다. 밤에 주님의 천사가 옥문을 열고 사도들을 밖으로 나오게 하며 말한다.

가서 성전에 서서 이 생명의 말씀을 다 백성에게 말하라. (사도행전 4장 20절, 개역개정)

사도들이 새벽에 성전에 서서 하나님의 말씀을 가르친다. 방법을 바꾸어 가며 이어지는 공격의 초점은 말씀을 막는 것이었다. 교회도 물론 이것을 잘 알고 있었다. 세상이 두 쪽이 난다고 해도 말씀 사역은 포기할 수 없었다. 말씀을 포기하면 교회는 더 이상 교회가 아니다. 교회 공동체를 벽돌 건물로 비유하자. 아래에 있는 어느 한 개의 벽돌을 빼면 건물 전체가 다 무너진다. 그 중요한 벽돌이 '하나님의 말씀'이다. 교회는 말씀 공동체다.

이튿날 대제사장과 중요 종교 권력자들이 다 모여 공회를 소집했다. 사도들을 옥에서 끌어오라고 명령하는데 사도들은 옥에 없었다. 난리가 났다. 사도들이 성전에서 사람들을 가르치고 있다는 보고가 들어온다.

성전 맡은 자가 부하들과 같이 가서 그들을 잡아 왔으나 강제로 못함은 백성들이 돌로 칠까 두려워함이더라. 그들을 끌어다가 공회 앞에 세우니 대제사장이 물어 이르되 우리가 이 이름으로 사람을 가르치지 말라고 엄금하였으되 너희가 너희 가르침을 예루살렘에 가득하게 하니 이 사람의 피를 우리에게로 돌리고자 함이로다.

베드로와 사도들이 대답하여 이르되 사람보다 하나님께 순종하는 것이 마땅하니라. 너희가 나무에 달아 죽인 예수를 우리 조상의 하나님이 살리시고 이스라엘에게 회개함과 죄 사함을 주시려고 그를 오른손으로 높이사 임금과 구주로 삼으셨느니라. 우리는 이 일에 증인이요 하나님이 자기에게 순종하는 사람들에게 주신 성령도 그러하니라 하더라. (사도행전 5장 26~32절, 개역개정)

사도들을 불러들여 채찍질하며 예수의 이름으로 말하는 것을 금하고 놓으니 사도들은 그 이름을 위하여 능욕 받는 일에 합당한 자로 여기심을 기뻐하면서 공회 앞을 떠나니라. 그들이 날마다 성전에 있든지 집에 있든지 예수는 그리스도라고 가르치기와 전도하기를 그치지 아니하니라. (사도행전 4장 40~42절, 개역개정)

예루살렘의 종교 권력자들이 교회 공동체를 공격하는 사건은 모두 네 번에 걸쳐서 진행된다. 사도행전의 문맥을 보면 이 공격의 배후는 악한 영이다. 세 번의 공격이 실패로 돌아가자 마지막에는 참으로 교묘한 방법으로 공격을 시도한다. 네 번째 회전에서 교회의 본질과 사명이 아주 명확하게 드러난다. 사도행전 6장으로 가자.

이 시기에 제자들이 점점 불어났는데

악한 영이 다시 교회를 공격한다. 네 번째 회전이다. 사도행전 6장 1~7절에 그 기록이 있다. 초기 교회 이야기를 담고 있는 사도행전의 전체 이야기를 크게 나누면 6장 7절까지가 첫 번째 덩어리다. 여기에 예루살렘 교회 이야기가 담겨 있다. 6장 8절 이하에 스데반 집사가 체포되어 돌에 맞아 순교하는 사건이 기록되어 있고 이 사건의 여파로 예루살렘 교회에 큰 박해가 닥친다. 예루살렘의 그리스도인들이 박해를 피하느라고 사방으로 흩어진다.

> 사람들이 스데반을 돌로 칠 때에, 스데반은 "주 예수님, 내 영혼
> 을 받아 주십시오" 하고 부르짖었다. 그리고 무릎을 꿇고서 큰 소
> 리로 "주님, 이 죄를 저 사람들에게 돌리지 마십시오" 하고 외쳤
> 다. 이 말을 하고 스데반은 잠들었다. 사울은 스데반이 죽임당한
> 것을 마땅하게 여겼다. 그날에 예루살렘 교회에 큰 박해가 일어났
> 다. 그래서 사도들 이외에는 모두 유대 지방과 사마리아 지방으로
> 흩어졌다. (사도행전 7장 59절~8장 1절)

사도행전 6장 1~7절은 이 책의 전체 흐름에서 큰 첫 번째 부분
의 매듭인 셈이다. 2장의 성령 강림 이후에 예루살렘 교회에 대하
여 계속 이어진 종교 권력층 또는 악한 영의 공격에서 최종 국면
이기도 하다. 이 본문에는 기독교 신앙의 근본 구도가 담겨 있다.
먼저 개역개정 성경으로 본문 전체를 보자. 분석을 위해서 절을
표시한다.

> 1 그때에 제자가 더 많아졌는데 헬라파 유대인들이 자기의 과부
> 들이 매일의 구제에 빠지므로 히브리파 사람을 원망하니
> 2 열두 사도가 모든 제자를 불러 이르되 우리가 하나님의 말씀을
> 제쳐 놓고 접대를 일삼는 것이 마땅하지 아니하니
> 3 형제들아 너희 가운데서 성령과 지혜가 충만하여 칭찬받는 사

람 일곱을 택하라. 우리가 이 일을 그들에게 맡기고

4 우리는 오로지 기도하는 일과 말씀 사역에 힘쓰리라 하니

5 온 무리가 이 말을 기뻐하여 믿음과 성령이 충만한 사람 스데반과 또 빌립과 브로고로와 니가노르와 디몬과 바메나와 유대교에 입교했던 안디옥 사람 니골라를 택하여

6 사도들 앞에 세우니 사도들이 기도하고 그들에게 안수하니라.

7 하나님의 말씀이 점점 왕성하여 예루살렘에 있는 제자의 수가 더 심히 많아지고 허다한 제사장의 무리도 이 도에 복종하니라.

1절은 제자가 더 많아진 상황을 전한다. 제자는 그리스도인을 뜻하는 말로 보면 된다. 예루살렘 교회에 그리스도인이 되는 사람이 더 많아지니 좋은 일이고 고마운 일이다. 그런데 바로 그 상황에서 원망이 발생한다. 내부의 갈등과 분열이다. 처음부터 시작된 공격의 유형을 보면 첫 번째는 직접 공격이었고 두 번째는 내부의 개인을 통한 간접 공격이었다. 세 번째는 다시 직접 공격인데 강도가 첫 번째보다 강했다. 네 번째는 다시 내부적인 상황을 통한 공격인데 이번에는 내부에 있는 집단 간의 갈등이 불거진다. 공격의 강도가 더 강해지고 교묘해진다. 외부의 공격보다 내부의 갈등과 분열이 더 무섭다. 외부에서 공격이 있을 때 내부적으로는 더 단단하게 뭉치는 경우가 많다. 동서고금을 막론하고 정치인들 특히 독재자들이 내부의 불만을 잠재우고 결속시키기 위해 외부적인 충돌을 만드는 것이 그래서다.

교회 공동체에 사람이 많아지는 것은 기본적으로는 좋은 일이지만 위험한 일이 발생할 상황이기도 하다. 특히 사람이 많아지고 재정 규모가 커지면서 교회의 자기 정체성이 약해지면 예외 없이 문제가 발생한다. 모든 종류의 성공적인 상황은 양면을 갖고 있다. 성공이 좋은 것이지만 그 때문에 방심해서 상승세가 꺾이고 하락이 시작될 수 있다. 교회도 마찬가지다.

예루살렘 교회에 발생한 갈등이 무엇인가? 과부는 당시 사회에서 구조적으로 가난한 사람들이었다. 예루살렘 교회는 과부들을 비롯하여 경제적으로 어려운 사람들을 많이 도왔다. 그런데 헬라파 과부들 가운데서 도움을 받아야 하는 사람들이 구제 명단에서 탈락하는 일이 빈번했다. 히브리파 과부들에 비하여 부당하게 차별받았다. 유대인은 히브리파와 헬라파로 구별된다. 히브리파는 이스라엘 본토에서 나고 자란 유대인이다. 헬라파는 이스라엘 지역 이외의 로마제국 다른 지역에서 나서 자란 유대인이다. 예루살렘에는 당연히 히브리파가 다수였다. 다수파가 '팔은 안으로 굽지' 하는 식으로 소수파를 차별한 것이다. 인간 사회에서 나타나는 전형적인 차별이요 갈등이다. 교회 역사에서도 그렇다.

질문이 하나 생긴다. 기독교 이천 년 역사에서 교회가 제 본분을 잊고 타락할 때마다 신앙의 선배들이 '초대 교회로 돌아가자'고 외치지 않았는가. 예루살렘 교회는 성경의 기록으로 초대 교회 중의 초대 교회, 최초의 교회 아닌가. 그런데 그 예루살렘 교회의 모습이 오늘날 주변에서 어렵지 않게 보이는 통속적인 집단과 별반 다르지 않다. 어찌 된 일인가? 초대 교회로 돌아가자는 말은 초대 교회가 어떤 흠도 없이 완전해서가 아니다. 사람들이 모인 집단에는 언제나 갈등이 있다. 문제는 그 갈등을 해결할 수 있느냐, 어떻게 해결하느냐 하는 것이다. 예루살렘 교회는 이 점에서 그 지도력이 탁월했다. 문제를 해결하는 상황을 보자.

열두 사도가 공동체 전체를 모아놓고 두 가지를 말한다. 하나는 발생한 현실 문제를 해결하기 위한 것이다. 팔이 안으로 굽어서 다수를 차지하고 있는 히브리파가 재정을 공정하지 못하게 집행했으니 이를 해결하기 위하여 공정하게 재정을 처리할 일곱 명의 집사를 뽑았다. 성령과 지혜가 충만해서 칭찬받는 사람, 믿음과 성령이 충만한 사람이란 표현은 일반적인 표현으로는 공평무사(公平無私)한 사람을 말한다. 발생한 문제를 병으로 비유한다면 '현상적 처방'이다.

사도들의 지도력이 특히 탁월한 점은 다른 처방에서 드러난다. 베드로를 비롯한 지도자들이 발생한 문제를 두고 깊이 생각하고 또 당연히 기도했을 것이다. 그들이 상황을 관찰하면서 깨달은 것이 있다. 예루살렘 교회는 성령의 강림으로 시작되었고 예수 그리스도의 복음을 전하는 일, 곧 말씀 사역이 사명이었다. 이것이 정체성의 심장이었다. 그러나 교회에 들어오는 사람들 숫자가 급격하게 늘어나고 그에 따라 재정 규모가 커지면서 이런저런 할 일과 행사가 많아졌을 것이다. 사도들도 이런 일에 많은 시간과 노력을 들이게 되었다. 그러면서 언제부터인가 모르게 예루살렘 교회 공동체에서 말씀 사역이 약해졌다. 사도들은 이 점을 통찰했다. 사도들이 선언한다. 재정에 관련된 일을 일곱 명의 집사들에게 맡기고 자신들은 다시금 말씀 사역에 전적으로 힘쓰겠다고 말이다. '근원적 처방'이다.

현상적 처방이 3절과 5~6절에 나오고 근원적 처방이 2절과 4절에 나온다. 두 가지 해결 방법에 관한 구절들을 각각 연결하여 보면 이렇다.

> 형제들아 너희 가운데서 성령과 지혜가 충만하여 칭찬받는 사람 일곱을 택하라. 우리가 이 일을 그들에게 맡기고 (사도행전 6장 3절, 개역개정)

> 온 무리가 이 말을 기뻐하여 믿음과 성령이 충만한 사람 스데반과 또 빌립과 브로고로와 니가노르와 디몬과 바메나와 유대교에 입교했던 안디옥 사람 니골라를 택하여 사도들 앞에 세우니 사도들이 기도하고 그들에게 안수하니라. (사도행전 6장 5~6절, 개역개정)

> 열두 사도가 모든 제자를 불러 이르되 우리가 하나님의 말씀을 제쳐 놓고 접대를 일삼는 것이 마땅하지 아니하니 … 우리는 오로지 기도하는 일과 말씀 사역에 힘쓰리라 하니, (사도행전 6장 2, 4절)

헬라어 원문으로 보면 이 두 가지의 차이와 특징이 뚜렷하다. "접대"로 번역된 원어는 '트라페조의 디아코니아'다. 트라페조를 직역하면 발이 세 개 달린 탁자인데 식탁을 말한다. 디아코니아는 섬김이란 단어다. "말씀 사역"으로 번역된 원어는 '로고스의 디아코니아'다. 로고스는 말씀을 말한다. '태초에 말씀이 있었고 그 말씀이 육신이 되었다'는 요한복음 1장 1절과 14절에서 말씀으로 번역된 헬라어가 로고스다.

교회에서 하는 모든 사역은 근본적으로 디아코니아, 곧 섬김이요 봉사다. 대가를 계산하고 하는 행동이 아니다. 우리는 이 단어에 담긴 뜻을 나중에 자세하게 살펴볼 것이다. 교회의 사역은 크게 둘로 나뉜다. 하나가 말씀 사역, 다른 하나가 식탁의 사역이다. 식탁의 사역은 말씀 사역 이외의 모든 일을 포괄하는 비유적 표현이다. 한국 교회가 전통적으로 써 온 표현으로는 구제 또는 긍휼 사역이고 오늘날에 많이 쓰는 용어로는 사회봉사다. 가난하고 소외된 사람을 돕는 일이 이 사역의 기본이며 중심이다.

말씀 사역과 사회봉사는 분리되지 않는 하나다. 예수가 가르친 가장 큰 두 가지 계명과 관련하여 설명한다면 하나님 사랑이 말씀 사역에, 이웃 사랑이 사회봉사에 해당한다. 이 두 사역에서 중심은 말씀 사역이다. 하나님의 말씀을 가르치고 전하는 것, 그 말씀을 들은 사람이 말씀을 묵상하여 깨닫고 변화되는 일이 기초요 심장이다. 이 토대 위에서 진정한 의미의 사회봉사가 가능하다.

사회봉사가 꼭 있어야 하지만 말씀의 토대가 약해지면 자기 자랑과 공치사로 변질한다. 이기적으로 명예나 권력이나 이권을 챙기는 수단으로 타락한다. 말씀으로 깊이 들어갈수록 자신이 하나님에게 값없이 받은 은혜가 얼마나 큰지 절절하게 깨닫는다. 어려운 이웃에게 값없이 사랑을 베푸는 것이 하나님의 명령임을 분명하게 깨닫는다. 여기에서 순수하고 값진 사회봉사가 작동한다. 이것이 사회를 아름답게 만든다.

말씀 사역은 신앙적 정체성이요 사회봉사는 사회적 연관성이다. 교회와 그리스도인은 늘 이 두 가지의 관계에서 살아간다. 신앙의 정체성이 약해지면 교회가 훌륭하게 된다고 하더라도 사회봉사 기관 정도가 될 뿐이다. 조금만 곁길로 가면 교회가 진행하는 각종 사회봉사를 자기 업적으로 삼으며 또 하나의 이익 집단으로 전락한다. 이런 상황에서 외부적인 비평이 있으면 교회가 다른 이익 단체들처럼 자기 이해관계에 민감하게 반응한다. 슬픈 현상이다. 사회적 연관성이 약해지면 교회는 내부적으로 닫힌 폐쇄적 종교 집단이 된다. 죽은 후에 들어가는 내세만을 강조하고 이 세상의 고통이나 불의에 관심 갖지 않는다. 예수가 요한복음 17장에서 인류와 창조 세계를 위한 대제사장으로서 하늘 아버지에게 올린 기도의 정신을 망각한다. 슬픈 일이다.

사도들의 지도력으로 예루살렘 교회가 다시금 제 모습을 회복했다. 7절에 그 내용이 나온다. 이 구절은 6장 1~7절의 결론이면서 사도행전 1장부터 6장 7절 덩어리의 결론이기도 하다. 더 나아가 이 구절이 이후의 사도행전 전체 흐름을 꿰는 중심축이기도 하다.

그 때에 제자가 더 많아졌는데 (사도행전 6장 1절, 개역개정)

1절과 7절을 비교하자. 1절에서 "제자가 더 많아졌는데" 했다. 7절은 "제자가 더 심히 많아지고"라고 전한다. 문제를 해결하고 본분을 회복하니까 더 큰 부흥이 찾아왔다. 그런데, 부흥이란 것이 과연 무엇인가? 어느 시대 어느 문화권에 있든지 교회는 늘 부흥을 추구했다. 땅끝까지 가서 모든 민족에게 복음을 전하는 것이 교회의 존재 이유니까 부흥을 갈망하는 것은 마땅한 일이다. 그러나 부흥의 본질이 무엇인지를 정확하게 묻고 이해해야 한다. 그저 모이는 사람 숫자가 많아지고 재정 규모가 늘어나는 것을 부흥이라고 한다면 교회도 기업이나 인간 사회의 다른 집단과 다를 것 없다. 부흥이란 단어 앞에 수식어를 붙여서 '거룩한 영적 부흥'이라고 표현할 수 있다. 성경에서 말하는 바로 그 부흥을 애써 표현해 본 말이다. 오늘날의 교회뿐 아니라 교회 역사에서 부흥을 가장한 통속적인 자기 집단의 확장이 하도 많았기 때문에 하는 말이다.

7절에 부흥의 본질이 나온다. 이 구절을 두 부분으로 나누어 관찰할 필요가 있다. 앞의 내용이 부흥의 본질이며 뒤는 부흥의 결과다.

하나님의 말씀이 점점 왕성하여, 예루살렘에 있는 제자의 수가 더 심히 많아지고 허다한 제사장의 무리도 이 도에 복종하니라. (사도행전 6장 7절, 개역개정)

말씀이 살아 움직이는 것이 부흥의 본질이며 부흥 자체다. '왕성하다'는 헬라어가 '아욱사노'라는 동사인데 예수가 씨 뿌리는 사람의 비유를 전할 때 사용한 단어다. 씨 안에는 하나님이 창조한 생명의 힘이 있다. 그 생명의 원천에서 씨가 싹트고 자라며 열매를 맺는다. 하나님이 창조한 생명력이 자라는 현상이 아욱사노다. 예수는 말씀을 씨로 비유했다. 사도행전의 저자 누가는 여기 사도행전 6장 7절을 기록하면서 누가복음에 있는 같은 단어를 사용한다. 씨 뿌리는 사람의 비유를 생각했을 것이다. 말씀이 사람의 인격과 일상에서 작동하는 것이 거룩한 부흥의 본질이다. 교회에 사람이 많이 모이고 기독교에 적대적인 사람들도 예수를 믿게 되고 교회의 연간 재정 규모가 더 늘어나는 현상들은 정확하게 말하면 부흥의 열매요 결과다.

교회가 추구해야 할 것은 부흥의 본질이다. 부흥의 결과가 목표가 되면 교회는 망가진다. 결과는 자연스럽게 따라오는 것이어야 한다. 게다가 결과가 대단한 현상으로 나타날 때 정신을 차리고 각별하게 조심해야 한다. 현상적인 숫자나 물량에 속거나 취하면 망한다. 이천 년의 교회 역사에서 늘 반복된 실패가 이런 것 때문이었다.

사도행전 6장 1~7절의 본문에는 예루살렘의 종교 권력자들이 직접적으로 교회를 공격했다는 언급은 없다. 그러나 2장의 성령 강림 이후의 본문 흐름을 보면 6장 7절까지를 꿰뚫는 주제가 명백하다. 말씀을 가르치고 전하는 일이다. 이 일에 목숨을 바쳐 헌신하는 예루살렘 교회와 정확하게 그것을 막으려고 수단 방법을 가리지 않고 공격하는 세력이 충돌한다. 모두 네 번에 걸친 공격과 방어가 기록되어 있다. 교회는 기도함으로써 성령으로 충만한 상태를 유지하면서 사 회전의 공격을 이겨낸다. 6장 7절에서 예루살렘 교회는 말씀이 삶이 되는 일에서 가장 아름다운 상황에 이른다.

사도행전을 보면 교회가 보인다. 교회의 본질도 보이고 교회의 실패와 부패도 보인다. 120명으로 시작한 예루살렘 교회에 삼천 명, 오천 명이 몰려드는 양적 성장이 사도행전의 처음 몇 장에 기록되어 있다. 목회자가 이 부분에 빠져서 사도행전을 좋아하면 해석의 오류다. 처음 몇 장에 기록된 사람 수의 확장은 오히려 거기에 매몰되지 말고 본질을 지켜가라는 메시지의 보조 수단이다. 말씀이 삶으로 작동하는 것이 본질이다. 6장 7절의 이 내용이 이후의 사도행전 전체를 이끌어가는 주선율이 된다.

하나님의 말씀이 점점 왕성하여

사도행전 전체를 거대한 산지로 본다면 그 안에 가장 높이 솟아오른 세 개의 봉우리가 있다. 그 봉우리에 해당하는 세 구절이 6장 7절, 12장 24절, 19장 20절이다. 서로 뚝뚝 떨어져 있는 이 세 구절은 그 내용에서 서로 긴밀하게 관련된다. 이 흐름이 사도행전 전체를 하나로 이어지게 한다. 개역개정 성경으로 세 구절을 보자.

> 6장 7절: 하나님의 말씀이 점점 왕성하여 예루살렘에 있는 제자의 수가 더 심히 많아지고 허다한 제사장의 무리도 이 도에 복종하니라.
>
> 12장 24절: 하나님의 말씀은 흥왕하여 더하더라.
>
> 19장 20절: 이와 같이 주의 말씀이 힘이 있어 흥왕하여 세력을 얻으니라.

세 구절에 공통으로 나오는 단어들이 있다. 얼른 눈에 들어오는 단어가 '말씀'이다. 조금씩 다른 표현으로 나오지만, 신앙 공동체가 사회적으로 영향력을 갖는다는 것도 공통적이다. 가장 주목할 단어는 '아욱사노'라는 헬라어 동사다. 하나님의 말씀에 담긴 거룩한 힘이 그리스도인의 삶과 교회의 사역에서 살아 움직이며 이로써 사회에까지 영향을 끼친다는 말이다. 6장 7절에서 '왕성하다'로 번역되었고 12장 24절과 19장 20절에서 '흥왕하다'로 번역되었는데 원어에서는 인칭과 시제까지 같다. 세 봉우리를 연결하면 사도행전 전체가 한눈에 들어온다.

말씀이 살아 움직인다는 것은 하나님이 현장에서 함께 일한다는 뜻이다. 사람이 되어 세상에 내려온 하나님, 십자가에 달려 죽임을 당하고 사흘 만에 부활하여 승천한 예수 그리스도가 성령을 통하여 지금 여기에서 활동한다. 이로써 '하나님의 말씀이 우리 삶으로' 맑은 시대처럼, 큰 강처럼 흐른다. 이런 현장에서 예수가 가르친 주기도문의 간구가 성취된다. 하늘 아버지의 이름이 거룩하게 여김을 받고, 하늘 아버지의 나라가 사람 사는 사회에 임하며, 하늘 아버지의 뜻이 하늘에서 이루어진 것처럼 땅에서도 이루어진다.

사도행전 6장 7절은 예루살렘 교회가 부흥의 절정에 이른 모습을 보여준다. 이 장면 이후에는 복음의 말씀이 예루살렘을 넘어서 온 유대와 사마리아 지역으로 퍼진다. 이스라엘 땅이 남북으로 길다. 남쪽부터 보면 예루살렘이 위치한 남부 지방 유대, 중부 지방 사마리아, 북부지방 갈릴리로 이어진다.

6장 8절부터 스데반 집사의 순교 사건이 나온다. 일곱 집사 중에 그 이름이 맨 앞에 나오는 사람이다. 성경의 기록에서 여러 이름이 나올 때 보통은 중요한 순서를 따라 기록된다. 세대로 이어지는 혈통이라면 당연히 윗대부터 나온다. 형제들이면 형부터, 다른 경우라면 지도력이 중심인 순서부터다. 스데반 집사는 최초의 일곱 집사 중에서 가장 중요했다. 7장 마지막 장면이 스데반이 돌에 맞아 순교하는 기록이다. 바로 이어지는 8장 1절은 겨우 사도들만 예루살렘에 남고 나머지 그리스도인들이 사방으로 흩어졌다고 전한다. 그런데 박해를 피해 흩어진 사람들이 안전한 데 숨어 있지 않았다.

사울은 스데반이 죽임당한 것을 마땅하게 여겼다. 그날에 예루살렘 교회에 큰 박해가 일어났다. 그래서 사도들 이외에는 모두 유대 지방과 사마리아 지방으로 흩어졌다. (사도행전 8장 1절)

그런데 흩어진 사람들은 두루 돌아다니면서 말씀을 전하였다. (사도행전 8장 4절)

12장 24절에 이르기까지, 흩어진 그리스도인들이 유대 전역, 사마리아, 갈릴리에서 유대인들에게 복음을 전한다. 이스라엘 지역을 벗어나서 가이사랴에서 이방인 백부장인 고넬료 가정에 그리고 시리아 안디옥에서 이방인에게도 본격적으로 복음이 전해진다. 안디옥에서는 이방인의 교회가 형성된다. 사도행전 이야기에서 굉장히 중요한 사건이다. 우리는 이 상황을 나중에 살펴볼 것이다. 지금은 사도행전의 세 봉우리에 집중하자.

이방인에게도 복음 전도의 문이 열리는 중에 이스라엘 지역 전체에 교회 공동체가 생기고 예수를 믿는 사람이 늘어갔다. 13장부터는 본격적으로 이방인 선교를 위해 기독교 역사 최초로 선교사가 파송된다. 안디옥 교회 이야기다. 13장 1절에 안디옥 교회의 중요 지도자들 이름이 나온다. 이 교회에서 바나바와 사울을 선교사로 파송한다. 선교팀의 지도자는 바나바다. 사울은 바울이란 헬라식 이름도 갖고 있었는데 1차 선교 여정 중간부터 바울이란 이름을 쓴다. 유대인을 넘어서 이방인에게 하나님의 말씀이 확장되는 과정에서 12장 마지막 부분에 일단 유대인 지역의 선교를 일단락

짓는 내용이 나온다. 아욱사노라는 동사가 나오는 12장 24절이다. 내용 흐름으로 보아 이 구절은 9장 31절에서 이어진다.

> 그리하여 온 유대와 갈릴리와 사마리아 교회가 평안하여 든든히 서 가고 주를 경외함과 성령의 위로로 진행하여 수가 더 많아지니라. (사도행전 9장 31절, 개역개정)

> 하나님의 말씀은 흥왕하여 더하더라. (사도행전 12장 24절, 개역개정)

9장 31절부터 12장 24절 사이에는 이방인 백부장 고넬료의 가정에 성령이 내리시는 사건을 중심으로 일련의 사건들이 기록되어 있다. 이 사건들은 이스라엘을 넘어 아시아 전역으로 말씀이 전파되는 12장 24절 이후의 이야기를 준비하는 징검다리 역할을 한다. 그러니까, 9장 31절과 12장 24절은 이야기 흐름의 큰 구조로 보면 직접적으로 연결된다.

말씀이 삶이 되는 거룩한 운동이 강물처럼 흐르며 퍼져가는 과정에서 사도행전 6장 7절은 예루살렘 교회가 부흥의 절정에 이른 모습을 보여주고 있고, 12장 24절은 유대와 사마리아와 갈릴리를 포함한 이스라엘 전체 교회가 그 절정에 이른 모습을 전해준다. 13장 1절부터는 복음이 본격적으로 이스라엘 밖으로 퍼진다. 갈릴리에서 더 북쪽으로 올라가면 두로와 시돈, 오늘날의 레바논과 시리아 땅이다. 거기에서 더 북쪽으로 올라가면서 왼쪽으로 곧 서쪽으로 방향을 틀면 오늘날의 튀르키에 땅 아나톨리아 반도인데 이 지역이 로마제국 시대에 아시아로 불렸다.

13장부터는 세 번에 걸친 바울의 전도 여행이 나온다. 19장에 가면 바울은 3차 전도 여행의 마지막 여정에 서 있다. 아시아의 중심 도시 에베소에서 복음의 말씀이 강력하게 살아 움직이고 있었다. 바울이 에베소에 두란노 서원을 세우고 말씀을 전하고 가르치면서 말씀이 삶이 되는 운동이 에베소를 중심으로 아시아 전역에 영향을 끼치고 있었다. 이제 바울은 예루살렘에 올라갔다가 로마까지 갈 것을 구상한다. 로마제국은 당시의 세계였다. 복음의 근원이자 출발지인 예루살렘에서 세계의 중심 로마까지 하나님의 말씀이 이어지는 것을 바울은 오래전부터 마음에 품고 기도하고 있었을 것이다.

아욱사노라는 동사가 나오는 세 번째 구절 사도행전 19장 20절이 아시아 교회 전체에 관한 내용이라는 것은 그리 어렵지 않게 알 수 있다. 12장 24절이 이스라엘 전체에 관한 내용이라는 것을 알려주는 구절이 9장 31절인데, 이 두 구절이 상당히 떨어져 있어서 문맥의 연결을 찾아내기가 조금 어렵다. 그러나 19장 20절이 아시아 전역에 관한 내용임을 알려주는 구절은 가까이 있다. 19장 8~10절이다.

바울이 (에베소에 있는) 회당에 들어가 석 달 동안 담대히 하나님 나라에 관하여 강론하며 권면하되 어떤 사람들은 마음이 굳어 순종하지 않고 무리 앞에서 이 도를 비방하거늘 바울이 그들을 떠나 제자들을 따로 세우고 두란노서원에서 날마다 강론하니라. 두 해 동안 이같이 하니 아시아에 사는 자는 유대인이나 헬라인이나 다 주의 말씀을 듣더라. (사도행전 19장 8~10절, 개역개정)

이와 같이 주의 말씀이 힘이 있어 흥왕하여 세력을 얻으니라. (사도행전 19장 20절, 개역개정)

사도행전의 전체 흐름에서 6장 7절, 12장 24절, 19장 20절이 중심축이다. 성령의 능력으로 하나님의 말씀이 사람들 삶에서 살아 움직인다는 동사 아욱사노를 품고 있는 이 구절들이 사도행전 이야기의 본질을 담고 있다. 성령의 강림으로 복음의 말씀이 사람들 삶으로 거대한 강처럼 흐르면서 하나님 나라가 확장되는 초기 교회의 이야기가 사도행전이다. 세 구절은 각각 예루살렘 교회, 이스라엘 지역의 교회, 아시아 지역의 교회에서 거룩한 부흥이 절정에 이른 장면을 보여주고 있다. 거룩한 부흥, 곧 말씀이 삶이 되는 것 말이다.

19장 20절 이후 이야기의 흐름은 로마로 가는 여정이다. 모든 길은 로마로 통한다. 이 표현을 뒤집으면 모든 길은 로마에서 시작한다. 바울은 세계의 중심 로마에 말씀을 전하려 한다. 거기에서 말씀이 작동하게 되면 복음은 세계로 퍼질 것이다. 바울은 사도행전 19장 21절에서 예루살렘에 갔다가 로마로 가겠다는 구상을 밝힌다. 19장 21절과 사도행전의 맨 마지막 그러니까 28장 30~31절을 연결해 보면 사도행전 나머지 내용의 큰 틀이 한눈에 들어온다. 바울이 드디어 로마에 도착해서 하나님 나라의 복음을 마음껏 전하는 장면으로 사도행전이 끝난다.

> (에베소에서) 이런 일이 있은 뒤에, 바울은 마케도니아와 아가야를 거쳐 예루살렘으로 가기로 마음에 작정하고 "나는 거기에 갔다가, 로마에도 꼭 가 보아야 하겠습니다" 하고 말하였다. (사도행전 19장 21절)

> (로마에서) 바울은 자기가 얻은 셋집에서 꼭 두 해 동안 지내면서, 자기를 찾아오는 모든 사람을 맞아들였다. 그는 아무런 방해도 받지 않고, 아주 담대하게 하나님 나라를 전하고, 주 예수 그리스도에 관한 일들을 가르쳤다. (사도행전 28절 30~31절)

우리는 이제 중요한 주제 하나를 다루어야 한다. 사도행전에서 복음이 땅 끝까지 확장된다는 것이 무엇을 뜻하느냐는 것이다. 한마디로, 하나님 나라의 확장이다. 사도행전의 세 봉우리가 이를 잘 보여준다. 말씀이 작동되는 것은 곧 말씀 자체인 하나님의 활동이다. 사도행전 전체의 구상을 담고 있는 1장 8절은 그 말씀의 영향력이 땅 끝까지 확대된다고 말한다.

오직 성령이 너희에게 임하시면 너희가 권능을 받고 예루살렘과 온 유대와 사마리아와 땅 끝까지 이르러 내 증인이 되리라 하시니라. (사도행전 1장 8절, 개역개정)

예루살렘에서 시작하여 땅 끝까지 이르는 복음의 확장이 교회의 확장이 뗄 수 없이 연관되지만 둘은 똑같지는 않다. 존재하는 세계 전체로 복음이 확장되는 것은 말씀이 삶이 되면서 전개되는 하나님 나라 운동이다. 사도행전은 초기 교회의 역사를 기록하고 있지만 조금만 세심하게 읽는 독자는 교회의 역사를 품고 있는 더 큰 틀을 볼 수 있다. 하나님 나라 운동이다. 사도행전의 첫 장과 마지막 장을 보라. 누가는 사도행전 1장에서 자신이 저술한 누가복음의 내용이 예수가 하나님 나라의 일을 말씀한 것이라고 요약한다. 사도행전의 마지막 부분을 바울이 로마에서 하나님 나라를 전파하는 장면으로 결론짓는다.

예수께서 고난을 받으신 뒤에, 자기가 살아 계심을 여러 가지 증거로 드러내셨습니다. 그는 사십 일 동안 그들에게 여러 차례 나타나시고, 하나님 나라에 관한 일들을 말씀하셨습니다. (사도행전 1장 3절)

그들은 바울과 만날 날짜를 정하였다. 그날에 더 많은 사람이 바울의 숙소로 찾아왔다. 그는 아침부터 저녁까지, 그들에게 하나님 나라를 엄숙히 증언하고, 모세의 율법과 예언자의 말을 가지고 예수에 관하여 그들을 설득하면서 그의 속내를 터놓았다. (사도행전 28장 23절)

바울은 자기가 얻은 셋집에서 꼭 두 해 동안 지내면서, 자기를 찾아오는 모든 사람을 맞아들였다. 그는 아무런 방해도 받지 않고, 아주 담대하게 하나님 나라를 전하고, 주 예수 그리스도에 관한 일들을 가르쳤다. (사도행전 28장 30~31절)

사도행전 내용의 중간 과정도 마찬가지다. 빌립이 사마리아에 가서 복음을 전할 때 중심이 하나님 나라였다. 바울이 전도 여정에서 강조한 핵심도 하나님 나라였다. 에베소를 중심으로 아시아 전역에서 진행된 바울의 사역에서 시작부터 끝까지 하나님 나라가 중심이었다.

(사마리아에서) 빌립이 하나님 나라와 예수 그리스도의 이름에 관한 기쁜 소식을 전하니, 남자나 여자나 다 그의 말을 믿고서 세례를 받았다. (사도행전 8장 12절)

바울과 바나바는 그 성에서 복음을 전하여 많은 제자를 얻은 뒤에, 루스드라와 이고니온과 안디옥으로 되돌아갔다. 그들은 제자들의 마음을 굳세게 해주고, 믿음을 지키라고 권하였다. 그리고 또 이렇게 말하였다.

> "우리가 하나님 나라에 들어가려면, 반드시 많은 환난을 겪어야 합니다." (사도행전 14장 21~22절)

> (에베소에서) 바울은 회당에 들어가서, 석 달 동안 하나님 나라의 일을 강론하고 권면하면서, 담대하게 말하였다. (사도행전 19장 8절)

> 나는 여러분(에베소와 아시아 지역) 가운데로 들어가서, 그 나라(하나님 나라)를 선포하였습니다. 그런데 이제 나는 여러분 모두가 내 얼굴을 다시는 보지 못하리라는 것을 알고 있습니다. (사도행전 19장 8절, 20장 25절)

하나님 나라의 확장은 절대 명제다. 교회의 확장은 보조 명제다. 하나님의 나라는 하나님의 말씀이 사람들 삶으로 이어지는 곳에서 발생하며 늘 지금 여기에서 살아 움직인다. 하나님 나라는 교회까지 포함하여 현상적인 어느 집단과도 동일시할 수 없다. 하나님의 나라는 사회와 역사 안의 현상적인 집단인 교회를 통하여 확장되지만, 교회와 하나님 나라는 동일하지 않다. 교회는 하나님 나라를 향해 걸어가는 순례자로서 끊임없이 자신을 상대화하며 하나님 나라를 전파한다. 그래서 교회의 확장은 하나님 나라 확장을 위한 보조 명제다. 교회가 자신의 확장을 하나님 나라보다 앞선 목표로 삼는 시점부터 교회는 제 본분을 잃어버린다.

어느 한 지역 교회의 신자 수와 재정 규모가 계속해서 커지는 방식의 교회 성장은 사도행전에 없다. 오히려 어느 한 지역의 교회가 물량적으로 어느 정도 이상으로 커지는데 더 넓은 시공간으로 복음의 말씀을 전하지 않는 경우 하나님이 그 지역의 교회를 흩어 버린다. 사도행전 6장 7절을 중심으로 한 상황에서 예루살렘 교회에 일어난 박해가 이런 것이었다. 하나님의 섭리였다. 하나님 나라가 정신과 영혼의 가치관, 세계관, 인생관에서 계속해서 확장하고 그 결과로 사회와 역사 안에서 말씀이 삶이 되는 것이 사도행전의 메시지다.

목회자가 자기가 목회하는 교회의 양적 성장을 최고 목표로 삼고 이런 시각으로만 사도행전을 본다면 이 책을 오해하는 것이다. '사도행전을 보세요, 믿는 사람들이 계속 늘어난다는 말씀을 보세요, 열심히 전도합시다. 우리 교회가 성장해야 합니다' 하는 메시지는 당연하고 마땅한 것 같지만 위험한 함정이다. 숨은 방식으로 하든지 대놓고 하든지 자기 집단 이기주의를 부추겨서 내부의 응집력을 강화하여 집단을 확장하는 방법은 인류 역사에서 늘 있었다. 언제나 효과도 있었다. 그러나 늘 끝이 불행했다.

사도행전을 어느 한 교회의 성장을 위한 자료와 수단으로 이용하는 것은 오류다. 양적인 성장 지상주의와 그에 연관된 목회의 성공 지상주의는 이천 년의 역사에서 교회가 늘 걸려 넘어진 걸림돌이었다. 이를 넘어서야 오늘날의 교회가 미래를 희망할 수 있다.

우리는 지금까지 초기 교회의 30여 년 역사를 담은 사도행전 이야기를 따라왔다. 하나님의 말씀이 삶이 되었다. 하나님의 아들 예수 그리스도가 그분이다. 사복음서가 이분의 삶과 사역을 증언한다. 여기에 이어지는 사도행전 이야기에서 이 말씀에 사로잡힌 사람들이 말씀을 삶으로 전하면서 하나님의 나라가 강력하게 확장된다. 하나님의 말씀으로 삶이 바뀐 사람들을 예수의 사람이라고 한다. 신약 성경이 이런 사람들 이야기다. 이 사람들을 다 다루지는 못한다. 그러나 잠깐이라도 만나고 싶은 사람들이 아직 많다. 그들의 삶으로 들어가 보자.

PART 5

예수의 사람들

설교는 하나님의 섭리에 따라 이루어지는, 교회를 위한 교회의 사역이다. 나는 교회에 속해 있다. 곧 나는 공동체의 모임에 참여한다. … 그리스도인이 교회 공동체의 모임에 참여하지 않는다는 것은 생각할 수 없는 일이다. 말씀을 통해 하나로 묶이는 교회는 모일 때마다 거듭해서 이 말씀을 듣는다. 바꾸어 말하면, 말씀이 교회를 창조한다. 말씀은 사람들을 늘 다시금 구체적인 모임으로 부르는데 거기에서 교회가 발생한다.

— **디트리히 본회퍼**(Dietrich Bonhoeffer, 1906~1945)의 '성도의 교제'

진실로 지옥으로 가는 가장 안전한 길은 점진적인 길이야. 밋밋한 경사, 부드러운 발의 촉감, 모가 난 길모퉁이도 없고 이정표도 없는 길 말이야.

— **C. S. 루이스**(Clive Staples Lewis, 1898~1963)의 '스크루테이프의 편지'

이른 새벽에 여자들은 무덤으로 갔다

예수의 사람들 가운데서 여인들을 먼저 언급할 이유가 넉넉하다. 예수를 믿고 따른 여인들은 누구보다 마음이 진실했고 믿음이 굳건했다. 예수의 생애에서 가장 중요한 사건 현장에 있었던 목격자가 이들이었다.

예수의 생애에서 가장 중요한 사건을 하나 꼽으라면 부활이다. 십자가의 죽음이 단순히 권력에 의한 억울한 처형이 아니라 인류의 죄를 대속(代贖)하는 하나님의 섭리인 것이 부활로써 입증되었다. 예수가 전한 하나님 나라의 복음을 가장 간단하게 표현할 때 부활의 복음이라고 하는 까닭이 이것이다. 예수는 자신의 부활을 예고했다. 그러나 열두 제자를 비롯하여 예수를 가까이서 따르던 사람들 누구도 부활을 믿지 못했다. 아니, 이해하지도 못했다. 예수가 자기의 죽음과 부활을 예고하자 제자들에게는 죽음 얘기만 귀에 들어왔고 그래서 불안에 사로잡혔다.

부활은 그렇게 중요한 사건이다. 그 부활의 현장을 누가 가장 먼저 목격했을까? 상식적으로 생각하면 예수의 핵심 측근인 열두 제자여야 자연스럽다. 그러나 아니었다. 여인들이었다. 예수의 생애를 기록한 사복음서에서 여인들은 중심인물이 아니다. 여인들의 복음서라는 별명을 가진 누가복음이 여인들에 관하여 관심과 애정이 깊지만, 예수의 사역에서 여인들은 잘 눈에 띄지 않는다. 그러나 당시의 가부장적인 사회와 문화적 상황을 고려하면서 성경을 가만히 읽어보면 여인들이 중요한 역할을 담당했다는 정황을 여러 가지 발견할 수 있다. 그중에서 부활의 현장을 처음으로 목격했다는 사실이 참으로 중요하다.

사복음서 모두 그 마지막 장에서 (요한복음은 21장까지 있는데 20장이 원래 마지막 장이었다고 보기도 한다) 안식일 후 첫날 새벽에 여인들이 예수의 무덤을 찾아갔고 거기에서 빈 무덤을 확인했다고 전한다. 여인들 이름이 조금씩 차이가 있기는 하다. 마태복음 28장은 막달라 마리아와 다른 마리아, 마가복음 16장은 막달라 마리아와 야고보의 어머니 마리아와 살로메, 누가복음 24장은 막달라 마리아와 요안나와 야고보의 어머니 마리아, 요한복음은 20장은 막달라 마리아다. 사복음서 모두에서 겹치는 인물이 막달라 마리아다. 마가복음과 누가복음은 이 여인이 일곱 귀신이 들렸다가 예수를 만나서 치유된 사람이라고 전한다. 여인을 존중하는 누가복음은 이 여인 얘기와 함께 자기들의 재산을 드리면서 예수를 따르고 섬긴 다른 여인들 이름을 언급하고 있다.

> 예수께서 이레의 첫날 새벽에 살아나신 뒤에, 맨 처음으로 막달라 마리아에게 나타나셨다. 마리아는 예수께서 일곱 귀신을 쫓아내주신 여자이다. (마가복음 16장 9절)

> 그 뒤에 예수께서 고을과 마을을 두루 다니시면서, 하나님의 나라를 선포하며 그 기쁜 소식을 전하셨다. 열두 제자가 예수와 동행

하였다. 그리고 악령과 질병에서 고침을 받은 몇몇 여자들도 동행하였는데, 일곱 귀신이 떨어져 나간 막달라라고 하는 마리아와 헤롯의 청지기인 구사의 아내 요안나와 수산나와 그 밖에 여러 다른 여자들이었다. 그들은 자기들의 재산으로 예수의 일행을 섬겼다.

(누가복음 8장 1~3절)

막달라 마리아가 예수에게 받은 사랑이 컸다. 그만큼 예수를 향한 사랑과 존경이 깊었다. 마리아를 비롯하여 부활의 현장에 있던 여인들은 십자가의 죽음과 죽음 후에 예수의 시신을 내려서 아리마대 사람 요셉의 무덤에 안치하는 모든 과정을 세심하게 지켜보았다. 많이 울었을 것이다. 통곡하며 가슴을 찢었다. 순정(純情), 누구보다 순수하고 진실한 마음으로 예수를 따랐던 여인들의 모습은 성경에 기록되어 있다. 예수가 운명한 시간이 금요일 오후 세 시쯤이었다. 로마 군인들이 완전히 죽은 것을 확인하고 보고하는 과정을 거쳐야 했다. 그런 후에 시신을 내리고 하면서 해 질 무렵이 가까워졌다. 금요일 저녁 해가 질 때부터 토요일 저녁 해가 질 때까지가 안식일이고 안식일에는 어떤 활동을 할 수 없었다. 예수의 시신에 예를 갖추어 안장할 시간이 없었다. 여인들이 안식일이 끝나고 밤이 지난 후 새벽, 날이 채 밝기도 전에 무덤을 찾았다. 여인들이 얼마나 조바심을 내면서 되도록 빨리 무덤에 가려고 했는지 모른다. 사랑하고 존경하는 주님의 시신에 향품을 바르며 마지막 정성을 다하려는 것이었다.

모두가 남자인 열두 제자 중에 그 누구도 무덤에 갈 생각을 하지 않았다. 사복음서 어디에도 그런 언급이나 암시가 없다. 베드로와 요한 정도가 무덤에 갔던 여인들의 이야기를 듣고나서 무덤에 갔을 뿐이다. 요한복음은 막달라 마리아를 통해서 여인들의 굳건한 모습을 그림처럼 생생하게 그린다. 마리아는 빈 무덤 앞에서 울고 있다. 사랑하는 주님의 시신을 누가 가져갔을까 생각하며 울었다. 그렇다, 마리아는 부활의 예수를 찾은 것이 아니었다. 시신이 없어졌다고 울었다. 울고 있는 마리아 앞에 부활한 예수가 나타났다. 마리아는 그가 동산지기라고 생각한다.

> 예수께서 마리아에게 말씀하셨다.
> "여자여, 왜 울고 있느냐? 누구를 찾느냐?"
> 마리아는 그가 동산지기인 줄 알고 "여보세요, 당신이 그를 옮겨 놓았거든, 어디에다 두었는지를 내게 말해주세요. 내가 그를 모셔 가겠습니다" 하고 말하였다.
> 예수께서 "마리아야!" 하고 부르셨다. 마리아가 돌아서서 히브리 말로 "라부니!" 하고 불렀다. (그것은 '선생님!'이라는 뜻이다.) (요한복음 20장 15~16절)

여인들의 복음서 누가복음은 무덤을 찾아간 여인들을 오히려 호되게 다루는 것처럼 보인다. 빈 무덤에 나타난 두 천사가 여인들에게 말한다.

"어찌하여 너희들은 살아 계신 분을 죽은 사람들 가운데서 찾고 있느냐? 그분은 여기에 계시지 않고, 살아나셨다. 갈릴리에 계실 때에, 너희들에게 하신 말씀을 기억해 보아라. '인자는 반드시 죄인의 손에 넘어가서, 십자가에 처형되고, 사흘째 되는 날에 살아나야 한다'고 하셨다." (누가복음 24장 5~7절)

천사의 말에 중요한 점 세 가지가 들어 있다. 먼저 꾸지람이다. "어찌하여"라는 표현에는 책망의 뜻이 담겨 있다. 부활을 예고한 예수의 말씀을 어쩌면 그렇게 새까맣게 잊었느냐는 것이다. 다음은 일어난 사실을 전한다. 예수가 무덤에 있지 않고 예고하신 말씀대로 살아나셨다. 마지막은 예수가 갈릴리에서 주신 말씀을 기억하고 믿으라는 것이다. 세 가지 중요한 점의 공통점이 말씀이다. 여인들의 순정(純情)을 생각하면 이들은 예수가 살아계실 때 하신 말씀을 한마디라도 놓칠세라 귀 기울여 들었을 것이다. 그런데도 부활에 관한 말씀이 여인들의 귀에 들어오지 않았고 마음에 새겨지지 못했다. 여인들은 애정이 담긴 천사의 증언을 듣고 예수의 말씀을 떠올렸다. 그리고 믿었다. 예수의 말씀을 믿은 이 여인들이 부활을 증언했다. 예수의 부활을 증언한 최초의 증인은 여인들이었다. 그러나 남자들은 증언을 듣고도 믿지 않았다.

여자들은 예수의 말씀을 회상하였다. 그들은 무덤에서 돌아와서, 열한 제자와 그 밖의 모든 사람에게 이 모든 일을 알렸다. 이 여자들은 막달라 마리아와 요안나와 야고보의 어머니인 마리아이다. 이 여자들과 함께 있던 다른 여자들도, 이 일을 사도들에게 말하였다. 그러나 사도들에게는 이 말이 어처구니없는 말로 들렸으므로, 그들은 여자들의 말을 믿지 않았다. (요한복음 20장 8~11절)

이제 믿음의 여인들 몇을 로마서에서 만나보자. 로마에 있는 그리스도인들에게 보낸 편지 로마서는 바울 선교의 전체 구상과 밀접하게 연결되어 있다. 바울의 선교 여정은 그를 파송한 시리아의 안디옥에서 시작하여 소아시아 지방을 거쳐 에게 해를 건너 마케도니아와 아가야, 곧 유럽으로 이어진다. 언제부터인지 확정하기는 힘들지만, 바울의 마음에 로마가 있었다. 땅 끝까지 복음을 전하라는 주님의 명령을 생각하면서 당시에 땅 끝 스페인까지 가려고 계획했다. 로마는 그의 이런 선교적 구상에서 스페인으로 가기 위한 중간 기지였다.

그래서 내가 여러분에게로 가려고 하였으나, 여러 번 길이 막혔습니다. 그러나 이제는 이 지역에서, 내가 일해야 할 곳이 더 없습니다. 여러 해 전부터 여러분에게로 가기를 바라고 있었으므로, 내가 스페인으로 갈 때에, 지나가는 길에 여러분을 만나보고, 잠시 동안만이라도 여러분과 먼저 기쁨을 나누려고 합니다. 그다음에 여러분의 후원을 얻어 그곳으로 가게 되기를 바랍니다. 그러나 지금 나는 성도들을 돕는 일로 예루살렘에 갑니다. … 나는 이 일을 마치고, 그들에게 이 열매를 확실하게 전해 준 뒤에, 여러분에게 들렀다가 스페인으로 가겠습니다. (로마서 15장 22~28절)

로마서의 마지막 인사말에 예수의 사람들에 해당하는 여인들이 나온다. 로마서 마지막 장인 16장에 바울은 이미 로마에 있는 그리스도인들을 언급하면서 편지를 받는 수신인들이 그들에게 문안하라고 부탁하고 있다. 놀라운 것은, 바울이 로마에 아직 가 보지 못했지만 이미 로마에 있는 많은 신앙인을 알고 있다는 점이다. 아마도 전도 여행 중에 바울이 만난 사람들이 시간이 지나면서 로마에 가 있었을 것이다. 로마를 거쳐 스페인까지 가려는 전도 여정을 준비하라고 바울이 미리 보낸 사람도 있었을 테다. 16장 1절부터 16절까지 길게 이어지는 사람들 가운데 7절까지를 보자. 여기에 바울의 동역자 일곱 명이 나오는데 그중에 네 명이 여성이다. 그 가운데 두 여인이 중요하다. 먼저 뵈뵈다.

겐그레아 교회의 일꾼이요 우리의 자매인 뵈뵈를 여러분에게 추천합니다. 여러분은 성도의 합당한 예절로 주님 안에서 그를 영접하고, 그가 여러분에게 어떤 도움을 원하든지 도와주시기 바랍니다. 그는 많은 사람을 도와주었고, 나도 그에게 신세를 많이 졌습니다. (로마서 16장 1~2절)

뵈뵈라는 여인은 성경에서 이곳에만 나온다. 그는 고린도에서 동쪽으로 15킬로 정도 떨어진 겐그레아에 있는 교회의 일꾼이었다. 일꾼으로 번역된 헬라어는 사도행전 6장에 기록된 예루살렘 교회의 일곱 집사를 표현할 때 쓰인 말 집사다. 집사란 단어는 오늘날의 교회에서 대체적으로는 장로, 권사, 안수집사, 집사 등의 교회 직분에서 처음에 받는 직분이다. 그러나 세계 교회의 어떤 갈래에서는 오늘날에도 여전히 목회적인 담당자를 부르는 이름으로 쓰이기도 한다. 신약 성경 시대에는 교회의 제도가 복잡하지 않았다. 사도행전 6장에 나오는 집사라는 명칭은 오늘날로 하면 목회자로 볼 수도 있다. 뵈뵈가 겐그레아 교회의 공적인 지도자였다고 추측하는 이유다.

뵈뵈는 바울과 많은 그리스도인에게 도움을 주었다. 초기 교회의 사역 현장에서 이 여인은 상당한 역할을 했다. 뵈뵈가 더 중요한 이유는 그가 로마서 편지를 로마에 전달한 사람이었다는 것이다. 바울은 뵈뵈가 로마에 도착할 것인데 그를 잘 영접하고 필요한 것을 도와주라고 각별하게 부탁하고 있다. 로마 사역을 위해 미리 편지를 전달하는 전초병 역할을 한 여인이었다. 당시의 교통과 여행의 상황을 생각할 때 여인으로서 먼 거리를 여행하는 것이 쉽지 않은 것이었다. 뵈뵈는 한 지역 교회에서 열정을 갖고 헌신하는 그리스도인 정도가 아니었다. 당시 교회가 세계적으로 복음을 전할 때 그 사역의 한가운데서 활동하는 사람이었다. 다음에 등장하는 인물은 부부다.

그리스도 예수 안에서 나의 동역자인 브리스가와 아굴라에게 문안하여 주십시오. 그들은 생명의 위험을 무릅쓰고 내 목숨을 구해 준 사람들입니다. 나뿐만 아니라, 이방 사람의 모든 교회도 그들에게 감사하고 있습니다. 그리고 그들의 집에서 모이는 교회에도 문안하여 주십시오. (로마서 16장 3~5 상반절)

브리스가와 아굴라는 유대인 부부다. 브리스가는 사도행전 18장에 나오는 브리스길라와 같은 이름이다. 바울은 이들을 자신의 동역자라고 소개한다. 이 부부는 바울의 사역에서 매우 중요한 역할을 했다. 사도행전 18장에 두 사람 이야기가 기록되어 있다. 바울이 이들을 만난 것은 아덴에서 떠나 고린도에 도착했을 때였다. 그때 바울의 심정이 무척 힘들었다. 고린도전서 2장 3절에서 바울은 자신이 "약하였으며, 두려워하였으며, 무척 떨었습니다" 하고 말한다.

아테네 전도가 생각보다 열매가 없었던 이유였든지 아니면 다른 어떤 상황 때문에 바울은 아주 힘든 상황이었다. 이즈음 바울이 브리스길라와 아굴라 부부를 만나서 동역했고 이들 덕분에 큰 힘을 얻었다. 바울은 이들과 같이 일하면서 고린도에서 복음을 전했다.

그 뒤에 바울은 아테네를 떠나서, 고린도로 갔다. 거기서 그는 본도 태생인 아굴라라는 유대 사람을 만났다. 아굴라는 글라우디오 황제가 모든 유대 사람에게 로마를 떠나라는 칙령을 내렸기 때문에, 얼마 전에 그의 아내 브리스길라와 함께 이탈리아에서 온 사람이다. 바울은 그들을 찾아갔는데, 생업이 서로 같으므로, 바울은 그들 집에 묵으면서 함께 일을 하였다. 그들의 직업은 천막을 만드는 일이었다. (사도행전 18장 1~3절)

바울이 고린도에서 에베소로 건너갈 때 두 사람이 바울과 동행했다. 바울은 에베소에 이들을 사역자로 남겨 놓고 배를 타고 가이사랴로 간다. 브리스길라와 아굴라가 에베소에서 교회를 이끌고 있을 때 알렉산드리아 출신으로 대단히 학식이 많고 신앙의 열정이 넘치는 아볼로라는 사람이 에베소에 와서 복음을 전했다. 그는 요한의 세례만 알 뿐이었다. 성령의 충만을 비롯한 기독교의 깊은 가르침은 알지 못했다. 브리스길라와 아굴라 부부가 아볼로에게 복음을 깊이 가르쳤다.

그런데 알렉산드리아 태생으로 아볼로라는 유대 사람이 에베소에 왔다. 그는 말을 잘하고, 성경에 능통한 사람이었다. 그는 이미 주님의 '도'를 배워서 알고 있었고, 예수에 관한 일을 열심히 말하고 정확하게 가르쳤다. 그렇지만 그는 요한의 세례밖에 알지 못하였다. 그가 회당에서 담대하게 말하기 시작하니, 브리스길라와 아굴라가 그의 말을 듣고서, 따로 그를 데려다가, 하나님의 '도'를 더 자세하게 설명하여 주었다. (사도행전 18장 24~26절)

에베소에서 교회를 지도했던 이 부부가 바울이 로마서를 쓰는 지금 로마에 있다. 바울은 편지의 수신인들에게 이 부부에게 인사하라고 한다. 두 사람은 다시 로마로 돌아갔을 것이다. 글라우디오 황제의 유대인 추방령은 기원후 54년에 철회되었다. 브리스길라와 아굴라가 로마에 재산이 있었고 유대인 추방령으로 로마를 떠날 때 집안의 종들에게 재산을 관리하게 했는데 추방령이 해제되면서 곧 로마로 돌아갔다고 보는 학자도 있다. 이 신실한 부부가 다시 로마로 간 중요한 목적은 로마에서 스페인으로 이어지는 바울의 선교 전략과 관련이 있었을 것이다. 바울이 이 부부에 대하여 언급하는 내용처럼 이들은 생명의 위협까지 무릅쓰면서 바울과 동역한 사람 아닌가. 로마를 거쳐 땅끝 스페인까지 가려는 바울의 선교에 이 부부처럼 적합한 사람이 없었다. 이들은 미리로마로 가서 그 일을 준비하고 있었고 상당한 진척을 보고 있었다. 그들의 가정에서 교회 공동체가 모이고 있었다.

자, 중요한 점이 있다. 지금 우리는 예수의 사람들 가운데 보석처럼 빛나는 여인들을 만나고 있다. 브리스길라와 아굴라가 부부라고 했는데 앞에 나오는 브리스길라가 부인이다. 이들 부부의 이름이 나올 때 부인 이름이 먼저 나오는 것에 주목해야 한다. 보통은 남편 이름이 먼저 나온다. 부부 두 사람 중에서 브리스길라가 주도적으로 사역했다는 것이 학자들의 공통된 견해다.

땅 끝까지 복음을 전하려는 바울의 사역에서 로마서가 매우 중요하다. 인사의 내용이 담긴 마지막 장에 바울과 로마 교회 사이를 연결하는 인물들이 나온다. 바울을 한 번도 보지 못한 로마 교회가 바울이 어떤 사람인지 알 수 있는 가장 좋은 방법은 바울의 동역자들을 만나는 것이었을 테다. 친구를 보면 그 사람을 알 수 있다. 가장 먼저 언급된 그 친구들 일곱 명 중에서 네 명이 여성이다.

신약에 등장하는 여인들은 이 외에도 많다. 최초의 복음서를 기록한 요한 마가의 어머니 마리아, 자기 집의 넓은 다락방에 최후의 만찬을 준비한 여인이다. 바로 그 다락방에 모여 있던 사람들에게 성령이 강림했다. 바울이 유럽에 처음 발을 디디고 빌립보에서 전도할 때 강변에서 바울을 만나서 예수를 믿은 여인 루디아, 그는 고급 옷감을 취급하는 사업가였다. 빌립고 교회가 바울의 사역을 위해 재정적으로 많이 도왔는데 그 중심에 루디아가 있었을 것이다. 신약 성경을 읽으면서 그리스도 예수를 따르며 헌신한 여인들을 만날 때마다 감동이 깊다.

예수가 전한 하나님 나라의 사역 현장에 남성들만 있지 않았다. 여인들이 중요했다. 어떤 점에서는 여인들이 더 중심이었다. 초기 교회에서 가장 중요한 예수의 열두 제자들만 있지 않았다. 이들 외의 평신도 지도자들이 중요했다. 어떤 점에서는 이들이 더 중요한 역할을 감당했다. 사도행전 이야기에서 사마리아와 이방 세계의 전도가 아주 중요하다. 이 문을 사도들이 열지 않았다. 스데반과 빌립과 같은 평신도 지도자들이 열었다.

인자가 서 계신 것이 보입니다

초기 교회의 역사를 증언하고 있는 사도행전 이야기에서 아주 중요한 주제가 '땅 끝까지'라는 표현에 포함되어 있다. 기독교 교회는 예루살렘에서 시작되었다. 유대인의 중심 도시다. 예수를 그리스도로 믿는 사람들은 초기에는 모두 유대인이었다. 자연스럽게 교회는 유대교의 한 집단이라고 생각되었다. 외부의 시각뿐 아니라 교회 내부의 그리스도인들도 마찬가지였다. 그러나 교회는 그 본디 정체성에서 유대인의 종교와 문화권을 넘어서야 했다. 사도행전 1장 8절이 그 핵심적인 표현이다.

오직 성령이 너희에게 임하시면 너희가 권능을 받고 예루살렘과 온 유대와 사마리아와 땅 끝까지 이르러 내 증인이 되리라 하시니라. (사도행전 1장 8절, 개역개정)

예수가 승천하기 직전에 주신 명령이다. 마태복음 28장 18~20절을 지상명령(至上命令) 즉, 반드시 따라야 하는 최고의 명령이라고 부르는데 사도행전 1장 8절과 내용이 같다. 여기에 나오는 네 개의 지역을 주목하자. 예루살렘, 온 유대, 사마리아, 땅 끝이다. 흔히 이 구절이 사도행전 전체 내용에서 복음의 확장 과정을 설명한다고 말한다. 그러나 무리다. 먼저 사도행전의 마지막은 땅 끝이 아니라 땅의 중심에서 끝난다. 가장 결정적인 난관은 사도행전에서 상당히 긴 부분을 차지하고 있는 아시아 지역을 언급하지 않는다는 점이다. 적어도 13장부터 19장까지에 있는 아시아 전도의 내용을 1장 8절에 담을 길이 없다.

예루살렘에서 온 유대로 확장되는 것은 얼른 눈에 들어온다. 사도행전 8장 1절에 따르면 스데반 집사의 순교로 박해가 시작되어 예루살렘의 그리스도인들이 "사도들 이외에는 모두 유대 지방과 사마리아 지방으로 흩어졌다." 유대는 예루살렘을 둘러싸고 있는 이스라엘의 남부 지역이고 바로 위의 중부 지역이 사마리아다. 그런데 그다음에 갑자기 땅 끝으로 건너뛴다. 북부 지역 갈릴리나 아시아나 유럽 등 모든 지역을 전혀 언급하지 않고 갑자기 땅 끝이다.

1장 8절에서 지역을 표현하는 단어 넷은 다른 방식으로 이해하고 해석해야 한다. 예루살렘에서 온 유대로 확장되는 것은 같은 유대 문화권 안에서 복음이 퍼지는 것이다. 자연스럽고 그리 어렵지 않은 일이다. 다음 단계는 다른 문화권으로 확장되는 것이다. 다른 문화권에 두 영역이 있다. 하나는 이방, 곧 헬라 문화권이고 다른 하나가 사마리아 문화권이다. 사마리아로 가는 것을 '다른 문화권'이라고 표현은 했지만, 상당히 다른 문제다. 우선은 다른 문화권이라고 해두고 나중에 자세하게 살피자. 헬라 문화권으로 넘어가는 과정을 먼저 보자. 기독교가 유대교의 전통과 문화를 넘어서 헬라 문화권, 곧 이방인에게 가는 과정에서 갈등이 심각했다. 이 일은 성령이 거의 강제적으로 밀어붙였다. 사도행전 10장과

11장에 그 사건이 나온다.

베드로가 여기저기 다니면서 유대인들에게 복음을 전하다가 지중해 해안 도시 욥바에 머물고 있었다. 어느 날 정오에 베드로가 지붕에 올라가서 기도하다가 배가 고픈 상황에서 환상을 보았다. 네 귀퉁이를 끈으로 달아맨 큰 보자기 같은 그릇이 하늘에서 내려왔다.

> 그 안에는 온갖 네 발 짐승들과 땅에 기어 다니는 것들과 공중의 새들이 골고루 들어 있었다. 그 때에 "베드로야, 일어나서 잡아먹어라" 하는 음성이 들려왔다. 베드로가 대답하였다.
> "주님, 절대로 그럴 수 없습니다. 나는 속되고 부정한 것은 한 번도 먹은 일이 없습니다."
> 그랬더니 두 번째로 음성이 다시 들려왔다.
> "하나님께서 깨끗하게 하신 것을 속되다고 하지 말아라."
> 이런 일이 세 번 있은 뒤에, 그 그릇은 갑자기 하늘로 들려서 올라갔다. (사도행전 10장 12~16절)

베드로가 이 환상의 뜻이 무엇인지 몰라서 어리둥절하고 있을 때 아래에서 누가 손님이 왔다고 전한다. 욥바에서 북쪽으로 40킬로미터 떨어진 지중해의 항구 도시 가이사랴에서 이방인 백부장 고넬료가 욥바까지 사람을 보냈다. 고넬료는 이방인이지만 하나님을 경외하고 있었다. 베드로가 아직 지붕 위에 있는데 성령께서 강하게 말씀하신다.

> "보아라, 세 사람이 너를 찾고 있다. 일어나서 내려가거라. 그들
> 은 내가 보낸 사람들이니, 의심하지 말고 함께 가거라." (사도행전
> 10장 19~20절)

베드로는 고넬료가 보낸 사람들을 만나 자초지종 얘기를 듣고
서 환상의 뜻을 깨닫는다. 이방인들을 품어야 한다는 것, 그들에
게도 예수 그리스도를 증언해야 한다는 것이다. 베드로와 찾아온
손님들의 대화를 보라.

"보시오, 내가 당신들이 찾고 있는 사람이오. 무슨 일로 오셨
소?"

"고넬료라는 백부장이 보내서 왔습니다. 그는 의로운 사람이요,
하나님을 두려워하는 사람입니다. 그는 온 유대 백성에게 존경을
받고 있습니다. 그는, 사람을 보내어 당신을 집으로 모셔다가 말
씀을 들으라는 지시를, 거룩한 천사에게서 받았습니다."

천사가 지중해의 두 항구 도시를 연결하고 있었다. 베드로는 손
님들을 집에 묵게 했다. 당시의 유대교 관습에 따르면 이방인을
집에 들이거나 함께 식사하는 것은 금지된 일이었다. 베드로는 다
음날 그들과 함께 이방인의 집으로 간다. 욥바에 있는 그리스도인
몇이 동행한다. 고넬료의 집에서 베드로가 말씀을 전할 때 성령이
임하셨다.

(베드로가 말씀을 전할 때) 그 말을 듣는 모든 사람에게 성령이 내리셨다. 할례를 받은 사람들 가운데서 믿게 된 사람으로서 베드로와 함께 온 사람들은, 이방 사람들에게도 성령을 선물로 부어 주신 사실에 놀랐다. 그들은, 이방 사람들이 방언으로 말하는 것과 하나님을 높이 찬양하는 것을 들었기 때문이다. 그 때에 베드로가 말하였다.

"이 사람들도 우리와 마찬가지로 성령을 받았으니, 이들에게 물로 세례를 주는 일을 누가 막을 수 있겠습니까?"

그런 다음에, 그는 그들에게 명해서, 예수 그리스도의 이름으로 세례를 받게 하였다. 그들은 베드로에게 며칠 더 머물기를 청하였다. (사도행전 10장 44~48절)

큰 사건이었다. 오순절에 예루살렘에 성령이 강림하신 것과 똑같이 이방인들에게도 성령이 임하신다고는 베드로도 누구도 전혀 생각하지 못했다. 베드로도 함께 간 할례 받은 유대인 그리스도인들도 놀랐다. 베드로가 고넬료의 집단 사람들에게 세례를 베푼 것은 어려운 결단이었다. 큰 문제가 될 수 있는 일이었다. 나중에 베드로가 예루살렘에 올라갔을 때 결국 이 일이 문제가 되었다. 할례 받은 사람들이 베드로를 비난했다. 할례 받지 않은 사람들의 집에 들어가서 그들과 함께 음식을 먹었다는 것을 문제로 삼았다. 사실 베드로가 욥바에 있을 때 성령이 직접적으로 강하게 지시하지 않았다면 베드로가 가이사랴에서 찾아온 이방인, 곧 할례 받지 않은 사람들을 집에 들이거나 묵게 하지 않았을 것이다. 그들과 함께 고넬료의 집에 가지도 않았을 것이다. 환상을 보는 중에 베드로가 부정한 짐승을 먹은 적이 없었다고 말한 것처럼 베드로도 율법의 전통을 철저하게 지키며 살아왔다. 그러나 모든 일을 하나님이 직접 기획하고 지시하고 진행했다.

중요한 것을 짚어야 한다. 사도행전 1장 8절 말씀은 예수가 직접 주신 명령이다. 오순절에 성령이 강림하면서 베드로를 비롯한 사도들과 초기 그리스도인들은 하늘의 능력으로 충만했다. 그런데도 그들은 사도행전 1장 8절을 충분히 이해하지 못했다. 사도행전 10장의 고넬료 관련 사건은 성령이 충만한데도 문화에 따른 인식의 한계는 여전하다는 것을 말해준다. 성령의 충만함이 모든 것을 손바닥 뒤집듯이 마술처럼 바꾸지는 않는다. 하나님이 사람에게 주신 자유의지 때문이다. 사람에게 있는 하나님의 형상에서 핵심은 인격성이고 인격성의 중심은 의지의 자유다. 하나님은 사람을 창조하면서 큰 모험을 했다. 하나님의 뜻을 거부할 수 있는 자유까지도 허용한다. 그야말로 자유의지다. 하나님은 베드로와 열두 사도, 초기 교회의 그리스도인들이 가진 유대교의 종교 문화적인 특성과 한계를 잘 알았다. 그래서 초기 그리스도인들이 자신의 한계를 넘어서서 타 문화권으로 건너가도록 세심하게 단계적으로 일을 진행했다.

사도행전 11장에는 베드로를 비난하는 사람들에게 베드로가 자초지종을 상세하게 설명하는 장면이 나온다. 베드로가 본 환상의 내용, 성령이 가라고 지시했다는 것, 고넬료의 집에서 일어난 성령의 강림 등이다. 이방인 고넬료의 가족과 집에서 함께 지내던 모두에게 성령이 임하면서 이방인 선교의 문이 본격적으로 열린 사건이 10장과 11장에 두 번 기록되어 있다. 한 번은 사건 자체, 또 한 번은 그것이 문제가 되어 해명한 기록이다. 교회가 이방 문화권으로 건너가는 것이 현실 상황에서 그만큼 어려웠다는 말이다.

유대 문화권에서 헬라 문화권으로 복음이 확장되면서 발생하는 갈등은 사도행전 10장과 11장에서 끝나지 않는다. 고넬료 사건이 마무리되는 11장의 기록 바로 다음에 시리아의 안디옥에 이방인 교회가 생긴다는 내용이 나온다. 이 교회에서 기독교 역사 최초로 선교사를 파송한다. 바나바와 바울이 1차 선교 여행을 다녀온 후에 이방 문화권에 복음을 전하는 일을 놓고 갈등이 크게 불거진다. 예수 그리스도를 믿는 이방인들도 유대교의 신앙 전통과 문화적인 여러 관습을 철저하게 지켜야 한다고 주장하는 사람들이 있었다. 이들과 바울 및 바나바 사이에 크게 논쟁이 벌어졌다. 이 문제를 놓고 주후 50년에 기독교 역사 최초의 공의회가 열린다. 아주 중요한 사건이다. 사도행전 15장에 그 구체적인 내용이 나온다.

> 몇몇 사람이 유대에서 (시리아의 안디옥 교회에) 내려와서, 이렇게 신도들을 가르쳤다. "여러분이 모세의 관례대로 할례를 받지 않으면, 구원을 얻을 수 없습니다." 그래서 바울과 바나바 두 사

람과 그들 사이에 적지 않은 충돌과 논쟁이 벌어졌다. 드디어 안디옥 교회는 이 문제로 바울과 바나바와 신도들 가운데 몇 사람을 예루살렘으로 올라가게 해서, 사도들과 장로들을 찾아보게 하였다.

그들은 교회의 전송을 받고 떠나서, 페니키아와 사마리아를 거쳐 가면서, 이방 사람들이 회개한 일을 이야기하였다. 그리하여 그들은 그곳의 모든 신도들을 매우 기쁘게 하였다. 예루살렘에 이르러서, 그들은 교회와 사도들과 장로들에게 환영을 받고, 하나님께서 그들과 함께 행하신 일들을 모두 보고하였다. 그런데 바리새파에 속하였다가 신도가 된 사람 몇이 일어나서 "이방 사람들에게도 할례를 행하고, 모세의 율법을 지키도록 명하여야 합니다" 하고 말하였다.

사도들과 장로들이 이 문제를 다루려고 모였다. 많은 논쟁을 한 뒤에, 베드로가 일어나서 그들에게 말하였다.

"형제 여러분, 여러분이 아시는 대로, 하나님께서 일찍이 여러분 가운데서 나를 택하셔서, 이방 사람들도 내가 전하는 복음의 말씀을 듣고 믿게 하셨습니다. 그리고 사람의 마음속을 아시는 하나님께서는 우리에게 주신 것과 같이 그들에게도 성령을 주셔서, 그들을 인정해 주셨습니다. 하나님께서는 그들의 믿음을 보셔서, 그들의 마음을 깨끗하게 하시고, 우리와 그들 사이에, 아무런 차별을 두지 않으셨습니다. 그런데 지금 여러분은 왜 우리 조상들이나 우리가 다 감당할 수 없던 멍에를 제자들의 목에 메워서, 하나님을 시험하는 것입니까? 우리가 주 예수의 은혜로 구원을 얻고, 그들도 꼭 마찬가지로 주 예수의 은혜로 구원을 얻는다고 우리는 믿습니다."

그러자 온 회중은 조용해졌다. (사도행전 15장 1~12 상반절)

베드로가 욥바에서 가이사랴로 이어지는 자신의 체험을 다시한 번 증언했다. 사도행전에 베드로의 체험이 세 번째로 언급되는것이다. 베드로의 발언 이후에 바나바와 바울이 선교 여정에서 겪은 하나님의 손길과 그 생생한 현장 체험을 보고한다. 바로 이어서 예수의 형제 야고보가 시므온(베드로)의 발언을 지지하고 구약성경 아모스를 인용하며 결론을 내린다. 이방인들이 예수 그리스도를 믿을 때 유대 전통의 관습을 따르지 않아도 된다는 것이다. 이제 드디어 공식적으로, 그렇다, 전체 교회 지도자들이 논의하여공식적으로 이방인 선교의 기본 방침이 확정되었다. 예수를 그리스도로 믿는 기독교 신앙이 유대교에서 벗어나 자신의 정체성을바로 인식하게 되었다. 사도행전 1장 8절 말씀이 사도행전 15장에와서야 비로소 제대로 인식되었다.

이제 다른 문화권이라고 해둔 사마리아 문제를 다루자. 복음이사마리아로 확장되는 것은 특별한 일이었다. 사마리아는 원래 이스라엘 지역이다. 이스라엘이 남북으로 갈라져 한참 세월이 지난후 앗시리아 제국이 북왕국의 수도 사마리아를 정복하면서 북왕국이 망한다. 앗시리아는 사마리아를 인종적, 종교적, 문화적으로 철저하게 혼합시켰다. 혈통의 순수성에 근거하여 선민의식이 강한 이스라엘 사람으로서는 사마리아가 치욕이었다. 유대인들은 사마리아 땅을 밟지도 않았다. 사마리아인들을 사람 취급도 하지 않았다. 이방인보다 더 경멸했다. 말하자면 사마리아는 유대인에게는 절대로 가지 말아야 하는 지역이었다. 그러나 예수는 사마리아까지 품었다. 사마리아 땅을 밟았고 지나다녔다. 거기에서 말씀도 전하며 며칠을 묵기도 했다.

자, 그러면 이제 사도행전 1장 8절에 명시된 네 지역을 해석하자. 예루살렘에서 온 유대로 가는 것은 같은 문화권 안에서 복음이 확장되는 것이다. 다음 단계가 사마리아인데, 유대인으로서 가장 가기 어려운 지역이다. 유대인으로 시작된 예루살렘 교회에도 마찬가지였다. 그렇다면, 사마리아에 갈 수만 있다면 세상천지에 가지 못할 곳이 없다. 그러니까 사마리아라는 표현에는 이미 헬라 문화권과 세상의 모든 지역이 다 포함되어 있다. 절대로 가지 않을 곳, 가지 못할 곳 하나를 대표적으로 언급한 것이다. 이렇게 보면 그다음에 이런저런 지역들을 언급할 필요가 없다. 이제는 어느 문화권, 어느 인종, 어느 종교, 어느 땅이든 상관없다. 다 열려 있다. 한 단어로 표현하면 된다. 땅 끝이다.

우리는 초기 교회가 헬라 문화권으로 건너가는 것이 얼마나 힘들었는지를 상세하게 살펴보았다. 사도행전은 이 주제에 관하여 상당히 길게 서술한다. 언어, 종교, 인종, 관습 등을 포괄하는 개념이 문화다. 다른 문화를 포용하는 것은 누구에게나 늘 힘들다. 이

것이 얼마나 힘든지 하나님도 성령을 통하여 물밑 작업을 하며 세심하게 사람들을 준비시킨다. 기독교 신앙은 시작부터 다른 문화권을 품는 것을 핵심 가치로 삼았다. 모두에게 열린 존재의 방식이 하나님 나라의 기본 성격이다. 조금만 생각해 보면 아주 당연하다. 존재하는 모든 것을 하나님이 창조했고 그 하나님이 그 모든 것을 사랑하시니 말이다.

다른 문화권으로 건너가는 문은 열두 사도나 초기 교회의 중요 지도자들이 열지 않았다. 오늘날의 표현으로 하면 평신도들이 열었다. 최초의 순교자 스데반 집사는 폐쇄적인 유대교 전통을 바꾸어야 한다고 설교했다. 그가 돌에 맞아 순교한 것이 이 때문이었다. 스데반이 고소당한 죄목이 성전과 율법을 모독한다는 것이었다. 사두개인과 바리새인이 예수를 죽인 것도 같은 이유였다.

> 그리고 거짓 증인들을 세워서, 이렇게 말하게 하였다. "이 사람은 쉴 새 없이 이 거룩한 곳과 율법을 거슬러 말을 합니다. 이 사람이, 나사렛 예수가 이 곳을 헐고 또 모세가 우리에게 전하여 준 규례를 뜯어고칠 것이라고 말하는 것을, 우리가 들었습니다." (사도행전 6장 13~14절)

스데반 집사는 예수 그리스도를 믿는 신앙이 유대 문화권을 넘어서야 한다는 것을 누구보다 먼저 정확하게 깨닫고 있었다. 어쩌면 사도행전 1장 8절을 가장 먼저 깨달은 사람이었을지 모른다. 이 문제를 해결하지 않으면 성령이 하시는 일에 순종할 수 없다는 것을 깊이 인식했다. 베드로를 비롯한 사도들 누구도 아직은 이것을 깨닫지 못하고 있었다. 스데반은 선구자였다. 스데반의 순교로 큰 박해가 시작되었고 그리스도인들이 사방으로 흩어졌다. 스데반의 죽음은 예루살렘 교회를 폐쇄적인 유대교의 안방 예루살렘에서 밖으로 내보내려는 하나님의 섭리였다. 스데반은 죽음으로써 예루살렘 교회를 예루살렘에서 해방시켰다. 이토록 중요한 사람 스데반이 예수 그리스도를 증언하며 돌에 맞아 죽어갈 때 예수는 하나님 보좌 우편에 서 계셨다. 앉아 있을 수가 없었다. 하나님 오른편에 서서 스데반의 순교를 지켜보고 있었다.

> 그런데 스데반이 성령이 충만하여 하늘을 쳐다보니, 하나님의 영광이 보이고, 예수께서 하나님의 오른쪽에 서 계신 것이 보였다. 그래서 그는 "보십시오, 하늘이 열려 있고, 하나님의 오른쪽에 인자가 서 계신 것이 보입니다" 하고 말하였다. (사도행전 7장 55~56절)

그렇게 흩어진 사람들, 이름이 언급되지 않은 그리스도인들이 두루 다니며 말씀을 전했다. 시리아의 안디옥에서 헬라인들에게 복음을 전한 것도 이들이었다. 스데반처럼 일곱 집사 중의 한 사람인 빌립도 그렇게 활동했다. 사마리아로 간 사람이 바로 이 사람이다. 빌립의 전도로 사마리아 사람들이 하나님의 말씀을 받았다. 예루살렘 교회에 이 일이 알려졌다. 큰 사건이었다. 예상하지 못했다. 베드로와 요한이 사마리아에 내려가서 더 말씀을 가르치며 복음을 전한다. 빌립은 더 나아가서 세계 선교의 문도 연다. 아프리카 내륙에 있는 나라 에티오피아 여왕의 최측근에게 복음을 전한다. 성령이 빌립에게 직접 지시하여 그 고위 관리를 만나게 했다.

사도행전에서 복음의 말씀이 퍼져가는 일은 성령이 주도한다. 교회의 지도자들은 어떤 때는 억지로 따라가고 어떤 때는 후속 조치를 할 뿐이다. 에티오피아의 고위 관리를 전도한 후에 빌립은 지중해 해변 지역으로 간다. 빌립 집사에 관하여 아주 중요한 언급이 사도행전 8장 마지막 절에 나온다.

그 뒤에 빌립은 아소도에 나타났다. 그는 돌아다니면서 여러 성에 복음을 전하다가, 마침내 가이사랴에 이르렀다. (8장 40절)

지중해 해안 가까이에 있는 아소도에서 해안을 따라 북쪽의 항구도시 가이사랴까지를 이어보자. 룻다, 욥바, 사론 평야의 도시들이 거기에 있다. 특히 사론 평야 지대에 있는 도시들에는 이방인이 많았다. 어느 도시는 절반에 이르렀다. 그도 그럴 것이 이 지역은 블레셋 민족이 차지하고 있던 지역이다. 빌립은 이 이방인 지역에 처음으로 복음을 전했다. 사도행전의 기록에서 복음을 확장하려고 중요한 영역을 개척한 사람이 빌립이다. 빌립은 성격이 진취적이었을 것이다. 아직 아무도 생각하지 못하고 실행하지 못했던 일을 해내는 사람, 새로운 일을 두려워하지 않는 사람, 변화를 회피하지 않고 오히려 변화를 이끌어가는 사람이었다.

빌립이 개척해놓은 이 지역에 나중에 베드로가 다니며 복음을 전한다. 베드로도 가이사랴까지 가서 고넬료의 가정에 복음을 전한다. 집사 빌립이 길을 연 개척자요 사도 베드로는 빌립이 닦아 놓은 그 길을 걸었다. 베드로는 이 전도 경험 덕분에 사도행전 15장의 예루살렘 회의에서 예수의 가르침에 순종하며 발언할 수 있었다. 집사 빌립은 초기 교회의 운명을 결정짓는 예루살렘 회의를 위해서 사전 작업을 수행했다.

가이사랴까지 간 빌립은 거기에서 살았다. 사도행전 8장에서 퇴장한 그가 사도행전 21장에서 잠깐 다시 등장한다. 빌립이 가이사랴에 정착해서 살았다는 근거다.

> 이튿날 우리는 그곳을 떠나서, 가이사랴에 이르렀다. 일곱 사람 가운데 한 사람인 전도자 빌립의 집에 들어가서, 그와 함께 머물게 되었다. 이 사람에게는 예언을 하는 처녀 딸이 넷 있었다. (사도행전 21장 8~9절)

때는 사도 바울이 3차 전도여행까지 마치고 로마행을 계획하며 예루살렘으로 올라가는 길이었다. 가이사랴에서 바울이 머문 곳이 빌립의 집이었다. 빌립에게는 결혼하지 않은 딸 넷이 있었다. 모두 예언하는 여인들이었다. 아버지처럼 하나님의 영으로 충만한 자녀들이었다. 빌립은 가정도 신앙으로 잘 가꾼 믿음의 가장이었다.

사울을 찾으려고 다소로 가서

참으로 멋지고 아름다운 분을 만나보자. 이 사람을 만나려면 초기 교회를 적극적으로 박해한 중심인물 사울을 먼저 살펴야 한다. 스데반 집사가 순교하는 장면에 이 사람이 등장한다. 스데반을 돌로 치는 사람들이 벗어놓은 겉옷을 사울이 지키고 있었다. 스데반을 죽이는 일에 가담한 것이다.

> 사람들은 귀를 막고, 큰 소리를 지르고서, 일제히 스데반에게 달려들어, 그를 성 바깥으로 끌어내서 돌로 쳤다. 증인들은 옷을 벗어서, 사울이라는 청년의 발 앞에 두었다. (사도행전 7장 57~58절)

사울이 나중에 회심했을 때 예루살렘 교회의 지도자들은 그의 진정성을 믿지 못했다. 이때 사울이 회심한 진정성을 믿고 그를 사도들에게 추천한 사람이 바나바였다.

사울이 예루살렘에 이르러서, 거기에 있는 제자들과 어울리려고 하였으나, 그들은 사울이 제자라는 사실을 믿을 수가 없어서, 모두들 그를 두려워하였다. 그러나 바나바는 사울을 맞아들여, 사도들에게로 데려가서, 사울이 길에서 주님을 본 일과, 주님께서 그에게 말씀하신 일과, 사울이 다마스쿠스에서 예수의 이름으로 담대히 말한 일을, 그들에게 이야기해 주었다. (사도행전 9장 26~27절)

바나바는 예루살렘의 사도들과 교회의 중심에 있는 그리스도인들에게 신임을 받는 사람이었다. 아니, 그가 예루살렘 교회의 중심 지도자였다. 바나바가 사도행전의 이야기에서 처음으로 등장하는 장면이 4장에 나온다. 초기 교회가 한창 성령으로 충만할 때였고 재산을 공유하는 모습도 일부 있던 때였다. 이때 바나바가 자기 재산을 팔아서 헌금한다.

많은 신도가 다 한마음과 한뜻이 되어서, 아무도 자기 소유를 자기 것이라고 하지 않고, 모든 것을 공동으로 사용하였다. 사도들은 큰 능력으로 주 예수의 부활을 증언하였고, 사람들은 모두 큰 은혜를 받았다. 그들 가운데는 가난한 사람이 한 사람도 없었다. 땅이나 집을 가진 사람들은 그것을 팔아서, 그 판 돈을 가져다가 사도들의 발 앞에 놓았고, 사도들은 각 사람에게 필요에 따라 나누어주었다.

키프로스 태생으로, 레위 사람이요, 사도들에게서 바나바 곧 '위로의 아들'이라는 뜻의 별명을 받은 요셉이, 자기가 가지고 있는 밭을 팔아서, 그 돈을 가져다가 사도들의 발 앞에 놓았다. (사도행전 4장 32~37절)

여기에 중요한 정보가 있다. 바나바는 별명이다. 다른 사람을 위로하고 격려하여 세워주는 역할을 잘해서 사도들이 붙여준 별명이다. 바나바의 성품이 훌륭했다는 것을 알 수 있다. 다른 사람을 세워주는 일은 인품이 깊지 않고는 되지 않는다. 바나바의 본명은 요셉이다. 지중해에 있는 키프로스에서 태어난 유대인이다. 바나바는 아마 예루살렘에서 자랐을 것이다. 바나바의 가족은 예수가 공생애의 삶을 살 때 이미 깊이 이어져 있었던 것이 분명하다. 바나바의 조카가 최초의 복음서를 쓴 요한 마가이고 이 마가의 어머니가 마리아다. 그러면 바나바와 마리아는 남매가 된다. 세 사람의 관계를 알려주는 성경 본문을 보자. 바나바와 마가가 사촌 사이라는 것은 바울이 골로새에 있는 교회들에 쓴 편지에 나오고, 마가의 어머니 이름이 마리아인 것은 베드로가 옥에 갇혔다가 천사의 도움으로 빠져나온 사도행전의 기록에 나온다.

나와 함께 갇혀 있는 아리스다고와 바나바의 사촌인 마가가 여러분에게 문안합니다(마가가 여러분에게 가거든 잘 영접하라는 지시를 여러분이 이미 받았을 줄 압니다). (골로새서 4장 10절)

마가라고도 하는 요한의 어머니 마리아의 집으로 갔다. 거기에는 많은 사람이 모여서 기도하고 있었다. 베드로가 대문을 두드리니, 로데라는 어린 여종이 맞으러 나왔다. (사도행전 12장 12~13절)

마리아의 집 다락방이 예수가 제자들과 함께 마지막 만찬을 드신 장소였다. 예수가 부활하여 40일을 더 활동하고 승천한 후 열흘 뒤 오순절에 성령이 강림하는데 그때 120명 정도의 초기 그리스도인이 모여 있던 장소가 또 이 다락방이었다. 거기에 바나바도 있었을 것이다. 바나바와 마리아 외에 이 집안사람들이 얼마나 더 있었는지, 그들이 예수의 공생애와 초기 교회의 사역에 얼마나 참여했는지는 구체적인 정보가 신약 성경에는 나오지 않는다. 짐작하건대, 키프로스 섬 출신의 헬라파 유대인으로서 바나바의 집안 전체가 경건한 하나님 신앙에 깊었을 것이다. 바나바에 관한 기록이 신약 성경에 더 이어진다.

본격적으로 이방인 교회가 처음으로 시작된 것은 예루살렘 교회의 지도자들에게 중요하고 큰 사건이었다. 베드로가 가이사랴의 고넬료의 가정에서 복음을 전할 때 성령이 내리고 이방인들에게 세례를 베풀었다. 이 일이 문제가 되어 베드로가 예루살렘의 그리스도인들에게 자초지종을 설명하며 해명한다. 사도행전 11장에 기록된 이 상황 바로 다음에 이어지는 본문을 보자.

스데반에게 가해진 박해 때문에 흩어진 사람들이 페니키아와 키프로스와 안디옥까지 가서, 유대 사람들에게만 말씀을 전하였다. 그런데 그들 가운데는 키프로스 사람과 구레네 사람 몇이 있었는데, 그들은 안디옥에 이르러서, 그리스 사람들에게도 말을 하여 주 예수를 전하였다. 주님의 손이 그들과 함께하시니, 수많은 사람이 믿고 주님께로 돌아왔다.

예루살렘 교회가 이 소식을 듣고서, 바나바를 안디옥으로 보냈다. 바나바가 가서, 하나님의 은혜가 내린 것을 보고 기뻐하였고, 모든 사람에게 굳센 마음으로 주님을 의지하라고 권하였다. 바나바는 착한 사람이요, 성령과 믿음이 충만한 사람이었다. 그래서 많은 사람이 주님께로 나아왔다. (사도행전 11장 19~24절)

바나바가 최초의 이방인 교회를 섬기러 안디옥으로 간다. 바나바는 예루살렘 교회 지도자들이 충분히 신뢰하는 사람이었다. 성품이 착하고 성령과 믿음이 충만했다. 특히 사람들을 다독이면서 문제를 해결하거나 상황을 원만하게 이끌어야 할 일에는 바나바가 적임이었다. 안디옥의 이방인 그리스도인들에게 바나바를 파송한 주된 이유였다. 바나바가 키프로스 출신이었다는 것도 어느 정도 작용했을 것이다. 바나바는 아주 훌륭하고 넉넉하게 이방인 공동체를 이끌었다. 바나바의 사역으로 더 많은 사람이 예수 그리스도를 믿었다. 그런데 이 상황에서 중요한 기록이 나온다. 위에 인용에 이어지는 본문이다. 이후의 사도행전 이야기 전체가 이 기록에 걸린다.

바나바는 사울을 찾으려고 다소로 가서, 그를 만나 안디옥으로 데려왔다. 두 사람은 일 년 동안 줄곧 거기에 머물면서, 교회에서 모임을 가지고, 많은 사람을 가르쳤다. 제자들은 안디옥에서 처음으로 '그리스도인'이라고 불리었다. (사도행전 11장 25~26절)

사울은 예루살렘에서 교회 지도자들과 교제하다가 자기 고향 다소에 내려가 있었다. 바나바가 왜 사울을 안디옥으로 불러왔을까? 어떤 생각이 있었을까? 바나바는 사울을 잘 알고 있었다. 회심한 사울을 예루살렘의 지도자들에게 보증하며 추천한 것이 이를 말해준다. 베드로와 예수의 형제 야고보를 중심으로 예수의 열두 제자와 예루살렘 교회의 초기 지도자들은 대부분이 북부 지역 갈릴리 출신이었다. 이에 비해 바나바는 예루살렘에서 오래 지낸 터라 예루살렘 사람이라고 할 수 있다. 사울도 소아시아의 다소 출신이지만 역시 예루살렘에서 자랐다. 바나바는 아마 사울이 회심하기 전부터 사울을 상당히 알고 있었을 것이다.

사울은 적극적인 성격이었다. 그리스도인을 박해하는 모습에서 잘 나타난다. 사울은 구약 성경의 전통과 이스라엘의 하나님 신앙에 정통했다. 바나바나 사울이나 헬라파 유대인이다. 바나바는 이런 점을 생각하면서 이방인으로 구성된 교회 공동체에 사울처럼 적임자가 없다고 생각했을 것이다. 바나바는 사울에게 후견인 같은 사람이었다. 사울의 진정성과 신분을 보장해 주었고 중요한 사역 현장에서 일하도록 그를 발탁했다. 바나바의 판단과 기대가 정확했다. 안디옥에서 사울은 바나바와 함께 열심히 사역했고 일 년 정도 지나면서 안디옥 교회 신앙인들의 삶이 아름답게 변화되었다.

거기에서 처음으로 예수 그리스도를 주님으로 믿는 사람들에게 '그리스도인'이라는 이름이 붙었다. 그리스도의 사람들, 그리스도를 닮은 사람들, 예수 그리스도의 삶과 그 말씀의 가르침에 진실하게 삶을 헌신하는 사람들이란 뜻이다. 그리스도를 믿고서 삶이 아름답게 변화된 사람들! 이 이름이 조롱하는 표현이었다는 추측도 있기는 하다. 그러나 그렇다고 하더라도 예수의 말씀을 말로만 전하고 삶은 엉망인 상황은 아니었음이 분명하다. 안디옥 교회 사람들의 삶이 그리스도의 말씀에 따라 변화되면서 그 지역에 사는 사람들의 일반적인 모습과 뚜렷하게 구별되었을 것이다.

바나바는 초기 교회의 이방인 선교에서 중심적인 역할을 했다. 안디옥 교회에서 사역할 때 사울의 역량이 대단했겠지만, 바나바가 중심 지도자였다. 바나바와 사울의 나이는 정확하게 알 수 없다. 다만 사울은 스데반 집사의 순교 장면이 나오는 사도행전 7장에 청년으로 언급되어 있으니 젊었다. 바나바는 사울보다 나이가 훨씬 많았을 것이다. 바나바는 계속해서 사울을 눈여겨보면서 하나님 나라의 복음을 땅 끝까지 전하는 일에서 이 젊은이가 해야 할 역할을 놓고 기도하며 깊이 생각했다. 28개 장으로 구성된 사도행전 전체를 두 덩어리로 나눌 때 13장에서 두 번째 부분이 시작된다. 여기 몇 구절에 아주 중요한 내용이 있다.

안디옥 교회에 예언자들과 교사들이 있었는데, 그들은 바나바와 니게르라고 하는 시므온과, 구레네 사람 루기오와 분봉왕 헤롯과 더불어 어릴 때부터 함께 자란 마나엔과 사울이다. 그들이 주님께 예배하며 금식하고 있을 때에, 성령이 그들에게 말씀하셨다. "너희는 나를 위해서 바나바와 사울을 따로 세워라. 내가 그들에게 맡기려 하는 일이 있다."

그래서 그들은 금식하고 기도한 뒤에, 두 사람에게 안수를 하여 떠나보냈다. 바나바와 사울은, 성령이 가라고 보내시므로, 실루기아로 내려가서, 거기에서 배를 타고 키프로스로 건너갔다. 그들은 살라미에 이르러서, 유대 사람의 여러 회당에서 하나님의 말씀을 전하였다. 그들은 요한도 또한 조수로 데리고 있었다. (사도행전 13장 1~5절)

안디옥 교회의 지도자 다섯 명이 참 아름답다. 바나바가 중심이다. 니게르, 곧 흑인 시므온과 아프리카 북부 구레네 출신 루기오가 있다. 헤롯 대왕의 혈통과 직간접으로 연관이 있는 마나엔이 있다. 헤롯대왕의 아들인 분봉왕 헤롯이 어릴 때 함께 젖을 먹으며 자란 사람이다. 모두 처지와 지위에 상관없이 마음을 모아 함께 지내는 풍경의 마지막에 사울의 이름이 나온다.

깊은 신앙으로 예배하고 금식하며 헌신하는 안디옥 교회에 성령이 선교사 파송을 명령한다. 지도자 중에서 바나바와 사울을 지목해서 세우라고 한다. 바나바의 지휘로 기독교 최초의 선교팀이

꾸려진다. 교회 공동체가 둘을 안수하여 파송한다. 이후의 사도행전 이야기에서 모두 세 번에 걸쳐서 선교가 진행되는데 그 일차 여정이 시작되는 것이다. 이때 요한이 조수로 동행한다. 헬라식 이름이 요한이며 유대식 이름이 마가인 이 사람, 바나바의 조카다. 선교팀은 바나바의 고향인 키프로스 섬으로 향한다.

우리는 이미 요한 마가를 살펴보았다. 선교팀 일행이 키프로스 섬에서 배를 타고 아나톨리아 반도의 밤빌리아 지방 버가로 건너가는데 거기에서 요한은 예루살렘으로 돌아간다. 이 일 때문에 사울은 마가를 복음의 사역에 적합하지 않다고 판단한다. 나중에 두 번째 선교 여행을 떠날 때 요한을 데리고 가는 문제를 놓고 바나바와 사울이 대판 싸운다.

> 며칠 뒤에, 바울이 바나바에게 말하였다.
> "우리가 주님의 말씀을 전파한 여러 도시로 신도들을 다시 찾아가서, 그들이 어떻게 지내고 있는지를 살펴봅시다."
> 그런데 바나바는 마가라는 요한도 데리고 가려고 하였다. 그러나 바울은, 밤빌리아에서 자기들을 버리고 함께 일하러 가지 않은 그 사람을 데리고 가는 것을 좋게 여기지 않았다. 그래서 그들은 심하게 다툰 끝에, 서로 갈라서고 말았다. 바나바는 마가를 데리고, 배를 타고 키프로스로 떠나갔다. 그러나 바울은 실라를 택하고, 신도들로부터 주님의 은혜가 함께 하기를 바라는 인사를 받고서, 길을 떠났다. (사도행전 15장 36~40절)

바나바는 조카를 데리고 고향으로 가면서 신약 이야기의 무대에서 퇴장한다. 바나바는 그 후에 무슨 일을 했을까? 분명한 것은 조카가 다시 주님의 일꾼으로 회복되도록 바나바가 중요한 역할을 했다는 점이다. 바나바의 별명에서 보듯이 그가 가장 잘하는 일이 사람을 세우는 것 아닌가. 시간이 지나면서 마가는 주님의 일꾼으로 일하고 있었다. 마가는 바울과 동역하면서 감옥에 갇히기도 했다. 세월이 흘러서 삶의 마지막을 예감하며 바울이 디모데에게 쓴 유언적 편지에서 바울은 마가를 데려오라고 말한다. 바울은 이때 로마의 감옥에 있었다.

> 나와 함께 갇혀 있는 아리스다고와 바나바의 사촌인 마가가 여러분에게 문안합니다(마가가 여러분에게 가거든 잘 영접하라는 지시를 여러분이 이미 받았을 줄 압니다). (골로새서 4장 10절)

> 누가만 나와 함께 있습니다. 그대가 올 때에, 마가를 데리고 오십시오. 그 사람은 나의 일에 요긴한 사람입니다. (디모데후서 4장 11절)

아, 바나바는 얼마나 아름답고 귀한 사람인가. 이 사람이 있는 곳에서는 늘 하나님의 사람이 태어나고 자란다. 바나바의 덕목과 사람됨에 관하여 아주 중요한 점을 빼놓을 수 없다. 훌륭한 사람들 가운데서도 이런 일을 하는 사람은 흔하지 않다. 자신은 뒤로 물러서고 자기보다 후배요 나이도 어린 사람을 진심으로 앞에 세우는 일이다. 일차 선교 여행의 첫 번째 사역 현장인 키프로스 섬에서 이 일이 있었다.

바나바와 일행은 먼저 키프로스 섬의 동쪽인 살라미에서 유대인의 여러 회당에서 말씀을 전했다. 그 후에 이들은 섬을 가로질러서 섬의 서쪽 끝부분에 있는 바보라는 곳으로 갔다. 이곳이 총독 주재지였다. 총독의 이름이 서기오 바울이었다. 이곳에서 사역하면서 중요한 변화가 두 가지 있었다. 하나는 사울이 자신의 헬라식 이름 바울을 사용하기 시작한다. 본격적으로 이방인 선교를 하면서 유대식 이름 사울보다는 이방인에게 친숙한 이름이 좋다고 판단했을 것이다. 다른 하나는 선교팀의 지도자가 바나바에서 바울로 바뀐다. 사도행전 13장의 기록을 주의 깊게 관찰해보자. "바나바와 사울"이라는 표현에서 "바울과 그 일행"으로 바뀐다.

바나바와 사울은, 성령이 가라고 보내시므로, 실루기아로 내려가서, 거기에서 배를 타고 키프로스로 건너갔다. 그들은 살라미에 이르러서, 유대 사람의 여러 회당에서 하나님의 말씀을 전하였다. 그들은 요한도 또한 조수로 데리고 있었다. 그들은 온 섬을 가로질러 바보에 이르렀다. (사도행전 13장 4~6 상반절)

바울과 그 일행은 바보에서 배를 타고, 밤빌리아에 있는 버가로 건너갔다. 그런데 요한은 그들과 헤어져서 예루살렘으로 돌아갔

다. (사도행전 13장 13절)

바나바는 바울을 앞에 세우고 자신은 섬기는 역할을 한다. 한 지역 교회의 목회 현장과는 달리 어떤 상황이 발생할지 모르는 선교 현장에서는 자신보다 바울이 훨씬 적합하다고 판단한 것이다. 누구나 일인자 꿈꾸는데 바나바는 이인자를 자청했다. 그럼에도 바나바는 숨겨진 일인자다. 예수 그리스도를 닮는 일이 이런 것 아닌가. 오늘날의 교회와 사회 공동체에 이런 사람이 얼마나 절절하게 필요한가. 그리스도인이 저마다 말씀을 묵상하고 깊이 기도하며 바나바처럼 살아야 하는 것 아닌가.

은혜로 오늘의 내가 되었습니다

기독교 신앙이 유대 문화권에서 헬라 문화권으로 건너가는 과정을 사람의 출생과 성장으로 비유해 보자. 태동과 출생에서는 스데반과 빌립 집사를 비롯하여 이름이 알려지지 않은 여러 그리스도인이 주역이었다. 출생 후의 성장에서는 바나바와 사울이 중심 역할을 했다. 사울이 헬라식 이름 바울을 사용하기 시작하면서 본격적으로 이방 세계, 곧 헬라 문화권에 복음을 전한다. 이 사람 바울이 로마제국의 세계에 예수 그리스도의 복음을 강력하게 전파한 중심인물이다. 이 모든 일은 삼위일체 하나님이 기획하고 만들어가셨다. 특히, 현장에서는 삼위일체 중 성령이 주도했다.

바울을 빼고는 신약 성경 이야기를 생각할 수 없다. 초기 교회 30여 년 역사를 담고 있는 사도행전을 두 인물을 중심으로 두 덩어리로 나누기도 한다. 1장부터 12장까지는 베드로가 주인공이고 13장부터 마지막 28장까지는 바울이 주인공이다. 사도행전을 해석하는 적절한 방법 가운데 하나다. 13장에 시리아의 안디옥 교회에서 이방 선교를 위해 선교사를 파송하는 장면이 나온다. 신약성경의 책 27권에서 바울이 쓴 편지글이 13개인데 그 대부분이 사도행전의 선교 여정과 사건들에 연관된다.

바울은 어떤 사람인가? 사람은 성장하면서 형성되는 과정에서 성품과 특징이 결정된다. 하나님이 사용한 성경의 인물들은 모두 그 나름의 특징에 따라서 하나님 나라에 헌신했다. 바울이 기독교를 로마제국 전역에 전파할 수 있었던 상황과 그의 성장 과정 및 사람됨이 어떻게 연관되는가? 사도행전을 중심으로 이 사람을 살펴보자. 가장 중요한 본문은 그가 회심을 증언하는 내용이다. 이 사람의 두 가지 이름, 사울과 바울 중에서 그냥 바울을 사용하자.

사도행전에 바울의 회심 체험이 세 번 나온다. 여러 번 나오는 이야기는 중요하다. 사도행전에서 베드로가 이방인 고넬료의 가정에서 복음을 전하는 사건이 세 번이나 언급된 것이 그런 경우다. 복음이 헬라 세계로 건너가는 것이 얼마나 중요한지, 그것이 얼마나 힘들었는지를 상세하게 보도하는 것이다. 바울의 회심 체험이 이와 비슷하다. 그런데 사도행전 9장에 기록된 바울의 회심 체험 기록을 보기 전에 먼저 스데반 집사의 재판과 순교 장면을 봐야 한다. 그 현장에 바울이 있었고 바울은 스데반을 보면서 충격을 받는다. 바울이 스데반의 순교 과정을 지켜본 후에 회심을 체험하기까지 더욱 극렬하게 교회를 박해한 것이 그 충격 때문이었다고 본다. 사도행전의 맥락을 살핀 정확한 해석이다.

자신을 돌로 치는 사람들에게도 전혀 적개심을 갖지 않고 오히려 그들을 용서하는 스데반의 모습, 하늘의 영광을 체험하며 감격하면서 순교하는 스데반을 보면서 바울은 깊은 충격을 받았다. 그들을 이단적이라고 여겼던 자신의 판단이 틀릴 수도 있다고 생각한다. 사도행전 6장, 7장 마지막에서 8장으로 이어지는 본문을 보라.

공의회에 앉아 있는 사람들이 모두 스데반을 주목하여 보니, 그 얼굴이 천사의 얼굴 같았다. (사도행전 6장 15절)

그들은 이 말을 듣고 격분해서, 스데반에게 이를 갈았다. 그런데 스데반이 성령이 충만하여 하늘을 쳐다보니, 하나님의 영광이 보이고, 예수께서 하나님의 오른쪽에 서 계신 것이 보였다. 그래서 그는 "보십시오, 하늘이 열려 있고, 하나님의 오른쪽에 인자가 서 계신 것이 보입니다" 하고 말하였다. 사람들은 귀를 막고, 큰 소리를 지르고서, 일제히 스데반에게 달려들어, 그를 성 바깥으로 끌어내서 돌로 쳤다. 증인들은 옷을 벗어서, 사울이라는 청년의 발 앞에 두었다. 사람들이 스데반을 돌로 칠 때에, 스데반은 "주 예수님, 내 영혼을 받아 주십시오" 하고 부르짖었다. 그리고 무릎을 꿇고서 큰 소리로 "주님, 이 죄를 저 사람들에게 돌리지 마십시오" 하고 외쳤다. 이 말을 하고 스데반은 잠들었다. 사울은 스데반이 죽임당한 것을 마땅하게 여겼다.

그날에 예루살렘 교회에 큰 박해가 일어났다. 그래서 사도들 이외에는 모두 유대 지방과 사마리아 지방으로 흩어졌다. 경건한 사람들이 스데반을 장사하고, 그를 생각하여 몹시 통곡하였다. 그런데 사울은 교회를 없애려고 날뛰었다. 그는 집집마다 찾아 들어가서, 남자나 여자나 가리지 않고 끌어내서, 감옥에 넘겼다. (사도행전 7장 54절~8장 3절)

바울은 교회를 없애버리려고 날뛰며 외국까지 간다. 다마스쿠스는 이스라엘의 북쪽 경계에서 한참을 더 간 외국의 큰 도시다. 이런 상황에서 바울의 심경이 어떠했을까 생각해 보라. 바울의 자아는 몸부림하고 있었다. 부활하신 예수 그리스도가 바울을 부르고 있었다. 이제 사도행전 9장에서 바울이 부활의 예수를 만나는 장면을 보자. 바울의 생애에서 심장에 해당하는 사건이다.

사울은 여전히 주님의 제자들을 위협하면서, 살기를 띠고 있었다. 그는 대제사장에게 가서, 다마스쿠스에 있는 여러 회당으로 보내는 편지를 써 달라고 하였다. 그는 그 '도'를 믿는 사람은 남자나 여자나 가리지 않고, 닥치는 대로 묶어서, 예루살렘으로 끌고 오려는 것이었다.

사울이 길을 가다가, 다마스쿠스 가까이에 이르렀을 때에, 갑자기 하늘에서 환한 빛이 그를 둘러 비추었다. 그는 땅에 엎어졌다. 그리고 그는 "사울아, 사울아, 네가 왜 나를 핍박하느냐?" 하는 음성을 들었다. 그래서 그가 "주님, 누구십니까?" 하고 물으니, "나는 네가 핍박하는 예수다. 일어나서, 성안으로 들어가거라. 네가 해야 할 일을 일러 줄 사람이 있을 것이다" 하는 음성이 들려왔다. 그와 동행하는 사람들은 소리는 들었으나, 아무도 보이지는 않으므로, 말을 못하고 멍하게 서 있었다. 사울은 땅에서 일어나서 눈을 떴으나, 아무것도 볼 수가 없었다. 그래서 사람들이 그의 손을 끌고, 다마스쿠스로 데리고 갔다. (사도행전 9장 1~8절)

바울이 체험한 것은 환상이 아니라 현실이었다. 성경에 환상 이야기가 많다. 정신적이고 영적인 상황의 체험이다. 환상 체험의 시공간은 물리적 현실이 아니다. 바울은 물리적인 현실 상황을 체험했다. 동행하는 사람들도 예수의 음성을 들었다. 부활의 주님이 바울에게 네가 왜 나를 핍박하느냐고 대놓고 말씀한다. 바울은 큰 충격을 받았다.

바울은 앞을 보지 못하게 되고 그 상태로 다마스쿠스로 들어갔다. 스스로 사흘 동안 먹지도 않고 마시지도 않았다. 충격이 컸기 때문이다. 사흘 동안 바울은 수없이 많은 생각을 했다. 부활의 예수가 자신에게 나타난 일을 중심으로 구약 성경의 모든 말씀을 다시금 깊이 묵상하며 기도했다. 바울은 율법 전문가였고 구약에 정통했다. 사흘 동안 그는 구약 성경을 그리스도인 예수를 중심으로 다시 해석하며 깊이 깨달았다. 주님이 다마스쿠스에 사는 신실한 신앙인 아나니아에게 환상 중에 나타나서 곧은 거리 유다의 집에 머무는 바울에게 가라고 명령한다.

> 주님께서 그에게 말씀하셨다. "가거라, 그는 내 이름을 이방 사람들과 임금들과 이스라엘 자손들 앞에 가지고 갈, 내가 택한 내 그릇이다. 그가 내 이름을 위하여 얼마나 많은 고난을 받아야 할지를, 내가 그에게 보여주려고 한다.
> 그래서 아나니아가 떠나서, 그 집에 들어가, 사울에게 손을 얹고 "형제 사울이여, 그대가 오는 도중에 그대에게 나타나신 주 예수께서 나를 보내셨소. 그것은 그대가 시력을 회복하고, 성령으로 충만하게 되도록 하시려는 것이오" 하고 말하였다. 곧 사울의 눈에서 비늘 같은 것이 떨어져 나가고, 그는 시력을 회복하였다. 그리고 그는 일어나서 세례를 받고 음식을 먹고 힘을 얻었다. (사도행전 9장 15~19절)

바울은 예수의 이름으로 세례를 받았다. 예수를 구약 성경에 예언된 그리스도로 깨닫고 자신의 주님으로 믿는다는 것을 공적으로 고백한 것이다. 그는 회심했다. 이 사람 하나가 회심에 이르도록 하나님이 얼마나 오래 작업을 하셨던가. 바울은 나중에 하나님이 자신을 어머니의 태중에서부터 부르셨다고 고백한다. 스데반의 순교는 바울이 회심하는 데 결정적인 역할을 했다. 바울을 알고 있던 예루살렘의 경건한 그리스도인들이 또 바울을 위하여 깊이 간절히 기도했을 것이다.

바울의 회심 기록이 사도행전에 두 번 더 나온다. 22장과 26장이다. 세 번 나오는 회심의 기록에 조금씩 강조점이 다르다. 두 번째 기록을 보자. 바울이 3차 전도 여행까지 마치고 예루살렘에 올라갔을 때 극단적인 유대주의자들에게 테러 당한다. 사람들이 바울을 성 밖으로 끌어내어 때려죽이는 중이었다. 소요 사건의 보고를 받고 군인들과 함께 출동한 천부장이 바울을 체포하여 병영으로 끌어간다. 끌려가던 바울이 천부장(로마 군대의 조직 가운데 1,000명으로 조직된 단위 부대의 우두머리)에게 요청하여 미쳐 날뛰는 유대인들에게 바울 자신의 이야기를 한다. 이 본문은 바울을 이해하는 데 매우 중요하다. 바울은 유대인이며 소아시아 길리기아 지방의 다소가 고향이다. 자란 곳은 예루살렘이고 율법의 문파 중에서도 아주 엄격한 가말리엘 문하에서 교육받았다. 바울은 율법에 삶을 던져 헌신했다.

"동포 여러분, 내가 이제 여러분에게 드리는 해명을 잘 들어 주시기 바랍니다."

군중들은 바울이 히브리말로 연설하는 것을 듣고, 더욱더 조용해졌다. 바울은 말을 이었다.

"나는 유대 사람입니다. 나는 길리기아의 다소에서 태어나서, 이 도시 예루살렘에서 자랐고, 가말리엘 선생의 문하에서 우리 조상의 율법의 엄격한 방식을 따라 교육을 받았습니다. 그래서 나는 오늘날 여러분 모두가 그러하신 것과 같이, 하나님께 열성적인 사람이었습니다. (사도행전 22장 1~3절)

그 뒤에 내가 예루살렘으로 돌아와서, 성전에서 기도하는 가운데 황홀경에 빠져 주님이 내게 말씀하시는 것을 보았습니다. 그는 말씀하시기를 '서둘러서 예루살렘을 떠나라. 예루살렘 사람들이 나에 관한 네 증언을 받아들이지 않을 것이기 때문이다' 하셨습니다. 그래서 내가 말하였습니다. '주님, 내가 주님을 믿는 사람들을 가는 곳마다 회당에서 잡아 가두고 때리고 하던 사실을 사람들이 잘 알고 있습니다. 그리고 주님의 증언자인 스데반이 피를 흘리고 죽임을 당할 때에, 나도 곁에 서서, 그 일에 찬동하면서, 그를 죽이는 사람들의 옷을 지키고 있었습니다.' 그 때에 주님께서 말씀하시기를 '가라. 내가 너를 멀리 이방 사람들에게로 보내겠다' 하셨습니다."

사람들이 바울의 말을 여기까지 듣고 있다가 "이런 자는 없애 버려라. 살려 두면 안 된다" 하고 소리를 질렀다. 그리고 그들은 고함을 치며, 옷을 벗어 던지며, 공중에 먼지를 날렸다. (사도행전

22장 17~23절)

바울이 스데반 집사의 순교를 언급한다. 그의 마음 깊은 곳에 늘 자리하고 있는 사건이다. 이방인에게 복음의 말씀을 전하는 사명을 주님에게 직접 받았다는 바울의 자의식이 중요하다. 바울은 누가 자신의 사도직을 문제 삼으며 공격할 때 주님이 직접 자신을 사도로 파송하셨다고 증언한다.

회심 체험에 관한 세 번째 기록이 26장에 나온다. 이때 바울은 체포되어 베스도 총독의 관할 하에 가이사랴에 있었다. 총독이 부임하고 두 주간 정도 되었을 때 헤롯대왕의 손자 헤롯 아그립바 2세가 그의 누이 버니게와 함께 총독을 찾아왔다. 이 권력자들이 서로 대화하는 중에 바울이 화제가 된다. 바울에 관해서 이미 듣고 있었던 아그립바가 관심을 표하자 총독은 날짜를 정해서 재판을 열고 바울을 불러 심문한다. 총독 베스도가 재판장으로, 아그립바와 버니게가 상석에 앉은 재판정에 고급 장교들과 도시의 요인들이 모두 모였다. 사도행전 26장에 신문하는 장면이 나온다. 중요한 부분을 보자.

아그립바 왕이 바울에게 말하였다.

"할 말이 있으면 해도 된다."

바울이 손을 뻗치고 변호하기 시작하였다.

"아그립바 임금님, 오늘 내가 전하 앞에서 유대 사람이 나를 걸어서 고발하는 모든 일에 대하여 변호하게 된 것을 다행으로 생각합니다. 그것은 특히 임금님께서 유대 사람의 풍속과 쟁점들을 모두 잘 알고 계시기 때문입니다. 아무쪼록 내 말을 끝까지 참으시고 들어 주시기 바랍니다. (사도행전 26장 1~3절)

바울은 다마스쿠스로 가는 중에 일어난 자신의 회심 체험을 증언하면서 그리스도를 전한다. 총독은 바울이 많은 학문 때문에 미쳤다고 말한다. 바울은 자신이 맑은 정신으로 말하고 있다고 하면서 대놓고 아그립바에게 전도한다.

"임금님께서는 이 일을 잘 알고 계시므로, 내가 임금님께 거리낌 없이 말씀드리고 있는 것입니다. 이것은 어느 한구석에서 일어난 일이 아니므로, 임금님께서는 그 어느 사실 하나라도 모르실 리가 없다고 생각합니다. 아그립바 임금님, 예언자들을 믿으십니까? 믿으시는 줄 압니다."
그러자 아그립바 왕이 바울에게 말하였다.
"그대가 짧은 말로 나를 설복해서, 그리스도인이 되게 하려고 하는가!"
바울이 대답하였다.
"짧거나 길거나 간에, 나는 임금님뿐만 아니라, 오늘 내 말을 듣고 있는 모든 사람이, 이렇게 결박을 당한 것 외에는, 꼭 나와 같이 되기를 하나님께 빕니다." (사도행전 26장 26~29절)

세상의 시각으로는 재판정에 앉아 있는 사람들과 비교하여 바울은 초라하고 보잘것없었다. 그러나 바울은 이때 만물의 주권자인 부활의 주님 앞에 있었다. 왕과 총독 등 권력자들은 재판이 끝난 후 바울이 투옥될 일을 저지른 것이 없다는 데, 더욱이 사형당할 일은 전혀 없다는 데 의견이 일치했다. 아그립바가 베스도에게 말한다.

> "그 사람이 황제에게 상소하지 않았으면, 석방될 수 있었을 것이오."

로마 시민권자는 누구나 황제의 법정에서 재판을 받을 권리가 있었다. 바울은 이미 가이사, 곧 황제의 법정에 상소한 바 있다. 하나님의 섭리였다. 당시 세계의 중심 로마까지 가서 복음을 증언하게 하려는 것이었다. 세 번의 선교 여행 후에 바울은 체포되어 피의자 신분으로 로마로 호송된다. 이를 네 번째 선교 여행이라고도 부르는 까닭이다.

신약 성경 고린도전서 15장을 '부활의 장'이라고 부른다. 여기에 부활의 복음에 관한 바울이 증언이 나온다. 바울은 자신이 박해자에서 전도자로 변화된 것, 부활의 주님이 사도들에게 나타나신 그 흐름에서 자신에게도 나타나셨다는 것을 증언한다. 바울은 이 모든 것이 하나님의 은혜라고 고백한다.

나는 사도들 가운데서 가장 작은 사도입니다. 나는 사도라고 불릴 만한 자격도 없습니다. 그것은, 내가 하나님의 교회를 박해했기 때문입니다. 그러나 나는 하나님의 은혜로 오늘의 내가 되었습니다. 나에게 베풀어주신 하나님의 은혜는 헛되지 않았습니다. 나는 사도들 가운데 어느 누구보다도 더 열심히 일하였습니다. 그러나 이렇게 한 것은 내가 아니라, 나와 함께 하신 하나님의 은혜입니다. 그러므로 나나 그들이나 할 것 없이, 우리는 이렇게 전파하고 있으며, 여러분은 이렇게 믿었습니다. (고린도전서 15장 9~11절)

자기 삶에서 어떤 것이든 좋은 것이 있다면 그것이 무엇이든지 하나님이 주신 은혜요 선물임을 깨닫고 사는 것이 기독교 신앙의 심장이다. 내 것이 아니라 값없이 받은 것이니 그것을 선용해서 남에게 덕을 끼쳐야 한다. 하나님의 은혜에 관한 바울의 깨달음과 자의식은 그가 쓴 편지 빌립보서 3장과 고린도후서 11장에도 잘 나타난다. 내가 나인 것, 나의 존재와 상황은 하나님의 섭리 안에 있다. 바울은 참으로 극적인 반전을 거치면서 온 삶으로 이를 보여주었다. 은혜로 살아온 자기 삶에서 바울이 계속해서 더 받기를 바라는 은혜가 있었다.

또 나를 위하여 기도하기를, 내가 입을 열 때에, 하나님께서 말씀을 주셔서 담대하게 복음의 비밀을 알릴 수 있게 해 달라고 하십시오. 나는 사슬에 매여 있으나, 이 복음을 전하는 사신입니다. 이런 형편에서도, 내가 마땅히 해야 할 말을 담대하게 말할 수 있게 기도하여 주십시오. (에베소서 6장 19~20절)

하나님으로부터 계속해서 말씀을 받는 것이 바울의 소원이었다. 이 내용은 조금 깊이 생각해 볼 필요가 있다. 바울이 말씀이 부족한 사람인가? 전혀 아니다. 구약 성경의 말씀에 누구보다 정통했다. 회심한 후에는 예수의 말씀까지 깊이 이해하고 깨달았다. 그런데 더 말씀을 받게 해달라고 기도를 부탁하는 것은 무슨 까닭인가? 말씀의 지식이 아니라 삶으로 작동하는 말씀을 가리킨다. 말씀이 삶이 되는 일은 언제나 현재진행형이다. 엄밀하게 말하면 말씀은 축적되지 않는다. 지금 여기에서 온 삶을 던져서 말씀에 순종할 뿐이다. 오늘 나에게 다가온 말씀의 내용에 나의 온 삶으로 순명(殉名)할 뿐이다. 그래서 말씀은 헌신의 사건에서만 존재한다.

바울은 로마 감옥에 갇혀서 쓴 유언의 편지 디모데후서에서 자기 죽음을 예감하며 승리의 찬가를 부른다. 여기에서도 바울은 '말씀을 선포하라'는 명령을 남긴다. 바울의 죽음과 관련해서는 확증할 자료가 없다. 주후 64년 7월에 로마에서 발생한 대형 화재를 기독교인의 방화로 몰아 박해가 일어나는데 이때 베드로와 바울이 순교한 것으로 본다.

나는 하나님 앞과 산 사람과 죽은 사람을 심판하실 그리스도 예수 앞에서, 그분의 나타나심과 그분의 나라를 두고 엄숙히 명령합니다. 그대는 말씀을 선포하십시오. 기회가 좋든지 나쁘든지, 꾸준하게 힘쓰십시오. 끝까지 참고 가르치면서, 책망하고 경계하고 권면하십시오.

때가 이르면, 사람들이 건전한 교훈을 받으려 하지 않고, 귀를 즐겁게 하는 말을 들으려고 자기네 욕심에 맞추어 스승을 모아들일 것입니다. 그들은 진리를 듣지 않고, 꾸민 이야기에 귀를 기울일 것입니다. 그러나 그대는 모든 일에 정신을 차려서 고난을 참으며, 전도자의 일을 하며, 그대의 직무를 완수하십시오.

나는 이미 부어드리는 제물로 피를 흘릴 때가 되었고, 세상을 떠날 때가 되었습니다. 나는 선한 싸움을 다 싸우고, 달려갈 길을 마치고, 믿음을 지켰습니다. 이제는 나를 위하여 의의 면류관이 마련되어 있으므로, 의로운 재판장이신 주님께서 그 날에 그것을 나에게 주실 것이며, 나에게만이 아니라 주님께서 나타나시기를 사모하는 모든 사람에게도 주실 것입니다. (디모데후서 4장 1~8절)

이 사람이 밤에 예수께 와서

예수의 사람들 가운데 '숨은 제자들'이 있다. 대표적인 사람이 니고데모와 아리마대 사람 요셉이다. 한밤중에 예수를 찾아온 사람이 니고데모다. 예수의 가르침을 받으려고 사람들 눈에 띄지 않는 시간에 예수를 방문했다. 신구약 성경 66권에서 단 한 구절로 기독교 신앙의 핵심을 표현한 곳이 요한복음 3장 16절인데 예수와 니고데모의 대화 가운데 나온다. 이 내용은 요한복음 10장에서 예수가 자신이 세상에 온 목적을 언급하는 내용, 20장에서 요한복음의 저자가 복음서를 기록한 목적을 언급하는 내용과 일맥상통한다.

> 하나님이 세상을 이처럼 사랑하사 독생자를 주셨으니 이는 그를 믿는 자마다 멸망하지 않고 영생을 얻게 하려 하심이라. (요한복음 3장 16절, 개역개정)

> 나는, 양들이 생명을 얻고 또 더 넘치게 얻게 하려고 왔다. (요한복음 10장 10절)

> 예수께서는 제자들 앞에서 이 책에 기록하지 않은 다른 표징도 많이 행하셨다. 그런데 여기에 이것이나마 기록한 목적은, 여러분으로 하여금 예수가 그리스도요 하나님의 아들이심을 믿게 하고, 또 그렇게 믿어서 그의 이름으로 생명을 얻게 하려는 것이다. (요한복음 20장 30~31절)

니고데모는 바리새인으로서 율법의 선생이었고 산헤드린 의원이었다. 요한복음 3장 1~21절에 니고데모와 예수의 대화가 기록되어 있다. 모두 세 번에 걸친 문답이 나온다. 세 번째 질문에 관한 대답은 길다. 문답이 이렇다.

"랍비님, 우리는, 선생님이 하나님께로부터 오신 분임을 압니다. 하나님께서 함께하지 않으시면, 선생님께서 행하시는 그런 표징들을, 아무도 행할 수 없습니다."

"내가 진정으로 진정으로 너에게 말한다. 누구든지 다시 나지 않으면, 하나님 나라를 볼 수 없다."

"사람이 늙었는데, 그가 어떻게 태어날 수 있겠습니까? 어머니 뱃속에 다시 들어갔다가 태어날 수야 없지 않습니까?"

"내가 진정으로 진정으로 너에게 말한다. 누구든지 물과 성령으로 나지 아니하면, 하나님 나라에 들어갈 수 없다. 육에서 난 것은 육이요, 영에서 난 것은 영이다. 너희가 다시 태어나야 한다고 내가 말한 것을, 너는 이상히 여기지 말아라. 바람은 불고 싶은 대로 분다. 너는 그 소리는 듣지만, 어디에서 와서 어디로 가는지는 모른다. 성령으로 태어난 사람은 다 이와 같다."

"어떻게 이런 일이 있을 수 있습니까?"

"너는 이스라엘의 선생이면서, 이런 것도 알지 못하느냐? … 하늘에서 내려온 이 곧 인자 밖에는 하늘로 올라간 이가 없다. 모세가 광야에서 뱀을 든 것 같이, 인자도 들려야 한다. … 하나님께서 세상을 이처럼 사랑하셔서 외아들을 주셨으니, 이는 그를 믿는 사람마다 멸망하지 않고 영생을 얻게 하려는 것이다." (요한복음 3장이 대화의 내용에 기독교 복음의 진수가 담겨 있다. 거듭남은 한자어로는 중생(重生)이다. 어머니 태중에서 세상에 나오는 육신의 출생이 첫 번째 탄생이라면 예수 그리스도의 십자가 사건이 자신을 위한 하나님의 은혜임을 믿는 것이 영적인 출생으로서 두 번째 탄생, 곧 중생이다. 첫 번째 대화에 나오는 예수의 가르침 '다시 난다'는 것은 헬라어 표현을 직역하면 '위로부터 난다'는 뜻이다. 육신의 출생이 땅에서 태어나는 것이고 영적인 출생이 하늘로부터 태어나는 것이다. 예수는 구약 성경 민수기 21장 4~9절에 기록된 장대에 높이 달린 놋뱀(구리 뱀) 사건이 십자가 사건을 미리 보여주는 것이라고 설명한다. 예수는 니고데모에게 복음의 핵심을 가르친다.

니고데모가 요한복음에 두 번 더 나온다. 한 번은 예수가 초막절에 예루살렘에 올라가서 사람들에게 진리의 말씀을 가르칠 때였다. 수많은 사람이 예수를 따른다. 산헤드린에서 예수를 체포하려고 시도한다. 이런 상황에서 군중 사이에서만 아니라 산헤드린의 지도자들 사이에서도 예수가 참된 예언자인지를 두고 토론이 벌어진다. 이때 니고데모가 예수를 변호한다. 또 한 번은 예수가 십자가에서 숨을 거두고 아리마대 사람 요셉이 빌라도에게 요청해서 예수의 시신을 십자가에서 내려 무덤에 모실 때다. 니고데모가 이 일에 동참한다.

그들 가운데 한 사람으로, 전에 예수를 찾아간 니고데모가 그들에게 말하였다.

"우리의 율법으로는, 먼저 그 사람의 말을 들어보거나, 또 그가 하는 일을 알아보거나, 하지 않고서는 그를 심판하지 않는 것이 아니오?"

그들이 니고데모에게 말하였다.

"당신도 갈릴리 사람이오? 성경을 살펴보시오. 그러면 갈릴리에서는 예언자가 나오지 않는다는 것을 알게 될 것이오." (요한복음 7장 50~52절)

그 뒤에 아리마대 사람 요셉이 예수의 시신을 거두게 하여 달라고 빌라도에게 청하였다. 그는 예수의 제자인데, 유대 사람이 무서워서, 그것을 숨기고 있었다. 빌라도가 허락하니, 그는 가서 예수의 시신을 내렸다. 또 전에 예수를 밤중에 찾아갔던 니고데모도 몰약에 침향을 섞은 것을 백 근쯤 가지고 왔다. (요한복음 19장 38~39절)

몰약에 침향을 섞은 것을 갖고 온 까닭은 예수의 시신에 바르려는 것이다. 백 근은 34킬로그램 정도 되니까 상당한 분량이다. 니고데모가 후에 초기 교회에서 어떤 역할을 했을까? 바울이 율법의 전문가였던 것처럼 니고데모도 정통으로 율법을 공부한 사람이었다. 교회가 본격적으로 복음을 전파하며 유대교에서 독립적으로 정체성을 세워갈 때 니고데모는 어떻게 활동했을까? 신약성경 이야기는 예수가 그리스도임을 증언하는 축을 따라 진행된다. 굉장히 궁금하고 흥미로운 점들을 다 말하지 않는다. 독자의 거룩한 상상력으로 묵상할 수 있을 뿐이다.

니고데모 이야기 마지막에서 언급된 아리마대 사람 요셉도 예수의 숨은 제자였다. 니고데모가 요한복음에만 등장하는 데 비하여 요셉은 사복음서에 다 나온다. 그는 아리마대 출신의 부자였고 산헤드린의 의원으로서 유대 사회에서 존귀한 신분이었다. 예수의 가르침을 받아들였고 하나님의 나라를 기다렸다. 마가복음은 요셉이 빌라도에게 가서 예수의 시신을 요구할 때 대담했다고 전한다. 쉬운 일이 아니었다는 것이다. 요셉은 유대인들을 의식해서 자신이 예수의 제자라는 것을 숨기고 있었지만, 예수가 십자가에서 숨을 거둔 후에 공개적으로 자신의 신앙을 드러내었다. 당시의 부자들이 자기 무덤을 미리 준비해 놓았는데 요셉도 그러했다. 요셉은 자신의 무덤에 예수의 시신을 모신다. 누가복음이 요셉에 관하여 자상하게 보도한다.

요셉이라는 사람이 있었는데, 그는 공의회 의원이고, 착하고 의로운 사람이었다.—이 사람은 의회의 결정과 처사에 찬성하지 않았다.—그는 유대 사람의 고을 아리마대 출신으로, 하나님의 나라를 기다리는 사람이었다. 이 사람이 빌라도에게 가서, 예수의 시신을 내어 달라고 청하였다. 그는 시신을 십자가에서 내려서, 삼베로 싼 다음에, 바위를 파서 만든 무덤에다가 모셨다. 그 무덤은 아직 아무도 묻힌 적이 없는 것이었다. (누가복음 23장 50~53절)

예수의 숨은 제자 두 사람을 만나보았다. 이제 만나 볼 또 다른 두 사람은, 표현하자면 극적으로 예수를 만난 제자라고 할 수 있다. 사복음서에서 예수의 제자들이 예수를 제대로 믿지 못했다는 기록은 공통적이다. 공관복음서에서 특히 더 그렇고 공관복음서 가운데서 가장 먼저 기록된 마가복음서가 이 사실을 직설적으로 말한다. 제자들은 예수가 누구인지 정확하게 알지 못한다. 예수를 하나님의 아들 그리스도(메시아)로 믿지 못한다. 마가복음 이야기에서는 예수가 스스로 자신이 그리스도임을 숨긴다.

놀라운 기적이 일어나고 사람들이 예수를 경이롭게 생각하는 상황에서 예수는 계속해서 자신의 정체를 숨긴다. 예수의 제자들 그리고 예수를 가까이 따르는 사람들은 예수를 강력한 현실적 힘을 가진 사회 정치적인 구원자로 오해하고 있었다. 예수와 그들 사이의 괴리가 깊다. 귀신들이 오히려 예수의 정체를 알아보고 하나님의 아들이라고 말하는데 예수는 침묵을 지키라고 명령한다. 이런 상황을 학사들이 '메시아 비밀'이라고 이름 붙이면서 깊게 연구했다.

마가복음 8장에 가서야 예수는 처음으로 자신의 사명과 정체, 자신이 걸어갈 길을 드러내 놓고 공개한다. 십자가 사건의 예고다. 이때 베드로를 중심으로 제자들 전체가 예수에게 대들며 정면으로 충돌한다. 예수도 베드로에게 "사탄아, 내 뒤로 물러가라" 하면서까지 강력하게 말씀한다. 예수의 길은 제자들이 생각하는 통속적인 승리와 성공의 길이 아니었다. 한 민족만을 위해 사회 정치적 힘을 가진 그런 메시아의 길이 아니었다. 그들이 바라는 메시아 상과 예수가 걸어갈 참된 메시아가 달랐다.

예수가 자신의 십자가 사건을 예고하는 장면이 9장과 10장에 또 나온다. 세 번의 예고를 통해서 예수는 사두개인과 바리새인뿐 아니라 제자들하고도 충돌한다. 외부의 적대자들과 내부의 측근들 모두 예수의 길을 오해하고 있었다. 이런 문맥에서 보면 예수가 숨을 거둔 직후에 등장하는 한 사람의 고백이 매우 중요하다. 예수의 처형을 지휘한 백부장의 고백을 보라.

낮 열두 시가 되었을 때에, 어둠이 온 땅을 덮어서, 오후 세 시까지 계속되었다. 세 시에 예수께서 큰소리로 부르짖으셨다.

"엘로이 엘로이 레마 사박다니?"

그것은 번역하면 "나의 하나님, 나의 하나님, 어찌하여 나를 버리셨습니까?" 하는 뜻이다. … 예수께서는 큰 소리를 지르시고서 숨지셨다. 그 때에 성전 휘장이 위에서 아래까지 두 폭으로 찢어졌다.

예수를 마주 보고 서 있는 백부장이, 예수께서 이와 같이 숨을 거두시는 것을 보고서 말하였다.

"참으로 이분은 하나님의 아들이셨다." (마가복음 15장 33~39절)

백부장의 이 발언이 마가복음 이야기에서 예수를 하나님의 아들로 고백하는 최초의 내용이다. 놀랍지 않은가! 예수가 하나님의 아들 구세주인 것을 이방인이 그것도 예수 처형을 지휘한 로마 군대의 백부장이 처음으로 고백한다. 마가복음은 그렇게 이방인 세계로 열린 책이다. 최초의 복음서는 전체 이야기의 흐름을 예수의 죽음 장면까지 끌고 가면서 거기에서 신앙을 고백하는 이방인을 등장시킨다.

한 사람을 더 만나보자. 이 사람도 예수의 십자가 사건의 와중에서 예수를 만났다. 어느 강도. 공관복음서는 예수의 십자가 좌우에 강도 두 사람이 십자가에 달렸다고 보도한다. 십자가에 달려 고통스럽게 죽어가는 예수를 대제사장들을 비롯하여 구경하는 사람들이 조롱한다. 좌우에 달린 강도들도 함께 욕한다. 그런데 누가복음이 예외적으로 두 강도 중에 한 사람이 예수에게 마음을 열었다고 전한다.

그들은 해골이라 하는 곳에 이르러서, 거기서 예수를 십자가에 달고, 그 죄수들도 그렇게 하였는데, 한 사람은 그의 오른쪽에, 한 사람은 그의 왼쪽에 달았다. ⋯ 예수와 함께 달려 있는 죄수 가운데 하나도 그를 모독하며 말하였다.
"너는 그리스도가 아니냐? 너와 우리를 구원하여라."

그러나 다른 하나는 그를 꾸짖으며 말하였다.

"똑같은 처형을 받고 있는 주제에, 너는 하나님이 두렵지도 않으냐? 우리야 우리가 저지른 일 때문에 그에 마땅한 벌을 받고 있으니 당연하지만, 이분은 아무것도 잘못한 일이 없다."

그리고 나서 그는 예수께 말하였다.

"예수님, 주님이 주님의 나라에 들어가실 때에, 나를 기억해 주십시오."

예수께서 그에게 말씀하셨다.

"내가 진정으로 네게 말한다. 너는 오늘 나와 함께 낙원에 있을 것이다." (누가복음 23장 33~43절)

오른편인지 왼편인지는 명시직으로 기록되어 있지 않지만 한 강도가 구원받았다. 살인강도 죄로 십자가에 처형당하는 생의 마지막 시간에 마음을 열고 예수를 믿었다. 예수는 마음을 여는 사람 누구에게나 친구요 구원자였다. 지금도 그러하다. 예수는 이렇게 사람들을 초대한다.

"수고하며 무거운 짐을 진 사람은 모두 내게로 오너라. 내가 너희를 쉬게 하겠다. 나는 마음이 온유하고 겸손하니, 내 멍에를 메고 나한테 배워라. 그리하면 너희는 마음에 쉼을 얻을 것이다. 내 멍에는 편하고, 내 짐은 가볍다." (마태복음 11장 28~30절)

예수를 만난 모든 사람은 근본적으로 예수가 초대한 사람들, 예수가 찾아간 사람들이다. 하나님의 아들 예수가 하늘에 있는 영광의 보좌를 버리고 사람이 되어 찾아간 것이다. 현상적으로 스스로 예수를 찾아온 사람도 섭리로 보면 그들이 예수를 알고 찾아오기 전에 예수가 그들을 구원하려고 오랫동안 물밑 작업을 하며 그들을 초대하고 있었다. 예수는 한 사람 한 사람을 소중하게 생각하며 그 한 사람을 찾아가서 구원했다. 그 한 사람들을 만나보자.

바다 저쪽으로 건너 가자

누가복음 15장에 나오는 저 유명한 탕자의 비유는 15장에 있는 세 가지 비유의 마지막 이야기다. 세 가지 비유는 공통의 주제를 갖고 있다. 잃어버린 하나를 향한 사랑과 열정이다. 탕자의 비유에서는 집을 나간 탕자가 아버지에게 그토록 못된 아들이지만 그 하나에 아버지의 마음 전부가 가 있었다. 예수의 세 가지 비유는 같은 상황에서 준 대답이다. 그 상황이 15장 1~3절에 나온다.

세리들과 죄인들이 모두 예수의 말씀을 들으려고 그에게 가까이 몰려들었다. 바리새파 사람들과 율법 학자들은 투덜거리며 말하였다.

"이 사람이 죄인들을 맞아들이고, 그들과 함께 음식을 먹는구나."

그래서 예수께서는 그들에게 이 비유를 말씀하셨다. (누가복음 15장 1~3절)

첫 번째 비유는 잃어버린 한 마리 양의 비유다. 어떤 사람이 백 마리 양 중에서 한 마리를 잃어버렸다. 그 사람은 아흔아홉 마리 양을 들에 두고 한 마리 양을 찾을 때까지 찾아다니다 드디어 찾는다. 두 번째는 잃어버린 한 드라크마 동전의 비유다. 어떤 여인이 열 드라크마 중에서 하나를 잃어버렸다. 그 여인은 등불을 켜고 온 집안을 쓸며 찾을 때까지 샅샅이 뒤진다. 드디어 찾는다. 세 번째가 잃어버린 한 아들의 비유다. 집을 나간 아들을 기다리는 아버지는 아들이 돌아올 때까지 기다리며 또 기다린다. 드디어 아들이 집으로 돌아온다. 양과 드라크마와 집을 나간 아들은 모두 죄인 한 사람을 가리킨다. 세 비유의 결말이 공통적이다. 잃어버린 하나를 찾고 나서 크게 기뻐하며 이웃을 초대하여 잔치를 벌이는 것이다. 15장에서 세 비유의 결말이 같다.

벗과 이웃 사람을 불러 모으고, '나와 함께 기뻐해 주십시오. 잃었던 내 양을 찾았습니다' 하고 말할 것이다. 내가 너희에게 말한다. 이와 같이 하늘에서는, 회개할 필요가 없는 의인 아흔아홉보다, 회개하는 죄인 한 사람을 두고 더 기뻐할 것이다. (누가복음 15장

6~7절)

벗과 이웃 사람을 불러 모으고 말하기를 '나와 함께 기뻐해 주십시오. 잃었던 드라크마를 찾았습니다' 할 것이다. 내가 너희에게 말한다. 이와 같이 회개하는 죄인 한 사람을 두고, 하나님의 천사들이 기뻐할 것이다. (누가복음 15장 9~10절)

아버지는 종들에게 말하였다. "어서, 가장 좋은 옷을 꺼내서, 그에게 입히고, 손에 반지를 끼우고, 발에 신을 신겨라. 그리고 살진 송아지를 끌어내다가 잡아라. 우리가 먹고 즐기자. 나의 이 아들은 죽었다가 살아났고, 내가 잃었다가 되찾았다." 그래서 그들은 잔치를 벌였다. (누가복음 15장 22~24절)

"너의 이 아우는 죽었다가 살아났고, 내가 잃었다가 되찾았으니, 즐기며 기뻐하는 것이 마땅하다." (누가복음 15장 32절)

예수의 사역은 늘 이러했다. 남보다 가난하고 뒤처지고 소외된 사람을 찾아갔다. 그들에게 하나님의 복음을 전했다. 세상에서 죄인으로 낙인찍혀서 천대받고 멸시받는 사람들을 불쌍하게 생각했고 그들에게 마음을 주었다. 소외된 사람에 대한 깊은 관심과 사랑은 구약에서 신약으로 이어지는 성경 전체의 강조점이기도 하다. 하나님이 죄인을 구원하신다는 기독교의 중심 명제가 바로 여기에 직결된다. 예수가 공생애에서 삼대 사역으로 불리는 것이 있다. 가르치고 선포하고 고치는 사역이다. 가르침과 선포함은 말씀의 사역이며 치유는 모든 약한 것을 고치는 구제인데 말씀의 사역 두 가지와 짝을 이룬다. 마태복음 4장과 9장에 이 삼대 사역이 나온다. 두 본문을 조금만 관심 있게 살펴보면 예수의 삼대 사역이 소외된 사람들에게 깊이 연결된다는 것을 어렵지 않게 알 수 있다.

> 예수께서 온 갈릴리를 두루 다니시면서, 그들의 회당에서 가르치며, 하늘나라의 복음을 선포하며, 백성 가운데서 모든 질병과 아픔을 고쳐 주셨다. 예수의 소문이 온 시리아에 퍼졌다. 그리하여 사람들이, 갖가지 질병과 고통으로 앓는 모든 환자들과 귀신 들린 사람들과 간질병 환자들과 중풍병 환자들을 예수께로 데리고 왔다. 예수께서는 그들을 고쳐 주셨다. (마태복음 4장 23~24절)

> 예수께서는 모든 도시와 마을을 두루 다니시면서, 유대 사람의 여러 회당에서 가르치며, 하늘나라의 복음을 선포하며, 온갖 질병과 온갖 아픔을 고쳐 주셨다. 예수께서 무리를 보시고, 그들을 불쌍히 여기셨다. 그들은 마치 목자 없는 양과 같이, 고생에 지쳐서 기운이 빠져 있었기 때문이다. (마태복음 9장 35~36절)

하나를 향한 사랑과 열정을 가장 잘 보여주는 사건이 마가복음

4장 35절부터 5장 21절까지에 기록되어 있다. 같은 사건이 마태복음 8장과 누가복음 8장에도 기록되어 있다. 공관복음서에서 마가복음이 먼저 기록되었고 이 책이 마태복음과 누가복음의 기본 자료가 되었다는 것을 기억하면서 마가복음으로 이야기를 따라가 보자. 예수가 갈릴리호수 서편 지역에서 활동하다가 동편에 있는 데가볼리 지역의 거라사로 가서 많은 귀신에 들려서 고통을 당하고 있는 한 사람을 고치고 다시 서편으로 돌아온다. 이 이야기의 시작과 끝 그리고 가운데 구절을 먼저 보자. 유대인의 사고방식에서 바다나 호수는 구분되지 않고 함께 쓰인다.

> 그날 저녁이 되었을 때에, 예수께서 제자들에게 말씀하셨다. "바다 저쪽으로 건너가자. (마가복음 4장 35절)

> 그들은 바다 건너편 거라사 사람들의 지역으로 갔다. (마가복음 5장 1절)

> 예수께서 배를 타고 맞은편으로 다시 건너가시니, 큰 무리가 예수께로 모여들었다. (마가복음 5장 21절)

이야기 전체는 크게 두 부분으로 나뉜다. 4장 35절부터 4장의 마지막인 41절까지, 그리고 5장 1절부터 21절까지다. 마가복음에서 이 이야기가 두 장에 걸쳐서 배치되어 있어서 하나의 큰 이야기라는 것을 놓칠 수 있다. 더구나 첫 번째 부분인 마가복음 4장의 내용은 보통 하나의 독립된 이야기로 다루는 경우가 많다. 성경의 장을 나누면서 이 이야기 전체를 하나의 장에 배치하지 않은 것이 아쉽다. 성경은 처음에 기록될 때 장과 절이 구분되지 않았다. 신구약 성경의 장 구분은 12세기에, 절까지 구분된 것은 16세기에 진행되었다.

예수는 저녁때 배를 타고 제자들과 함께 갈릴리바다(갈릴리호수)를 건넌다. 배 몇 척도 함께 움직였다. 예수는 종일 사람들을 가르치고 활동하느라 피곤해서 자고 있었다. 바람이 거셌다. 파도가 배 안으로 덮쳐 들어와서 물이 가득 찼다. 위험한 상황이었다. 제자들이 소리를 치면서 예수를 깨운다. 예수가 일어나서 바람을 꾸짖고 바다에게 명령한다.

"고요하고 잠잠하여라!"

바람이 그치고 바다가 고요해졌다. 예수는 "왜들 무서워하느냐, 아직도 믿음이 없느냐"고 제자들을 책망한다. 제자들은 예수의 말씀으로 바람이 그치고 바다가 잔잔해진 것을 보고 큰 경외심에 사로잡힌다. 그리고 서로 말한다.

"이분이 누구이기에, 바람과 바다까지도 그에게 복종하는가?"

이 난리를 피우면서 갈릴리바다를 건넜다. 서편에 도착했을 때는 아마 새벽쯤이었을 것이다. 갈릴리호수가 그리 넓지 않다. 도착한 시간이 채 날이 밝지 않은 즈음이었다. 예수와 제자들이 "거라사 사람들의 지역"으로 갔다고 했는데, '거라사'라는 도시가 갈릴리호수 서편에서 가까운 곳이 아니다. 배에서 내려서 남동쪽으로 족히 반나절은 부지런히 걸어야 닿을 수 있다. 예수는 걸었다. 제자들은 예수가 어디로 무엇을 하러 가는지 정확하게 알지 못했을 것이다. 예수를 따라다니며 이런 일은 그들에게 이미 익숙했다. 스승 예수의 심정과 계획을 다 알 수 없는 일이 흔했다. 아침은 적절하게 해결했을 테다.

거라사에 도착해서 예수는 산기슭 무덤가로 오른다. 거기에서 악한 귀신 들린 사람 하나가 멀리서 소리를 지르며 예수에게 뛰어온다. 제자들은 놀라서 어쩔 줄을 모른다. 예수는 태연했다. 예수와 미친 사람이 만났다. 무덤 사이에서 사는 그 사람은 쇠사슬로도 묶어둘 수 없을 정도로 힘이 세서 아무도 제어할 수 없었다. 무덤가나 산속에서 짐승처럼 소리를 질러대며 돌로 제 몸에 상처도 내곤 했다. 참으로 가련한 인생이었다. 예수가 이 사람에게, 정확하게 말하면 이 사람 속에 있는 귀신에게 명령하면서 예수와 귀신에 들린 사람의 대화가 이어진다.

"악한 귀신아, 그 사람에게서 나가라!"

"더없이 높으신 하나님의 아들 예수님, 나와 무슨 상관이 있습니까? 하나님을 두고 애원합니다. 제발 나를 괴롭히지 마십시오."

"네 이름이 무엇이냐?"

"군대입니다. 우리의 수가 많아서 붙은 이름입니다."

귀신들은 계속해서 자기들을 그 지역에서 내쫓지 말아 달라고 예

수에게 간청한다. 마침 그 곳 산기슭에 놓아 기르는 큰 돼지 떼가
있었다. 귀신들이 애원한다.

"우리를 돼지들에게로 보내서, 그것들 속으로 들어가게 해주
십시오!"

"가라!"

악한 귀신들이 그 사람에게서 나와서 모두 돼지들 속으로 들어
갔다. 거의 이천 마리나 되는 돼지 떼가 바다 쪽 비탈로 내리달아
바다에 빠져 죽었다. 돼지를 치던 사람들이 놀라서 도망하여 읍내
와 시골에 이 일을 알린다. 사람들이 몰려왔다. 귀신에 사로잡혔
던 사람은 단정하게 옷을 입고 제정신이 들어 예수 앞에 앉아 있
다. 마을 사람들은 예수에게 자기네 지역을 떠나 달라고 간청한
다. 예수는 다시 갈릴리호수 동편으로 발걸음을 옮긴다. 말했듯이
꽤 먼 길이다. 귀신 들렸던 사람은 예수가 배에 오를 때까지 따라
온다. 그는 예수와 함께 있게 해달라고 부탁한다. 예수는 하나님
이 그에게 한 일을 사람들에게 전하라고 하면서 그를 집으로 돌려
보낸다. 그 사람이 데가볼리 온 지역에 예수를 전했다. 예수는 다
시 갈릴리호수 서편으로 돌아온다.

마가복음의 이야기를 기본 자료로 사용한 마태복음은 거라사
를 가다라로 기록했다. 가다라는 갈릴리호수 동편 해안에서 가까
운 곳이다. 아마도 호수 동편에서 배에서 내리고도 반나절은 부지
런히 걸어야 하는 먼 거리를 생각하면서 가까운 곳으로 지명을 변

경하는 것이 합리적이라고 생각했는지 모른다.

> 예수께서 건너편 가다라 사람들의 지역에 가셨을 때에, 귀신 들
> 린 사람 둘이 무덤 사이에서 나오다가, 예수와 마주쳤다. 그들은
> 너무나 사나워서, 아무도 그 길을 지나다닐 수 없었다. (마태복음
> 8장 28절)

성경은 원본은 하나도 남아 있지 않다. 인쇄술이 없던 시대에
책을 만들려면 손으로 썼다. 사본 중에서 앞선 시대의 사본이 더
권위가 있다. 사본들을 대조하고 연구하면서 성경의 원문을 찾아
가는 작업은 인류 역사에서 가장 치열하게 오래도록 진행된 일이
다. 5장 1절의 지명, 곧 "거라사 사람들의 지역"이란 성경 번역들
에 '다른 사본들에 겔게사, 가다라, 가자라로 기록되어 있기도 하
다'는 설명이 붙어 있기도 하다. 어떤 학자는 가다라보다 호수에
더 가깝게 붙어 있는 게르게사에서 사건이 일어났을 것이라고 보
기도 한다. 성경을 읽고 해석하는 가장 기본적인 원칙은 전승되어
내려온 본문을 우선 존중하는 것이다. 마가복음의 '거라사'를 '가
다라'나 '게르게사'로 굳이 수정할 필요는 없다. 마가복음을 따라
이 이야기를 읽으면서 기록된 대로 묵상하면 된다.

갈릴리호수 서편에서 저녁 무렵에 배를 타고 호수를 건넌 그날,
예수는 하루 내내 일하느라 피곤했다. 그러나 그 와중에도 저 멀
리 동편에서 들려오는 짐승 소리 같은 고통의 신음을 들었다. 거

라사의 무덤가에서 악귀에 들려 자아를 말살당한 한 사람의 절규였다. 예수는 하루 사역이 끝날 무렵 제자들에게 말한다.

"바다 저쪽으로 건너가자."

한 사람을 구하려고 예수는 바다를 건넌다. 갈릴리바다에서 한밤중에 배가 침몰할 위험을 무릅쓴다. 풍랑 이야기는 전체 이야기의 흐름에서 보면 한 사람을 위해서 바다를 건너는 것이 얼마나 위험했는지, 그런 위험까지 감수하면서 한 사람을 찾아가는 일에 예수의 뜻이 얼마나 분명했는지를 보여준다. 풍랑 사건을 따로 묵상할 수도 있겠지만 이 사건은 전체 이야기에서 보조적인 역할을 하고 있다. 군대 귀신에 사로잡힌 한 사람을 구하러 가는데 귀신들이 그 길을 가로막는다고 해석할 수 있다. 한 사람을 치유하고 예수는 다시 갈릴리호수 서편으로 돌아온다. 마치 특수 임무를 맡은 특공대가 비밀리에 전격적으로 투입되어 임무를 완수하고 돌아오는 장면과 같다.

하나를 향한 사랑과 열정의 이야기는 참 아름답다. 신약 성경에서 가장 짧은 책 빌레몬서에 그런 이야기가 또 나온다. 빌레몬서는 사도 바울이 골로새에 사는 그리스도인 빌레몬에게 보낸 개인 편지다. 신약 성경에 있는 바울의 다른 편지들은 편지를 받는 어느 교회에게 권면하면서 이웃 교회들에도 돌려가며 읽게 하는 회람 편지다. 빌레몬서는 다르다. 교회 공동체 말하는 내용이 거의 없다. 빌레몬 개인에게 보내는 편지다.

빌레몬에게 편지를 쓸 때 바울의 나이가 많았고 로마 감옥에 갇혀 있었다. 편지에서 이를 알 수 있다. 바울은 자신이 출옥하리라고 예상하면서 빌레몬에게 들를 때 머물 곳을 부탁한다. 빌레몬은 바울의 전도로 예수를 믿은 사람이다. 바울은 이 사실을 빌레몬이 자기에게 빚을 졌다는 식으로 표현한다. 빌레몬은 훌륭한 지도자였다. 그의 집은 교회 공동체가 모이는 장소였다. 초기 교회 시절에는 교회 건물이 따로 없었다. 그리스도인 중에서 좀 넓은 집을 가진 사람이 자기 집을 예배 장소로 제공했다. 이 편지의 마지막에서 인사를 나누는 압비아는 빌레몬의 부인이고 아킵보는 아들인 것으로 보인다. 바울은 빌레몬을 생각할 때마다 감사하며 기도했다. 빌레몬 때문에 기쁨과 위로를 얻었다. 바울뿐 아니라 다른 많은 그리스도인이 빌레몬 때문에 평안을 얻었다.

자, 편지를 쓰게 된 동기가 있다. 빌레몬의 집안 노예 가운데 오네시모라는 사람이 있었다. 이 사람이 주인집에서 나쁜 일을 저지르고 로마로 도망했다. 당시에 도망한 노예는 사형당하는 경우가 많았다. 오네시모가 무슨 나쁜 짓을 했는지는 성경에 나오지 않는다. 오네시모가 로마로 도망하여 바울을 만난다. 아마 오네시모는 주인집에 있을 때 바울을 알았을 것이다. 오네시모는 바울 사도에게 부탁해서 자기 상황을 해결할 셈이었던 것으로 보인다. 오네시모는 로마의 감옥에 있는 바울을 만나서 복음을 듣고 그리스도인이 되었다. 바울은 오네시모를 주인 빌레몬에게 다시 보내면서 그를 용서하고 그리스도 안에서 형제로 받아들이라고 간곡하게 권면한다. 그 편지글이다.

내가 갇혀 있는 동안에 얻은 아들 오네시모를 두고 그대에게 간청합니다. 그가 전에는 그대에게 쓸모없는 사람이었으나, 이제는 그대와 나에게 쓸모 있는 사람이 되었습니다. 나는 그를 그대에게 돌려보냅니다. 그는 바로 내 마음입니다. 나는 그를 내 곁에 두고 내가 복음을 위하여 갇혀 있는 동안에 그대를 대신해서 나에게 시중들게 하고 싶었으나, 그대의 승낙이 없이는 아무것도 하고 싶지 않았습니다. 나는 그대가 선한 일을 마지못해서 하지 않고, 자진해서 하기를 원하기 때문입니다. … 형제여, 나는 주님 안에서 그대의 호의를 바랍니다. 그리스도 안에서 나의 마음에 생기를 넣어 주십시오. 나는 그대의 순종을 확신하며 이 글을 씁니다. 나는 그대가 내가 말한 것 이상으로 해주리라는 것을 압니다. 그리고 나를 위하여 숙소를 마련해 주십시오. 여러분의 기도로 내가 여러분에게 갈 수 있기를 바랍니다. (빌레몬서 10~21절)

바울은 오네시모의 손에 편지를 들려서 그를 빌레몬에게 보냈다. 빌레몬이 바울의 부탁대로 했는지는 성경에서 확인할 수 없다. 노예는 당시에 살아있는 물건이었다. 그러나 기독교 신앙의 시각은 달랐다. 한 사람의 생명과 인격성은 하나님이 천하보다 소중하게 여기는 것이다. 예수의 가르침과 삶이었다. 예수의 사람 바울도 그랬다. 빌레몬도 그러했을 것이다.

기독교 신앙은 물량이나 규모를 목적하지 않는다. 한 사람, 한 생명이 목적이다. 예수를 닮아가는 삶의 여정에서는 풀 한 포기,

꽃 한 송이, 이름 모를 들풀 하나도 소중하고 아름답다. 사람이 사는 지구 행성의 모든 생명체와 모든 존재가 귀하다. 중세의 그리스도인 프란치스코가 노래한 것처럼 그것들 모두는 우리의 형제자매다. 하나를 잃으면 모든 것을 잃는다. 하나를 얻으면 세상을 얻는 것이다. 하나를 사랑하면, 하나의 사랑을 받으면 어떤 어려움도 넘을 수 있다. 존재의 기쁨이 그 안에 있다.

우리는 이제 신약 이야기의 마지막 부분에 이르렀다. 말씀 자체인 예수 그리스도가 사람이 되어 세상에 왔다. 예수는 말씀을 가르치면서 그 말씀을 자신의 존재 전체로 살았다. 예수의 그 삶은 어떤 것이었는가? 예수의 삶이 어떠했기에 예수의 사람들이 사는 곳에서 하나님 나라의 변혁이 일어났는가?

PART 6

예수의 삶

감동을 주는 설교, 영광스러운 예배, 탁월한 조직이 작동하는 목회, 체계적인 교육과 훈련, 영적인 은혜가 가득한 신학, 효율적인 사회봉사, 이런 것들은 얼마나 좋은 것인가! 그러나 이 모든 것이 자기끼리 열정적으로 모이고 자기만을 위해서 사는 닫힌 교회를 위한 것이면 무슨 소용이 있겠는가. 직접적으로든 간접적으로든 세상에 유익을 주지 못하는 것들이 교회 안에서 진행되어도 괜찮은가. 교회에 다니지는 않지만 어느 부모의 아들이며 딸인 사회의 이웃을 생각하지 않는 설교와 기도와 찬양과 봉사와 신학이 도대체 무슨 소용이 있다는 말인가.

교회가 유혹에 빠지지 말아야 한다. 교회는 교회와 별 관련이 없는 세상 한가운데서 행동하며 그런 삶을 허용하는 것을 환영하고 기뻐해야 한다. 세상은 교회 곁에 있다. 물론, 때로는 교회에 동참하지만 때로는 교회를 멀리한다. 때로는 교회에 관하여 침묵하지만 때로는 교회에 관하여 혹은 교회에게 말한다. 때로는 교회에 항의하고 비판하지만 때로는 교회에 감사한다. 교회는 그런 세상 한가운데서 증언할 때만 오로지 존재한다.

— 한스 큉(Hans Küng, 1928~2021)의 '교회'

죽는 날까지 하늘을 우러러
한 점 부끄럼이 없기를,
잎새에 이는 바람에도
나는 괴로워했다.
별을 노래하는 마음으로
모든 죽어가는 것을 사랑해야지
그리고 나한테 주어진 길을
걸어가야겠다.

오늘밤에도 별이 바람에 스치운다.

— 윤동주(尹東柱, 1917~1945)의 '서시(序詩)'

나는 섬기는 사람으로 너희 가운데 있다

사람은 늘 자기 편하게 신앙을 변질시킨다. 사람이 가진 죄의 성향과 거기에서 나오는 이기적 욕망 때문이다. 개인뿐 아니라 교회도 그렇다. 신앙인이 모였다고 하지만 그 가운데서도 각자의 욕망이 얽히곤 한다. 구약의 하나님 신앙이 신약 시대로 이어지면서 흐르는 기독교 신앙에서 늘 신앙의 변질이 문제였다. 누가 보기에도 문제가 분명하면 개혁하기가 그래도 쉽다. 심각한 경우는 신앙의 변질이 일반화되면서 그것이 잘못되었음을 모르는 것이다. 이럴 때 신앙의 본질을 통찰하는 분별력이 절실하다.

교회에서 정년을 앞둔 어느 장로의 메시지를 들었다. 겸손(謙遜), 겸양(謙讓), 겸비(謙卑), 겸허(謙虛)로써 자신을 성찰해야 바른 신앙으로 살 수 있다는 것이다. 깊이 공감했다. 이 네 단어를 기독교 신앙으로 읽어보자. 공통되는 글자 겸은 덜다, 감(減)하다 라는 뜻이다. 자신을 과신하지 말고 늘 덜어야 한다. 이 글자와 연결되는 네 글자를 묵상하자. 겸손의 손은 낮추고 순종하는 것이다. 자기를 높이는 교만은 모든 악의 근원이다. 겸양의 양은 양보하고 사양하는 것이다. 제 것이 아닌 것을 그렇다고 말하며 사양하는 것, 제 것이지만 어렵거나 더 필요한 다른 사람에게 양보하는 것이 신앙의 덕목이다. 겸비의 비(卑)는 자신이 낮고 천함을 아는 것이다. 노예나 노비와 연관되는 말이다. 신앙인은 근본적으로 하나님 앞에서 산다. 하나님 앞에서 제 모습이 얼마나 낮고 천한지를 성찰하지 못하면 신앙은 이미 망가진 것이다. 겸허의 허(虛)는 자신을 비우는 것이다. 나를 비우고 내 안의 그리스도로 충만해지는 것이 바른 신앙의 길이다.

예수의 삶이 겸허했다. 예수는 자신이 먼저 행동했고 그에 따라 가르쳤다. 17세기에 살았던 필립 야콥 스페너 목사는 사도행전 1장 1절 말씀을 묵상하면서 예수의 삶에서는 행동이 가르침보다 먼저였고 이 둘이 어우러졌다고 읽었다.

> 데오빌로님, 나는 첫 번째 책에서 예수께서 행하시고 가르치신 모든 일을 다루었습니다 (사도행전 1장 1절)

예수의 삶은 구체적으로 어떠했는가? 그의 삶을 움직인 중심 가치는 무엇이었는가? 그리스도인의 삶에 현존하는 그리스도의 영인 성령으로 그리스도 예수가 지금 여기에서 산다고 믿는 것이 기독교 신앙의 중심이다. 예수는 타락한 하나님 신앙을 개혁하기 위하여 자기 존재 전체를 던졌다. 그 개혁의 훈련 마당으로 교회를 세웠다. 그리고 자기에게 노예의 삶을 대입했다.

언어는 삶에 깊이 연결되어 있다. 같은 단어나 표현도 시대나 세대에 따라 다른 뜻으로 쓰이는 경우가 적지 않다. 지역이나 문화권이 달라지면서 완전히 뜻이 변하기도 한다. '삼삼하다'는 말이 몇 십 년 전에는 아이들 말로도 많이 쓰였다. 사전적인 뜻이 사물이나 사람의 생김새나 됨됨이가 마음이 끌리게 그럴듯하고 멋지다, 잊히지 않고 눈앞에 보이는 듯 또렷하다는 것이다. 그러나 요즈음은 일상의 언어로 거의 쓰지 않는다.

2010년대 초반에 한국 교회의 보수 연합 기관의 문제가 불거졌다. 교계뿐 아니라 사회적으로도 주목받는 주제가 되어 해당 연합 기관의 해체를 촉구하는 목소리가 높았다. 이때 한국기독교목회자협의회가 이 문제를 놓고 토론회를 열었다. 이 모임에서 한 발제자가 용어 사용의 개혁을 제안했다. 단체의 장이 되려는 권력욕을 억제하는 방법으로 각 교단의 '총회장'을 '총회종'으로 '노회장이나 지방회장'을 '노회종, 지방회종'으로 바꾸자는 것이었다. 얼핏 들으면 언어 조합에 탁월한 사람이 사람들의 관심을 끌려고 제안한 것처럼 보인다. 그러나 한국 교계의 주요 신학대학교 총장도 맡게 되는 중요한 조직신학자가 발제한 내용이다. 이 발제를 듣고 오랫동안 교회 갱신에 앞장서 온 정통 보수 교단의 어느 학자가 자신이 그 얘기를 이미 한참 전부터 얘기해 왔다고 발언했다.

신앙의 영역에서 시간이 지나면서 본디의 뜻이 퇴색하는 경우는 아주 흔하다. 기독교 역사에서 예수를 그린 그림들을 보라. 예수의 얼굴이 아주 미남이고 매끈하고 부드럽다. 예수의 손은 섬섬옥수, 그야말로 곱다. 역사의 현장에서 살았던 예수의 얼굴이 고왔을 리 없다. 인상은 분명히 부드러웠겠다. 사랑으로 모든 사람을 품었던 분이니까. 얼굴이 미남이 아니었다고 주장할 필요는 없다. 그러나 얼굴 피부는 중동의 태양으로 그을었을 것이고 부친의 가업을 이어받아 목수였을 그의 손은 거칠었다. 종교 제도가 점점 권력이 되면서 그 조직의 윗자리에 앉은 사람들이 자기 권력을 미화하면서 예수의 모습도 미화된 것이다. 이런 경우는 모든 종교에서 거의 공통적이다.

이천 년의 정통 기독교 신앙에서 아주 중요한 명제가 있다. '항상 개혁되는 교회'라는 말이다. 초기 교회부터 근세 초까지 서구와 기독교 문화권에서 사용되던 언어인 라틴어로 하면 'Ecclesia semper reformanda(에클레시아 셈페르 레포르만다)'로 발음한다. 에클레시아가 교회, 셈페르가 항상, 레포르만다가 개혁한다는 뜻이다.

이 표현은 교회의 현상과 관련된 표현이 아니다. 교회의 본질에 관련된 가르침이다. 어느 시대의 현상적인 교회가 병들고 타락했기 때문에 개혁이 필요하다는 뜻이 아니다. 물론 그런 경우 개혁이 당연히 필요하다. 그러나 이 명제는 교회가 그 본질상 항상 개혁되어야 한다는 뜻이다. 영적으로는 삼위일체 하나님의 섭리에 따라 하나님이 성령으로 현존하는 모임이 교회다. 이런 면에서 교회는 거룩하다. 그러나 동시에 교회는 사회 현상적으로 사람들이 모여서 구성된다. 초기 교회부터 오늘날에 이르기까지 교회에는 늘 어떤 갈등과 부정적인 문제들이 있었다. 사람에게 있는 죄의 성향 때문에 교회는 죄와 무관할 수 없다. 교회는 온전한 하나님 나라를 향하여 순례하는 불완전한 모임이다. 그래서 교회는 늘 개혁되어야 한다.

예수의 삶과 사역에서 하나님 나라가 시작되었다. 복음이 말씀이 작동하는 그곳에 하나님 나라가 현재진행형으로 작동한다. 그 과정에서 교회가 태동했다. 예수는 신앙고백의 토대 위에 교회를 세우겠다고 예고한다. 그렇게 교회가 사회 역사적으로 시작되었다. 교회의 시작에 관하여 정확한 이해가 필요하다. 먼저 교회를 세운다는 예수의 말씀을 보자. 마태복음 16장 18절이다.

> 또 내가 네게 이르노니 너는 베드로라 내가 이 반석 위에 내 교회를 세우리니 음부의 권세가 이기지 못하리라. (마태복음 16장 18절, 개역개정)

교회는 예수의 교회다. 죽음의 문들, 곧 지옥의 권세가 교회를 이기지 못한다. 교회가 죄와 죽음의 권세를 이긴다. 교회는 예수 그리스도의 복음을 통하여 세상에 생명을 전한다. 그런데, 이 구절에서 "이 반석"이 무엇을 가리키는지가 중요하다. 위 구절의 문장으로만 보면 바로 앞의 베드로를 가리키는 것처럼 보인다. 그러나 아니다. 베드로의 '신앙고백'을 가리킨다. 마태복음 16장 13~20절의 내용을 살피며 그 이유를 살펴보자.

예수가 삼 년 사역의 마지막 시기에 제자들과 함께 빌립보의 가이사랴 지방에 있다. 이스라엘 북부 지방 갈릴리에서 더 북쪽으로 올라간 지역이다. 이제 예수는 여기에서부터 저 남쪽 유대 지방의 예루살렘을 향하여 일직선으로 걸어갈 것이다. 십자가를 향한 길이다. 이 상황에서 예수가 제자들에게 중요한 질문을 던진다.

예수께서 빌립보의 가이사랴 지방에 이르러서, 제자들에게 물으셨다.

"사람들이 인자를 누구라고 하느냐?"

제자들이 대답한다.

"세례자 요한이라고 하는 사람들도 있고, 엘리야라고 하는 사람들도 있고, 예레미야나 예언자들 가운데에 한 분이라고 하는 사람들도 있습니다."

예수는 제자들의 생각을 묻는다. 사람들의 의견을 물은 것은 예비 질문이었다. 예수의 관심사는 제자들의 마음이다.

"그러면 너희는 나를 누구라고 하느냐?"

시몬 베드로가 대답한다.

"주님은 그리스도시며 살아 계신 하나님의 아들이십니다."

정답이다. 예수도 인정한다. 그러나 예수는 베드로의 대답에 제한을 둔다. 베드로가 대단한 것이 아니라고 말하는 것이다.

"바요나 시몬아 네가 복이 있다. 이것을 네게 알게 한 분은 혈육이 아니라 하늘에 계신 내 아버지시다. 또 내가 네게 말한다. 너는 베드로다. 내가 이 반석 위에 내 교회를 세울 것인데 죽음의 문들이 교회를 이기지 못할 것이다." (마태복음 16장 13~18절)

예수는 이 대화가 끝난 후에 바로 이어서 자기가 그리스도라는 것을 아무에게도 알리지 말라고 한다. 베드로의 대답이 표현 자체로는 맞지만, 그가 생각하는 그리스도의 개념은 예수가 생각하는 것과 달랐다. 하나님이 보내신 그리스도에 관해서 베드로의 생각이 틀렸다. 이 본문은 인간 베드로 자신이 존경받을 표준이 아님을 말하고 있다. 이 점이 중요하다. 베드로가 표준이 아니라는 더 결정적인 상황이 바로 다음에 이어지는 21~25절에 나온다.

그때부터 예수께서는, 자기가 반드시 예루살렘에 올라가야 하며, 장로들과 대제사장들과 율법 학자들에게 많은 고난을 받고 죽임을 당해야 하며, 사흘째 되는 날에 살아나야 한다는 것을, 제자들에게 밝히기 시작하셨다. 이에 베드로가 예수를 따로 붙들고 "주님, 안 됩니다. 절대로 이런 일이 주님께 일어나서는 안 됩니다" 하고 말하면서 예수께 대들었다. 그러나 예수께서는 돌아서서, 베드로에게 말씀하셨다.
"사탄아, 내 뒤로 물러가라. 너는 나에게 걸림돌이다. 너는 하나님의 일을 생각하지 않고, 사람의 일만 생각하는구나!"
그 때에 예수께서는 제자들에게 말씀하셨다.
"누구든지 나를 따라오려거든, 자기를 부인하고, 제 십자가를 지고, 나를 따라 오너라. 누구든지 자기 목숨을 구하고자 하는 사람은 잃을 것이요, 나 때문에 자기 목숨을 잃는 사람은 찾을 것이다." (마태복음 16장 21~25절)

예수는 베드로를 사탄이라고까지 지칭하면서 그를 무섭게 책망한다. 베드로가 예수가 누구인지에 관하여 표현상으로는 맞는 말을 했지만, 그의 마음과 삶의 목적에 하나님의 일은 안중에 없었다는 것이 폭로된다. 베드로에게는 그저 자신의 출세 욕구가 가득했다. 다른 제자들도 마찬가지였다. 베드로는 다른 사람이 본받고 따라야 할 표준이 아니다. 자 그렇다면 "이 반석"은 무엇을 가리키는가? 위에서 인용한 마태복음 16장 18절을 그 앞의 두 구절과 함께 보면 명백해진다.

> 16절, 시몬 베드로가 대답하여 이르되 주는 그리스도시요 살아 계신 하나님의 아들이시니이다.
> 17절, 예수께서 대답하여 이르시되 바요나 시몬아 네가 복이 있도다. 이를 네게 알게 한 이는 혈육이 아니요 하늘에 계신 내 아버지시니라.
> 18절, 또 내가 네게 이르노니 너는 베드로라 내가 이 반석 위에 내 교회를 세우리니 음부의 권세가 이기지 못하리라. (개역개정)

예수는 지금 언어에 담긴 뜻을 생각하며 비유적으로 말씀하고 있다. 베드로라는 헬라어 이름과 반석이라는 단어는 뜻이 같다. "너는 베드로(페트로스)라, 내가 이 반석(페트라) 위에 내 교회를 세우리니." 예수는 베드로의 신앙고백을 듣고 그것을 페트로스(반석)라고 하면서 바로 그 위에 교회를 세우겠다고 말씀한 것이다.

신앙고백 말이다. 교회는 어떤 사람 위에 세워지지 않았다. 어떤 유능한 집단의 역량 위에 세워진 것도 아니다. 교회는 하나님의 아들 예수 그리스도가 친히 세웠다. 나사렛 사람 예수를 하나님의 아들이며 세상의 구세주 그리스도라고 믿는 신앙고백 위에 말이다.

신앙고백은 하나님과 사람 사이에서 이루어진다. 예수 그리스도에 대하여 사람이 고백하는 신뢰와 믿음이 신앙고백이다. '말씀이신 예수를 그리스도로 믿으며, 그 말씀이 내 삶으로 이뤄지길 원합니다.'하는 것이 신앙고백이다. 이 고백을 성령 하나님이 지키고 성숙하게 하며 이끈다. 그래서 죄와 죽음의 권세가 교회를 이기지 못한다. 교회는 거룩한 말씀으로 늘 자신을 성찰하며 개혁하며 살아간다. 이 본질을 잊을 때 교회는 약해지고 병들고 타락한다.

이제 예수의 삶에서 결정적인 주제로 들어가자. 예수는 고민했다. 어떻게 하면 저 편할 대로 바꿔버린 통속적인 하나님 신앙을 본래 지닌 정신으로 깨우칠 수 있을까. 예수가 고민하고 기도하면서 찾은 단어가 '디아코니아'였다. 이 단어는 예수 시대에 종교 영역에서 쓰이는 단어가 아니었다. 사람들 삶의 일반적인 영역에서 노예와 연관된 단어였다. 생각만 해도 불쾌하고 부정적인 단어였다.

오늘날 성경을 읽을 때 이천 년의 문화 인식의 차이 때문에 이 단어를 읽어내지 못하는 경우가 많다. 이 단어를 봉사 또는 섬김으로 번역하는데 오늘날의 교회나 일반 사회의 언어 사용에서 봉사나 섬김이라는 단어는 이미 긍정적이다. 그러나 예수 당시의 디아코니아는 누가 들어도 치욕과 수치를 느끼게 하는 부정적인 말이었다. 누가복음 22장에서 예수가 이 단어를 자신과 연관하여 사용한다. 최후의 만찬 장면이다.

> 또 그들 사이에 그중 누가 크냐 하는 다툼이 난지라. 예수께서 이르시되 이방인의 임금들은 그들을 주관하며 그 집권자들은 은인이라 칭함을 받으나 너희는 그렇지 않을지니 너희 중에 큰 자는 젊은 자와 같고 다스리는 자는 섬기는 자와 같을지니라. 앉아서 먹는 자가 크냐 섬기는 자가 크냐, 앉아서 먹는 자가 아니냐. 그러나 나는 섬기는 자로 너희 중에 있노라. (누가복음 22장 24~27절, 개역개정)

여기에서 "섬기는 자"라는 표현이 헬라어로 디아코니아이고 이 단어가 노예와 연관된다. 이 뜻을 살피기 전에 먼저 제자들의 서열 싸움을 보자. 그들 사이에 이런 갈등이 한두 번이 아니었다. 그도 그럴 것이 그들은 저마다 출세하고 성공하려는 욕망이 많았다. 사복음서을 읽으면 누구나 얼른 알 수 있다. 제자들은 스승 예수의 사명과 길을 이해하지 못하고 있었고 그래서 여러 번 충돌했다. 이 본문의 앞뒤 문맥을 보면 예수와 제자들의 괴리가 얼마나 깊은지가 더 극명해진다. 바로 앞에서 예수가 자신의 고난과 제자 가운데 한 사람의 배신을 예고하며 성만찬을 제정한다. 하나님의 나라가 임할 때까지 다시는 포도나무에서 난 것을 마시지 않겠다는 말씀이 비장하다. 본문 바로 뒤에는 예수가 베드로의 배반을 예고하는 내용이 나온다. 예수의 가르침을 따르지 않는 결과가 배신으로 이어질 것이다. 그러면, 예수가 걸어가는 길은 무엇인가? 디아코니아였다.

섬김 또는 봉사로 번역되는 디아코니아는 당시에 노예가 주인의 식사 시중을 드는 것을 표현하는 단어였다. 이 단어를 떠올리면 당시 사람들은 으레 노예를 생각했다. 오늘날 섬김이나 봉사를 떠올릴 때 느끼는 정서하고는 완전히 다르다. 고상하고 영예롭고 아름다운 느낌이 전혀 없는, 정반대로 수치와 천대와 모욕의 느낌이 드는 단어다. 예수는 자신이 노예가 하는 일을 감당하며 세상에 있다고 말한다. 제자들이 예수의 이 말을 들으면서 충격을 받았을 것이다. 지금 자기들이 누가 더 서열이 높으냐고 싸우고 있는데 예수는 노예로 산다고 말한다. 상극의 대조다.

섬김 또는 봉사의 의미를, 적어도 교회 공동체에서는 다시금 그 본디 뜻을 되살려야 한다. 예수를 그리스도로 믿고 그분의 삶과 가르침을 따라간다면 말이다. 교회나 교단 등 기독교 영역의 모든 제도는 예수의 삶과 가르침대로 살기 위한 보조 수단이다. 제도를 운영하고 유지하기 위하여 제도 자체가 목적이 되면 예수는 사라진다. 더우나 제도의 조직 안에 있는 어떤 사람이나 어떤 집단의 명예, 권력, 이익이 목적이 되면 예수와는 전혀 상관이 없게 된다.

예수는 어느 때에도 자신이 목적인 적이 없었다. 하늘 아버지의 뜻이 목적이었고 자신의 존재는 그 뜻을 이루는 수단이었다. 그리스도인과 교회가 이것을 기억해야 산다.

엘로이 엘로이 레마 사박다니

십자가의 메시지는 디아코니아보다 더 과격하다. 예수의 십자가 사건 이후로 기독교는 결코 십자가와 뗄 수 없게 되었다. 십자가는 기독교의 상징에서 심장과 같다. 신약 성경은 십자가에 관하여 무엇이라고 말하고 있는가? 십자가가, 상식적으로 지극히 당연한 일이시만, 누구에게도 결코 환영받지 못하는 것이었음을 명확하게 할 필요가 있다. 십자가는 로마제국 이전부터 오랜 역사를 가신 사형 방법이었다. 십자가는 참혹한 죽음이며 절대적 절망이다. 완전한 상실이며 처절한 패배다. 사도 바울은 갈라디아 교회에 보낸 편지에서 구약 성경 신명기 21장에 기록된 저주에 관한 본문을 예수의 십자가와 연결한다.

사람이 만일 죽을 죄를 범하므로 네가 그를 죽여 나무 위에 달거든 그 시체를 나무 위에 밤새도록 두지 말고 그날에 장사하여 네 하나님 여호와께서 네게 기업으로 주시는 땅을 더럽히지 말라. 나무에 달린 자는 하나님께 저주를 받았음이니라. (신명기 21장 그리스도께서 우리를 위하여 저주를 받은 사람이 되심으로써, 우리를 율법의 저주에서 속량해 주셨습니다. 기록된 바 "나무에 달린 자는 모두 저주를 받은 자이다" 하였기 때문입니다. 그것은, 아브라함에게 내리신 복을 그리스도 예수 안에서 이방 사람에게 미치게 하시고, 우리로 하여금 믿음으로 말미암아 약속하신 성령을 받게 하시려는 것입니다. (갈라디아서 3장 13~14절)

십자가는 하나님의 아들 예수 그리스도가 달렸다고 해서 무슨 축복이 되는 것은 아니었다. 십자가는 현상대로 그냥 저주였다. 예수 그리스도가 그 저주를 받고 인간의 죄를 대신했다. 사람이 받을 십자가의 저주를 그리스도가 받았고, 사람은 저주에서 해방되어 복을 받았다. 이것이 십자가의 역설이다. 여기에서 구원의 사건이 일어난다. 십자가의 구원을 깊이 설명하기 전에 먼저 십자가가 얼마나 역설적인 것인가를 보자. 이 주제에 관하여 고린도전서 1장처럼 잘 표현한 곳이 없다.

십자가의 말씀이 멸망할 자들에게는 어리석은 것이지만, 구원을 받는 사람인 우리에게는 하나님의 능력입니다. 성경에 기록하기를 "내가 지혜로운 자들의 지혜를 멸하고, 총명한 자들의 총명을 폐할 것이다" 하였습니다.

현자가 어디에 있습니까?

학자가 어디에 있습니까?

이 세상의 변론가가 어디에 있습니까?

하나님께서는 이 세상의 지혜를 어리석게 하신 것이 아닙니까?

이 세상은 그 지혜로 하나님을 알지 못하였습니다. 하나님의 지혜가 그렇게 되도록 한 것입니다. 하나님께서는 어리석게 들리는 설교를 통하여 믿는 사람들을 구원하시기를 기뻐하신 것입니다.

유대 사람은 기적을 요구하고, 그리스 사람은 지혜를 찾으나, 우리는 십자가에 달리신 그리스도를 전합니다. 그리스도가 십자가에 달리셨다는 것은 유대 사람에게는 거리낌이고, 이방 사람에게는 어리석은 일입니다. 그러나 부르심을 받은 사람에게는, 유대 사람에게나 그리스 사람에게나, 이 그리스도는 하나님의 능력이요, 하나님의 지혜입니다. 하나님의 어리석음이 사람의 지혜보다 더 지혜롭고, 하나님의 약함이 사람의 강함보다 더 강합니다. (고린도전서 1장 18~25절)

바울은 구약 성경 이사야 29장 14절 말씀, "그러므로 내가 다시 한 번 놀랍고 기이한 일로 이 백성을 놀라게 할 것이다. 지혜로운 사람들에게서 지혜가 없어지고, 총명한 사람들에게서 총명이 사라질 것이다" 하는 내용이 십자가로써 성취되었다고 말한다. 현자나 학자나 변론가 등 제아무리 탁월한 그 어떠한 지혜나 총명도 십자가에서 끝장난다. 십자가는 모든 논리를 사라지게 하는 블랙

홀이다.

신약 시대 당시의 세계 인류를 둘로 나누면 유대인과 유대인이 아닌 모든 사람, 곧 헬라인이다. 헬라인은 그리스 사람 또는 이방인으로도 표현할 수 있다. 유대인은 기적을 최고로 치며 기적을 찾는다. 그리스인은 지혜를 최고로 치며 지혜를 찾는다. 그러나 기독교 신앙인은 십자가에 달리신 그리스도를 전한다. 그리스도의 십자가에 기적과 지혜를 넘어서는 것이 있다. 기적으로도, 지혜로도 사람의 죄와 그 결과인 영원한 사망의 저주를 해결하지 못한다. 그러나 그리스도의 십자가가 죄와 사망을 해결한다.

십자가는 유대인에게는 대단히 불쾌한 것이고 거리끼는 것이다. 유대인이 기다리던 메시아(그리스도)는 유대인을 억압하는 모든 세력을 부수고 유대 민족을 세계 모든 민족 위에 높일 권능의 메시아였다. 그러나 예수는 십자가에 달리는 메시아를 가르쳤고, 자신이 그 메시아임을 보여주었다. 사람들이 십자가에 못 박힌 예수를 그리스도, 곧 메시아로 믿고 따르니 유대인에게는 이보다 더 큰 모욕이 없다. 큰 걸림돌이다.

십자가는 유대인이 아닌 사람들, 곧 이방인에게는 어리석은 것이다. 십자가는 패배며 실패며 상실이며 죽음이다. 아무런 힘이 없어서 끝장나는 비참한 결말이다. 능력과 성공과 승리와 명예를 기리는 헬라 문화권의 가치관에서 보면 십자가는 어리석기 짝이 없다. 십자가에 못 박힌 예수를 구세주로 믿고 따른다는 것은 조롱거리일 뿐이었다.

그러나 예수 그리스도의 부르심을 받아 십자가의 뜻과 힘을 깨달은 사람에게는, 그가 유대인이든 그리스 사람이든 상관없이 십자가는 그 어떤 기적과도 비교할 수 없는 하나님의 능력이다. 그 어떤 지혜와도 비교 불가능한 하나님의 지혜다. 십자가는 하나님의 기획이며 실행이다. 하나님의 섭리가 사람 십자가를 통하여 사는 세상에 공공연하게 드러남으로써 하나님 나라가 작동하기 시작했다. 세상에서 제아무리 강한 것도 하나님의 약함보다 한없이 약하다. 세상에서 제아무리 지혜로운 것도 하나님의 어리석음보다 한없이 어리석다. 십자가는 하나님의 능력이요 하나님의 지혜다.

예수의 생애를 기록한 사복음서에서 십자가는 예수가 처형된 역사적인 사건이다. 사복음서는 그 결론이 모두 십자가와 부활이다. 최초의 복음서인 마가복음은 긴 서론이 붙은 십자가의 수난 이야기다. 모두 16장으로 구성된 이 복음서에서 앞의 13장은 모두 서론이다. 마지막 세 장에 기록된 십자가의 고난과 죽음과 부활이 본론이며 결론이다.

성령이 강림하고 그로부터 본격적으로 시작되는 교회의 시대를 기록한 사도행전에서 십자가에 달린 예수와 하나님이 보내신 그리스도가 연결된다. '예수가 바로 그리스도'라는 것이 사도행전의 모든 증언에서 심장이다. 보통 붙여서 말하는 예수 그리스도라는 표현이 기독교 신앙고백의 핵심이다. 이 내용이 말씀 중의 말씀이다. 기독교 이천 년 역사에서 최초의 설교인 베드로의 설교

중 바로 이 내용이 한겨울 아침에 찬물로 세수하듯이 확연하고 명징하다. 베드로의 설교에서 결론을 보라.

> 그러므로 이스라엘 온 집안은 확실히 알아두십시오. 하나님께서는 여러분이 십자가에 못 박은 이 예수를 주님과 그리스도가 되게 하셨습니다. (사도행전 2장 36절)

사도행전은 성령의 역사로 예수 그리스도의 십자가를 증언하는 기록이다. 말씀을 통해서 구원받은 사람들이 십자가를 증언하여 다른 사람들이 또 십자가의 말씀으로 구원받는다. 사도행전 이후에 이어지는 신약의 모든 책에 이 이야기가 나온다. 십자가는 어떤 개인에게 또는 교회 공동체에 새로운 존재로 변화하는 문이 된다. 가장 중요한 메시지는 예수를 그리스도로 믿는 사람은 십자가에서 그리스도가 죽을 때 함께 죽었고 사흘 뒤에 그리스도가 부활할 때 함께 다시 살아 새로운 사람이 되었다는 것이다. 그리스도를 믿으며 사는 사람은 새롭게 창조된 사람이다. 더 깊은 뜻으로 보면 그리스도가 내 안에 내가 그리스도 안에 있으며 그리스도가 나를 사는 것이다. 로마서 6장, 고린도후서 5장, 갈라디아서 2장을 보라.

> 우리가 그의 죽으심과 같은 죽음을 죽어서 그와 연합하는 사람이 되었으면, 우리는 부활에 있어서도 또한 그와 연합하는 사람이 될

것입니다. 우리의 옛사람이 그리스도와 함께 십자가에 달려 죽은 것은, 죄의 몸을 멸하여서, 우리가 다시는 죄의 노예가 되지 않게 하려는 것임을 우리는 압니다. 죽은 사람은 이미 죄의 세력에서 해방되었습니다. … 그리스도께서 죽으신 죽음은 죄에 대해서 단번에 죽으신 것이요, 그분이 사시는 삶은 하나님을 위하여 사시는 것입니다. 이와 같이 여러분도, 죄에 대해서는 죽은 사람이요, 하나님을 위해서는 그리스도 예수 안에서 살고 있는 사람이라는 것을 알아야 합니다. (로마서 6장 5~11절)

누구든지 그리스도 안에 있으면, 그는 새로운 피조물입니다. 옛 것은 지나갔습니다. 보십시오, 새것이 되었습니다. (고린도후서 5장 17절)

나는 그리스도와 함께 십자가에 못 박혔습니다. 이제 살고 있는 것은 내가 아닙니다. 그리스도께서 내 안에서 살고 계십니다. 내가 지금 육신 안에서 살고 있는 삶은, 나를 사랑하셔서 나를 위하여 자기 몸을 내어주신 하나님의 아들을 믿는 믿음 안에서 살아가는 것입니다. (갈라디아서 2장 20절)

십자가에 관한 증언에서 중심으로 들어가자. 십자가의 죽음 그 자체는 어떤 것인가? 예수의 십자가 사건에 관한 가장 전통적인 해석은 대속(代贖)의 죽음이다. 인류를 포함하여 창조 세계 전체를 사랑하는 하나님의 섭리로 예수 그리스도가 십자가에서 인류의 죗값을 대신 치러서 죄의 용서가 완료되었다. 이로써 죄의 필연적 결과인 영원한 사망의 문제도 해결되었다.

신구약 성경의 일관된 가르침에 따르면 죄의 결과는 죽음이다. 누구도 피할 수 없는 하나님의 법칙이다. 사람이란 존재는 처음 사람 아담의 범죄 때문에 태어날 때부터 죄의 성향을 갖고 있다. 이것을 해결해야 하는데 사람 자신이 해결한다면 영원한 죽음뿐이다. 사랑의 하나님이 이것을 그냥 두고 볼 수 없었다. 이것을 해결하는 하나님의 방법이 두 가지로 작동한다. 하나는 철저하게 죄를 벌하는 것, 죽음으로 죗값을 치르게 하는 것이다. 다른 하나는 마땅히 사람이 받아야 하는 그 죽음을 하나님의 아들이 대신 받게 하는 것이다. 이렇게 하여 사람이 구원받는다. 이런 내용을 염두에 두고 예수가 십자가에서 죽음을 맞이하는 장면을 최초의 복음서에서 보자.

> 낮 열두 시가 되었을 때에, 어둠이 온 땅을 덮어서, 오후 세 시까지 계속되었다. 세 시에 예수께서 큰소리로 부르짖으셨다.
> "엘로이 엘로이 레마 사박다니?"
> 그것은 번역하면 "나의 하나님, 나의 하나님, 어찌하여 나를 버리셨습니까?" 하는 뜻이다. (마가복음 15장 33~34절)

> 예수께서는 큰 소리를 지르시고서 숨지셨다. 그 때에 성전 휘장이

위에서 아래까지 두 폭으로 찢어졌다. (마가복음 15장 37~38절)

이 증언에서 예수의 부르짖음, "엘로이 엘로이 레마 사박다니"가 중심이다. 이 내용은 구약 성경 시편 22편 1절을 인용하면서 히브리어 발음을 헬라어로 음역한 것이다. 이 문장이 질문하는 형태로 기록된 것은 예수가 지금 당하고 있는 고통이 얼마나 극심한가를 보여준다. 하늘 아버지가 왜 예수를 버리는지, 예수는 잘 알고 있다. 바로 어제 늦저녁 겟세마네 동산에서 처절하게 기도하면서 하늘 아버지의 뜻에 순명(殉命)하기로, 예수는 이미 입장을 정했다. 그러나 지금 엄청난 고통을 겪으면서 예수는 절규하고 있다. 십자가 처형의 고통 외에 예수는 인류의 죗값을 대신 치르는 고통까지 당하고 있다. 그 무게는 창세 이후 세상의 종말까지 그 누구도 알 수 없는 것이었다.

이 문장의 시제가 중요하다. "어찌하여 나를 버리셨습니까?" 예수가 부르짖는 그 시점에 하나님은 자기 아들을 이미 버렸다. 예수가 처절한 고통으로 죽어가는 때 그의 하늘 아버지는 돌아앉아 있었다. 아들의 간절한 부르짖음을 듣지 않고 있었다. 아니, 듣지 않기로 작정했다. 자기 아버지에게 버림받은 예수, 그런데 이 사람이 세상을 구원하는 메시아, 곧 그리스도다.

바로 여기에 십자가의 죽음이 말하는 핵심적인 뜻이 있다. 하나님이 자기 아들 예수 그리스도를 버렸다. 하나님이 그를 죽게 했다. 종교개혁자 마르틴 루터를 비롯한 신앙의 선배들은 이 이 구절을 깊이 묵상하면서 예수의 죽음에서 '하나님의 죽음'을 보았다. 예수는 사람 몸을 입고 세상에 내려온 성자 하나님이다. 그래서 십자가의 예수를 '십자가에 달린 하나님'이라고 표현하기도 한다. 하나님이 하나님을 죽게 했다. 하나님 자신이 십자가에서 스스로 죽음을 받아들였다. 이유와 목적은 하나다. 사람을 죄의 형벌에서 구원하며 이로써 창조한 세계 전체를 구원하는 것이다.

이 점을 생각하면 예수가 십자가의 길로 스스로 걸어 들어간다는 사복음서의 일관된 증언을 이해할 수 있다. 예수는 누가 시키거나 압박해서 십자가의 길을 걷지 않았다. 현상적으로는 대제사장과 바리새인이 집요하게 예수를 공격해서 죽음에 이르게 했다. 그러나 산헤드린의 재판 과정을 조금만 자세히 보면 죽음의 길을 선택한 것은 예수 자신이다. 재판 과정에서 예수를 공격하는 사람들은 결정적인 증거를 대지 못하고 있었다. 예수가 풀려날 수 있는 상황이었다. 율법의 시각에서 사형에 해당하는 결정적인 증거는 예수가 제공했다. 신성모독에 해당하는 발언이 어떤 결과를 가져올지 예수는 잘 알고 있었다. 잘 알고 있어서 그렇게 대답했다.

> 그래서 대제사장이 한가운데 일어서서, 예수께 물었다.
> "이 사람들이 그대에게 불리하게 증언하는데도, 아무 답변도 하지 않소?"
> 그러나 예수께서는 입을 다무시고, 아무 대답도 하지 않으셨다.

대제사장이 예수께 물었다.

"그대는 찬양을 받으실 분의 아들 그리스도요?"

예수께서 말씀하셨다.

"내가 바로 그이요. 당신들은 인자가 전능하신 분의 오른쪽에 앉아 있는 것과, 하늘의 구름을 타고 오는 것을 보게 될 것이오."

대제사장은 자기 옷을 찢고 말하였다.

"이제 우리에게 무슨 증인들이 더 필요하겠소? 여러분은 이제 하나님을 모독하는 말을 들었소. 여러분의 생각은 어떠하오?"

그러자 그들은 모두, 예수는 사형을 받아야 마땅하다고 정죄하였다. (마가복음 14장 60~64절)

대제사장은 속으로 쾌재를 불렀다. 그러나 예수가 더 고수였다. 예수는 대제사장의 질문에 담긴 의도를 충분히 알았다. 그 의도에 맞춰줌으로써 하늘 아버지의 섭리를 이루어가고 있었다. 유대의 법정 산헤드린에서 사형이 확정되었다. 그러나 산헤드린에 사람을 죽일 권한이 없어서 대제사장은 예수를 빌라도 총독의 로마 법정에 고소한다. 로마 법정에 고소한 죄목은 국가 반역죄였다. 예수가 유대의 왕으로 자칭하면서 로마 황제에게 반역한다는 것이다.

그러나 빌라도의 법정에서도 같은 상황이 반복된다. 총독은 유대인의 왕이라는 고소 죄목이 그저 유대인의 종교 문제라고 보았다. 예수가 실질적인 국가 반역자는 아니라고 보았다. 빌라도는 예수를 놓아주려고 애썼다. 대제사장과 유대인들이 사형 판결을 끌어내기 어려운 상황이었다. 요한복음이 빌라도의 법정에서 재판이 진행되는 과정을 가장 상세하게 보도한다.

대제사장들과 경비병들이 예수를 보고 외쳤다.

"십자가에 못 박으시오. 십자가에 못 박으시오."

그러자 빌라도는 그들에게 "당신들이 이 사람을 데려다가 십자가에 못 박으시오. 나는 이 사람에게서 아무 죄도 찾지 못했소" 하고 말하였다. 유대 사람들이 그에게 대답하였다.

"우리에게는 율법이 있는데 그 율법을 따르면 그는 마땅히 죽어야 합니다. 그가 자기를 가리켜서 하나님의 아들이라고 하였기 때문입니다."

빌라도는 이 말을 듣고, 더욱 두려워서 다시 관저 안으로 들어가서 예수께 물었다.

"당신은 어디서 왔소?"

예수께서는 그에게 아무 대답도 하지 않으셨다. 그래서 빌라도가 예수께 말하였다.

"나에게 말을 하지 않을 작정이오? 나에게는 당신을 놓아줄 권한도 있고, 십자가에 처형할 권한도 있다는 것을 모르시오?

예수께서 대답하셨다.

"위에서 주지 않으셨더라면, 당신에게는 나를 어찌할 아무런 권한도 없을 것이오. 그러므로 나를 당신에게 넘겨준 사람의 죄는 더 크다 할 것이오."

이 말을 듣고서, 빌라도는 예수를 놓아주려고 힘썼다. 그러나 유대 사람들은 "이 사람을 놓아주면, 총독님은 황제 폐하의 충신이 아닙니다. 자기를 가리켜서 왕이라고 하는 사람은, 누구나 황제 폐하를 반역하는 자입니다" 하고 외쳤다. …

빌라도가 그들에게 말하였다.

"당신들의 왕을 십자가에 못 박으란 말이오?"

대제사장들이 대답하였다.

"우리에게는 황제 폐하밖에는 왕이 없습니다."

이리하여 이제 빌라도는 예수를 십자가에 처형하라고 그들에게 넘겨주었다. (요한복음 19장 6~12, 15~16절)

예수의 십자가 사건은 위에서 기획했고 위에서 진행했다. 그렇게 윗분의 뜻대로 십자가 사건은 완료되었다. 하나님이 자신을 희생함으로써 사랑을 성취했다. 하나님의 사랑이 성취되는 순간에 중요한 일이 벌어진다. 이 일에 관한 마가복음의 증언과 마가복음보다 한 이삼십 년 후에 기록된 히브리서의 해석을 보자.

예수께서는 큰 소리를 지르시고서 숨지셨다. 그 때에 성전 휘장이 위에서 아래까지 두 폭으로 찢어졌다. (마가복음 15장 37~38절)

그러므로 형제자매 여러분, 우리는 예수의 피를 힘입어서 담대하게 지성소에 들어가게 되었습니다. 예수께서는 휘장을 뚫고 우리에게 새로운 살 길을 열어 주셨습니다. 그런데 그 휘장은 곧 그의 육체입니다. (히브리서 10장 19~20절)

예루살렘 성전의 구조를 알아야 이 두 본문을 이해할 수 있다. 성전의 구조는 하나님이 직접 명령한 것이다. 이스라엘 민족이 광야에서 40년을 생활할 때 하나님이 모세에게 구체적인 부분까지 세세하게 지시하여 성막, 곧 하나님의 장막이 만들어졌다. 하나님을 만나는 곳이어서 회막(會幕)이라고도 부른다. 성막의 구조를 바깥에서부터 안쪽으로 들어가면서 보면 뜰, 성소, 지성소가 된다. 성소와 지성소는 실내다. 지성소(至聖所)는 이름 그대로 지극히 거룩한 장소다. 이유는 한 가지, 거기에 언약궤가 있다. 법궤라고도 불리는 언약궤 안에는 모세가 시내산에서 하나님에게 받은 십계명의 돌 판이 있다. 두 개의 돌 판은 모세가 돌을 깎아서 만들었고, 거기에 하나님이 친히 당신의 손가락으로 십계명을 새겼다.

성막의 중심에 말씀이 있었다. 말씀이 있는 곳에 하나님이 현존한다. 이스라엘이 선택된 거룩한 민족인 까닭은 오직 하나, 말씀을 모시고 있으면서 말씀대로 살기 때문이다. 성막의 구조는 나중에 이스라엘 민족이 가나안 땅을 정복하고 예루살렘에 성전을 건축할 때 그대로 성전의 구조가 된다. 성전 안에 성소와 지성소가 있었고 지성소 안에 언약궤가 있었다. 지성소에는 대제사장 한 사람만, 그것도 일 년에 딱 한 번 대속죄일(大贖罪日, 〈욤 키푸르〉라고 불리며, 이스라엘 종교력 7월 10일. 일 년에 한 번 하나님께 대제사장과 백성의 죄가 용서받는 날이다.)에 들어갈 수 있었다. 대제사장이 자기 죄를 철저하게 회개하고 정결해진 후에 들어가야 했다. 그러지 않으면 죽었다.

성전의 성소와 지성소는 휘장으로 구분되어 있다. 하나님의 현존과 영광의 장소를 감히 누구도 볼 수 없다. 대제사장이 지성소에 들어가서 이스라엘 민족과 하나님 사이에서 중보하는 역할을 한다. 백성의 죄를 아뢰어 용서받고 하나님의 뜻을 받아 백성에게 전한다. 성소와 지성소를 분리하는 이 휘장이 바로 예수의 육체를 상징한다. 예수가 십자가에서 숨을 거두는 순간, 그러니까 자기 몸을 찢어 희생할 때 예루살렘 성전의 성소와 지성소 사이에 걸려 있는 휘장이 위에서 아래로 두 폭으로 찢어졌다. 예수 그리스도의 희생으로 말씀 자체인 하나님에게 가는 길이 열렸다.

구약의 제사는 구세주가 올 때까지만 작동하는 임시적인 제도였다. 예수가 자신을 희생 제물로 삼아 단 한 번으로 영원히 효력이 있는 제사를 드렸다. 십자가 사건이다. 예수를 그리스도로 믿는 사람은 누구나 예수 그리스도를 의지하여 직접 하나님 앞으로 갈 수 있다. 마르틴 루터를 비롯한 종교개혁자들이 그리스도인이 누구나 제사장이라고 하면서 '만인 사제설'을 외친 성경적 근거가 이것이다. 당시 교회의 미사 구조는 성직자를 통해서만 신자들이 하나님을 만날 수 있었다. 종교개혁자들은 신자들이 직접 하나님을 만날 수 있는 구조로 바꾸어 초기 교회의 예배를 회복했다.

예수 그리스도의 십자가는 전복적(顚覆的)이다. 완전히 뒤엎는다. 일부를 수리하거나 어느 한 부분을 고치지 않는다. 십자가 사건이 이처럼 과격한데, 예수가 예고한 재림이 또 그렇다. 예수의 재림이 이 세상의 종말과 그에 이어지는 영원한 하나님 나라보다 지금 여기의 세상에 더 많이 연관된다는 것을 놓치는 사람이 많다. 예수의 재림은 현세의 사회에 전복적인 메시지다.

그렇다, 내가 곧 가겠다

하나님의 아들 그리스도가 사람의 몸을 입고 세상에 와서 예수란 이름을 갖고 살았다. 예수가 십자가의 죽음과 부활 후에 승천하면서 다시 오겠다고 말씀하는데 이것을 재림(再臨)이라고 부른다. 그리스도인은 승천과 재림 사이의 시간을 산다. 예수의 재림과 세상의 종말에 관한 가르침이 종말론이다. 삶의 시간이 언제 끝날지 모른다는 긴장을 종말론적 긴장이라고 표현한다. 신약 성경에서 아주 중요한 뜻이다. 기독교의 핵심 가치 가운데 하나다. 사람의 시간, 사람을 포함한 피조 세계의 시간은 한계 안에 있다. 언제가 끝난다. 누구에게나 그렇다. 그때 창조와 섭리와 구원의 주권자인 하나님 앞에서 결산해야 한다. 그래서 삶은 엄숙하고 진지하고 귀하다.

아주 가까운 시일 안에 예수가 재림한다는 임박한 종말론은 성경적이지 않다. 더구나 예수의 재림이나 세상의 종말 시점을 말하는 임박한 종말론은 신약 성경의 가르침과 정반대다. 신약 성경이 임박한 종말론을 경계하면서 그것을 수정하고 있다는 것을 이해하는 것이 참 중요하다. 예수의 재림과 세상의 끝에 관해서 두 가지 사실이 중요하다. 요한계시록에 비교하면서 작은 계시록이란 별명이 붙은 마가복음 13장에 이것이 명백하다.

> "그러나 그날과 그때는 아무도 모른다. 하늘의 천사들도 모르고,
> 아들도 모르고, 오직 아버지만 아신다." (마가복음 13장 32절)

하나, 예수의 재림과 그에 이어지는 세상의 종말은 분명히 온다. 다른 하나, 그날과 그때는 아무도 모른다. 재림과 종말의 시점을 말하는 것은 언제나 잘못된 것이다. 예를 들어, 인격이 참 훌륭하고 성경 말씀에 깊은 묵상과 식견이 있어서 많은 사람에게 크게 존경받는 어떤 목사가 있다고 하자. 이 사람이 어느 날 재림의 시점을 말하기 시작하면, 잘못이다. 정확한 시점이 아니라 대략의 연도나 달을 말한다고 해도 마찬가지다. 성경을 아주 깊이 연구하는 신학자가 그런다고 해도 마찬가지다.

성경을 진지하게 깊이 연구하는 사람은 성경 전체에서 아직 성취되지 않은 최대 예언인 재림의 시점을 알고 싶은 유혹에 빠지기 쉽다. 나쁜 마음이 아니고 주님을 사랑하며 재림을 간절히 기

다리는 열망으로 얼마든지 그렇게 될 수 있다. 그러나 구약 성경의 예언서 다니엘이나 재림과 연관된 신약의 본문들을 근거로 재림과 종말의 시점을 계산하기 시작하면 잘못된 길로 들어서는 것이다.

그래서 재림과 연관해서는 정신을 차리고 깨어 있어야 한다는 권면이 늘 따라붙는다. 예수 그리스도가 언제 재림할지 모르니까 깨어 있어야 하고 무지하고 악한 자들이 지어낸 임박한 재림론에 현혹되지 않도록 깨어 있어야 한다. 종말과 재림에 관한 내용을 담고 있는 마태복음 24~25장과 누가복음 21장에도 이 점이 명백하다. 위에서 인용한 작은 계시록 마가복음 13장의 전체 문맥을 따라가 보자. 자칭 타칭 거짓 그리스도가 많이 출현한다, 속지 말아라, 아직은 끝이 아니다 하는 표현들에 주목하라.

> 예수께서 그들에게 말씀하셨다.
> "누구에게도 속지 않도록 조심하여라. 많은 사람이 내 이름으로 와서는 '내가 그리스도다' 하면서, 많은 사람을 속일 것이다. 또 너희는 여기저기에서 전쟁이 일어난 소식과 전쟁이 일어날 것이라는 소문을 듣게 되어도, 놀라지 말아라. 이런 일이 반드시 일어나야 한다. 그러나 아직 끝은 아니다. 민족과 민족이 맞서 일어나고, 나라와 나라가 맞서 일어날 것이며, 지진이 곳곳에서 일어나고, 기근이 들 것이다. 이런 일들은 진통의 시작이다." (마가복음 13장 5~8절)

"그 때에 누가 너희에게 '보아라, 그리스도가 여기에 있다. 보아라, 그리스도가 저기에 있다' 하더라도, 믿지 말아라. 거짓 그리스도들과 거짓 예언자들이 일어나, 표징들과 기적들을 행하여 보여서, 할 수만 있으면 선택받은 사람들을 홀리려 할 것이다. 그러므로 너희는 조심하여라. 내가 이 모든 일을 너희에게 미리 말하여 둔다." (마가복음 13장 21~23절)

"조심하고, 깨어 있어라. 그때가 언제인지를 너희가 모르기 때문이다. 사정은 여행하는 어떤 사람의 경우와 같은데, 그가 집을 떠날 때에, 자기 종들에게 권한을 주어서, 각 사람에게 할 일을 맡기고, 문지기에게는 깨어 있으라고 명령한다. 그러므로 깨어 있어라. 집주인이 언제 올는지, 저녁녘일지, 한밤중일지, 닭이 울 무렵일지, 이른 아침녘일지, 너희가 알지 못하기 때문이다. 주인이 갑자기 와서 너희가 잠자고 있는 것을 보게 되는 일이 없도록 하여라.
내가 너희에게 하는 말은 모든 사람에게 하는 말이다. 깨어 있어라." (마가복음 33~37절)

종말과 재림에 관한 예수의 가르침 가운데서 마태복음 25장이 참 중요하다. 여기에 세 가지 이야기가 나온다. 앞의 두 이야기, 열 처녀의 비유(1~13절)와 달란트의 비유(14~30절)가 유명하고 또 중요하다. 예수가 가르친 이 이야기에 종말과 재림에 관한 두 가지 사실, 곧 종말과 재림은 반드시 있다는 것과 그 시기는 아무도 모른다는 이 비유에 담겨 있다. 먼저 열 처녀의 비유다.

열 명의 처녀가 저마다 등불을 들고 신랑을 맞으러 나갔다. 신부의 들러리들이다. 예수 시대의 결혼 문화에서 신랑이 신부를 데리러 신부의 집으로 간다. 보통은 저녁 시간인데 때로 많이 늦을 수도 있다. 열 명의 처녀 가운데서 다섯 명은 혹시 신랑이 늦어질 경우를 대비하여 등불의 기름을 넉넉히 준비했고 다른 다섯 명은 그러지 않았다. 신랑이 오는 시간이 늦어진다. 열 처녀는 모두 잠들었다. 한밤중에 외치는 소리가 들렸다.

"신랑이 온다. 나와서 신랑을 맞이하여라!"

기름을 충분히 준비한 다섯 처녀가 제 등불을 손질하는데 다른 다섯 처녀가 기름을 좀 나누어 달라고 한다. 기름이 넉넉한 다섯 처녀가, 그렇게 하면 모두에게 기름이 부족할 테니 차라리 빨리 가서 기름을 사라고 말한다. 그리고 이야기의 후반이 이렇게 진행된다.

"미련한 처녀들이 기름을 사러 간 사이에 신랑이 왔다. 준비하고 있던 처녀들은 신랑과 함께 혼인 잔치에 들어가고, 문은 닫혔다. 그 뒤에 나머지 처녀들이 와서 '주님, 주님, 문을 열어 주십시오' 하고 애원하였다. 그러나 신랑이 대답하기를 '내가 진정으로 너희에게 말한다. 나는 너희를 알지 못한다' 하였다. 그러므로 깨어 있어라. 너희는 그날과 그 시각을 알지 못하기 때문이다." (마태복

달란트의 비유다. 어떤 사람이 여행을 떠나면서 자기 종들에게 각각 능력에 따라 재산을 맡겼다. 한 사람에게는 다섯 달란트, 또 한 사람에게는 두 달란트, 그리고 또 다른 한 사람에게는 한 달란트였다. 달란트는 당시에 은이나 금을 다는 무게의 중량인데 오늘날의 화폐 가치로 정확하게 계산하기는 쉽지 않다. 그러나 한 달란트는 수억 원 정도로 매우 큰 금액이다. 다섯 달란트를 받은 종과 두 달란트를 받은 종은 곧 장사를 시작해서 각자가 받은 만큼을 더 남겼다. 한 달란트를 받은 종은 땅을 파고 주인에게 받은 돈을 묻어두었다.

"오랜 뒤에" 주인이 돌아왔다. 오랜 뒤라는 표현은 임박한 종말론을 수정하는 표현이다. 주인이 종들과 결산한다. 다섯 달란트를 받은 종과 두 달란트를 받은 종이 각각 보고한다. 주인은 두 종을 칭찬하며 "이제 내가 많은 일을 네게 맡기겠다. 와서, 주인과 함께 기쁨을 누려라" 하고 말한다. 마지막으로 한 달란트를 받은 종이 보고한다. 이 내용과 비유의 결말이 이렇다.

"그러나 한 달란트를 받은 사람은 다가와서 말하였다.
'주인님, 나는, 주인이 굳은 분이시라, 심지 않은 데서 거두시고,
뿌리지 않은 데서 모으시는 줄로 알고, 무서워하여 물러가서, 그
달란트를 땅에 숨겨 두었습니다. 보십시오, 여기에 그 돈이 있으

니, 받으십시오.'

그러자 그의 주인이 그에게 말하였다.

'악하고 게으른 종아, 너는 내가 심지 않은 데서 거두고, 뿌리지 않은 데서 모으는 줄 알았다. 그렇다면, 너는 내 돈을 돈놀이하는 사람에게 맡겼어야 했다. 그랬더라면, 내가 와서, 내 돈에 이자를 붙여 받았을 것이다. 그에게서 그 한 달란트를 빼앗아서, 열 달란트 가진 사람에게 주어라. 가진 사람에게는 더 주어서 넘치게 하고, 갖지 못한 사람에게서는 있는 것마저 빼앗을 것이다. 이 쓸모 없는 종을 바깥 어두운 데로 내쫓아라. 거기서 슬피 울며 이를 가는 일이 있을 것이다.'" (마태복음 25장 24~30절)

종말론에 관한 가르침인 열 처녀의 비유와 달란트의 비유에서 종말과 재림이 있다는 것과 그 시기를 아무도 모른다는 것, 이 두 가지 말고 다른 주제가 얼른 눈에 띈다. 종말의 때에 결산이 있다는 것과 그 결산에 따라 심판이 있다는 것이다. 심판에 따라서 상과 벌이 갈린다. 결산과 심판, 이 두 가지가 종말론을 지금 여기의 삶에 연결한다. 종말과 재림은 그 후에 이어지는 영원한 나라에만 관련되지 않는다. 지금 여기 우리가 사는 사회와 역사 현장에도 연관된다. 아니, 내세와 현세 둘 중에서 현세와 더 깊이 연관된다. 이 점이 중요하다. 결산과 심판을 생각해 보라. 결산과 심판에 따라서 내세의 상황이 갈리는데, 그 결산과 심판의 기준이 현세에서 어떻게 살았는지에 달려있다. 마태복음 25장에 나오는 세 번째 이야기가 그래서 중요하다. 양과 염소의 비유(31~46절)는 직설법과 비유가 섞여 있다. 이야기가 이렇게 시작된다.

> "인자가 모든 천사와 더불어 영광에 둘러싸여서 올 때에, 그는 자기의 영광의 보좌에 앉을 것이다. 그는 모든 민족을 그의 앞에 불러 모아, 목자가 양과 염소를 가르듯이 그들을 갈라서, 양은 그의 오른쪽에, 염소는 그의 왼쪽에 세울 것이다." (마태복음 25장 31~33절)

인자는 예수가 자신을 가리키는 겸양의 표현이다. 임금은 먼저 오른쪽에 있는 사람들을 칭찬하면서 영원한 나라를 준다. 이어서 왼쪽에 있는 사람들을 책망하면서 영원한 불로 집어넣는다. 칭찬과 책망의 상황을 보자. 두 부류의 사람들은 똑같은 상황에 있었다. 그러나 다르게 살았다.

> "그 때에 임금은 자기 오른쪽에 있는 사람들에게 말하기를 '내 아버지께 복을 받은 사람들아, 와서, 창세 때로부터 너희를 위하여 준비한 이 나라를 차지하여라. 너희는, 내가 주릴 때에 내게 먹을 것을 주었고, 목마를 때에 마실 것을 주었으며, 나그네로 있을 때에 영접하였고, 헐벗을 때에 입을 것을 주었고, 병들어 있을 때에 돌보아 주었고, 감옥에 갇혀 있을 때에 찾아 주었다' 할 것이다. 그 때에 의인들은 그에게 대답하기를 '주님, 우리가 언제, 주님께

서 주리신 것을 보고 잡수실 것을 드리고, 목마르신 것을 보고 마실 것을 드리고, 나그네 되신 것을 보고 영접하고, 헐벗으신 것을 보고 입을 것을 드리고, 언제 병드시거나 감옥에 갇히신 것을 보고 찾아갔습니까?' 하고 말할 것이다. 임금이 그들에게 말하기를 '내가 진정으로 너희에게 말한다. 너희가 여기 내 형제자매 가운데, 지극히 보잘것없는 사람 하나에게 한 것이 곧 내게 한 것이다' 할 것이다."

"그 때에 임금은 왼쪽에 있는 사람들에게도 말할 것이다. '저주받은 자들아, 내게서 떠나서, 악마와 그 졸개들을 가두려고 준비한 영원한 불 속으로 들어가라. 너희는 내가 주릴 때에 내게 먹을 것을 주지 않았고, 목마를 때에 마실 것을 주지 않았고, 나그네로 있을 때에 영접하지 않았고, 헐벗었을 때에 입을 것을 주지 않았고, 병들어 있을 때나 감옥에 갇혀 있을 때에 찾아 주지 않았다.'
그 때에 그들도 이렇게 말할 것이다. '주님, 우리가 언제 주님께서 굶주리신 것이나, 목마르신 것이나, 나그네 되신 것이나, 헐벗으신 것이나, 병드신 것이나, 감옥에 갇히신 것을 보고도 돌보아 드리지 않았다는 것입니까?' 그 때에 임금이 그들에게 대답하기를 '내가 진정으로 너희에게 말한다. 여기 이 사람들 가운데서 지극히 보잘것없는 사람 하나에게 하지 않은 것이 곧 내게 하지 않은 것이다' 하고 말할 것이다." (마태복음 25장 34~45절)

종말론은 지금 여기에 사는 그리스도인들에게 신앙적 윤리를 실천하라고 아주 강하게 말한다. 신앙적 윤리의 중심은 하나님의 말씀이 삶이 되도록 사는 것이다. 신약 성경에 기록된 종말과 재림, 영원한 천국에 관한 본문은 그 자체를 세밀하게 알려주는 데 목적이 있지 않다. 언제인지는 아무도 모르지만 분명히 세상의 끝이 있다. 그때 결산과 심판이 있다. 그러니 지금 이 세상에서 하나님을 사랑하고 이웃을 사랑하며 살아야 한다. 이보다 더 강력한 윤리적 요청이 어디 있겠는가. 기독교 신앙의 윤리 구조가 이렇게 종말론에 연결되어 있다. 마태복음 25장의 마지막 절, 46절이 이렇다.

> 그리하여, 그들은 영원한 형벌로 들어가고, 의인들은 영원한 생명으로 들어갈 것이다. (마태복음 25장 46절)

성경을 악용하여 재산을 축적하고 자기 왕국을 구축하려는 사이비 종교인들이 가장 애용하는 것이 종말론이다. 종말론은 사람의 기본 심리와 연결되어 있다. 죽은 후에 어떻게 될지는 누구도 모른다. 현실의 인생은 누구에게나 고달프다. 이런 상황에서 종말에 관한 얘기가 사람들 귀에 솔깃하게 들린다. 어떻게 보면 신앙에 열정이 있는 사람들이 잘못된 종말론에 더 쉽게 빠질 수도 있다. 성경에 관한 바른 관점이 분명하지 않으면 그렇다.

기독교 신앙에서 재림과 종말은 필수적인 항목이다. 이 신앙고백을 토대로 기독교 신앙은 현실 사회에서 고매한 윤리적 삶으로 작동한다. 성경의 종말론을 분명하게 알고 사는 그리스도인이 많으면 그 사회는 아름다워진다. 통속적인 성공 철학이 만연한 세상에서도 이 부분이 제대로 서 있으면 신앙은 타락하지 않는다. 재림 신앙은 말씀이 삶이 되어야 한다는 가르침을 이끌어가는 핵심 동력이다.

이제 우리는 신약 성경 이야기에서 마지막 여정을 남겨 놓고 있다. 신약 이야기는 예수 이야기며 예수의 사람들 이야기다. 예수가 누구냐는 질문이 늘 중요하다. 예수의 삶에서 가장 중요한 점이 무엇일까? 세상을 변혁하는 예수의 가르침이 나온 그 삶의 중심은 무엇일까? 우리는 예수의 자기 비움에서 그 대답을 듣는다. 기독교 신앙 윤리의 중심이 비움, 채움, 나눔이라는 것이 신약 이야기의 결론임을 알게 된다.

그는 오히려 자기를 비워서

기독교 역사에서 가장 중요한 신앙의 덕목으로 늘 강조된 것이 겸손이다. 겸손의 반대말 교만을 생각하면 겸손이 얼마나 중요한지 잘 알 수 있다. 교만과 연관하여 타락한 천사에 관하여 잠깐 살펴보자. 신약 성경 베드로후서 2장 4절에 죄지은 천사가 언급된다.

> 하나님께서는 죄를 지은 천사들을 아끼지 않으시고, 지옥에 던져서, 사슬로 묶어, 심판 때까지 어두움 속에 있게 하셨습니다. (베드로후서 2장 4절)

천사는 하나님을 보좌하고 섬기는 영적인 존재다. 그들이 타락했다. 신구약 전체에서 천사의 타락과 연관되는 대표적인 본문이 이사야 14장과 에스겔 28장이다.

> 웬일이냐, 너, 아침의 아들, 새벽별아, 네가 하늘에서 떨어지다니! 민족들을 짓밟아 맥도 못 추게 하던 네가, 통나무처럼 찍혀서 땅바닥에 나뒹굴다니! 네가 평소에 늘 장담하더니 '내가 가장 높은 하늘로 올라가겠다. 하나님의 별들보다 더 높은 곳에 나의 보좌를 두고, 저 멀리 북쪽 끝에 있는 산 위에, 신들이 모여 있는 그 산 위에 자리잡고 앉겠다. 내가 저 구름 위에 올라가서, 가장 높으신 분과 같아지겠다' 하더니, 그렇게 말하던 네가 스올로, 땅 밑 구덩이에서도 맨 밑바닥으로 떨어졌구나. (이사야 14장 12~15절)

> 너는 옛날에 하나님의 동산 에덴에서 살았다. (에스겔 28장 13절 상반절)

나는 그룹을 보내어, 너를 지키게 하였다. 너는 하나님의 거룩한 산에 살면서, 불타는 돌들 사이를 드나들었다. 너는 창조된 날부터, 모든 행실이 완전하였다. 그런데 마침내 네게서 죄악이 드러났다. 물건을 사고파는 일이 커지고 바빠지면서 너는 폭력과 사기를 서슴지 않았다. 그래서 내가 너를 더럽게 여겨, 하나님의 거룩한 산에서 쫓아냈다. 너를 지키는 그룹이, 너를 불타는 돌들 사이에서 추방시켰다. 너는 네 미모를 자랑하다가 마음이 교만하여졌고, 네 영화를 자랑하다가 지혜가 흐려졌다. 그래서 내가 너를 땅바닥에 쓰러뜨려 왕들 앞에 구경거리가 되게 하였다. (에스겔 28장 14~17절)

멸망이 너를 덮쳤으니, 이제 너는 아무것도 아니다. (에스겔 28장 19절)

이사야 14장 12절의 "새벽별"을 영어 성경 킹 제임스 번역본(KJV)은 '루시퍼'로 옮겼다. 기독교의 역사에서 통속적으로 굳어진 이야기에 따르면 루시퍼는 천사 중에서 으뜸이었는데 하나님처럼 높아지려 하다가 지옥으로 떨어진 존재다. 그렇게 타락한 원인이 교만이다. 에스겔의 본문에는 에덴동산에 살았던 완전하고 아름다운 존재라는 표현 때문에 이 존재를 천사로 본다. 이것이 타락한 원인 역시 교만이었다. 이사야서와 에스겔서에 나오는 타락한 존재는 예언자 이사야와 에스겔이 살았던 그 시대의 군주에 관한 문맥에 나온다. 이 교만한 군주를 이사야는 바벨론의 왕으로 기록했고 에스겔은 두로의 왕이라고 말했다. 성경은 한 본문이 그 시대의 어떤 사람이나 사건 또는 사물을 지칭하면서 동시에 비유적으로 다른 존재를 가리키기도 한다.

아무튼 기독교 역사에서는 천사의 타락이 교만해서 발생한 것으로 본다. 루시퍼라는 이름이나 천사의 타락과 관련된 구체적인 상황 설정 등은 성경의 근거가 약하니 중요한 얘기는 아니다. 교만은 모든 악의 뿌리라는 점이 중요하다. 교만은 자아를 중심으로 자아의 욕구를 추구하는 성향을 말한다. 신앙의 근본은 자아가 죽고 예수 그리스도 안에서 다시 태어나는 것이다. 교만은 신앙과 정면으로 충돌한다. 기독교 신앙에서 겸손은 단지 윤리 도덕적인 처신을 말하지 않는다. 예수가 가르친 대로 자기를 부인하고 자기 십자가를 지고 주님을 따르는 삶의 태도와 헌신이다. 예수 자신이 걸어간 십자가의 길이다.

그리스도를 따르는 근본 덕목인 겸손을 잘 설명한 성경 본문이 빌립보서 2장 6~11절이다. 이 내용은 신약에서 오래된 본문 가운데 하나다. 여기에 기독교 신앙의 중심이 담겨 있다. 그리스도에 관한 근본적인 신앙고백이 담겨 있어서 그리스도 찬가로도 불린다. 겸손과 자기 부정의 덕목을 이 본문에서 '자기 비움'으로 표현한다. 그리스도는 자기를 비우고 오로지 하나님의 뜻에 모든 것을 헌신한 존재다. 비운다는 뜻의 헬라어 '케노오'를 사용해서 이 본문의 내용을 '케노시스 기독론'이라고 한다. 비움은 기독교 역사에서 아주 오래된 표현이다.

특히 오늘날 21세기의 교회와 세계에서 이 단어에 함축된 뜻이 매우 중요하다. 지속 가능한 성장 또는 발전이라는 개념은 인류의 생존에 필수 요건이다. 오직 하나인 지구 행성이라는 배에 모든 국가 모든 문화권이 함께 타고 있다. 이 배가 침몰하면 모두 죽는다. 기후 위기로 발생하는 현상이 몇 십 년 전만 해도 전문가들의 논의거니 생각했다. 지금은 누구에게나 발등의 불이다. 인류는 그동안 계속해서 더 소유하고 더 움켜쥐는 방식으로 존재해 왔다. 인류 역사에서 현자들은 늘 소유보다 존재가 중요하다고 강조해 왔다. 이런 가르침에 귀를 기울인 사람들도 있었다.

그러나 전체적으로 보면 인류는 늘 자기 이익을 위한 경제 활동에 끊임없이 욕망을 들이부으며 살아왔다. 산업혁명 이후에 가속도가 붙은 경제 규모의 확산과 식민지 시대의 상업 활동이 그 토대가 되었다. 20세기가 끝나는 10여 년부터 세계를 하나의 시장으로 묶은 신자유주의가 무한 경쟁과 천문학적인 부의 축적을 정당화한 무대였다. 그러나 21세기에 들어와서 현재 인류가 직면한 기후와 환경 위기로 상황과 인식이 바뀌었다. 세계가 하나의 구조로 돌아가는 현실에서 이 작은 행성 지구의 자원이 인간의 욕망을 견디지 못할 정도로 소모되면서 파괴되고 있다. 인류가 살아가는 태도와 방식을 바꾸지 않으면 인류의 생존에 무서운 위기가 닥친다는 인식이 일반화되었다. 이런 상황에서 '비움'이란 개념은 여러 면에서 큰 울림을 준다.

예수의 삶에서 근원적인 태도와 방식이 비움이었다. 빌립보서 2장의 케노시스 기독론 본문을 세 부분으로 나눌 수 있다. 6~8절은 예수 그리스도가 자기를 비우고 하늘에서 땅으로, 하나님의 자리에서 사람의 자리로 내려온 것을 말한다. 방향이 하강이다. 9절은 하나님이 예수 그리스도를 부활하게 하여 지극히 높은 하늘로 다시 올린 것을 말한다. 방향이 상승이다. 10~11절은 예수 그리스도가 높이 올려지면서 나타난 결과를 말한다. 사람이 피조물로서 하나님을 예배하는 제 본분으로 돌아가는 복을 받았다. 세 부분을 차례로 살펴보자. 먼저 첫 부분이다.

> 그는 하나님의 모습을 지니셨으나, 하나님과 동등함을 당연하게 생각하지 않으시고, 오히려 자기를 비워서 종의 모습을 취하시고, 사람과 같이 되셨습니다. 그는 사람의 모양으로 나타나서, 자기를 낮추시고, 죽기까지 순종하셨으니, 곧 십자가에 죽기까지 하셨습니다. (빌립보서 2장 6~8절)

"하나님의 모습"과 "종의 모습"에서 모습이란 단어는 원어인 헬라어로 '모르페'인데 영원히 변하지 않는 본질을 말한다. 예수는 하나님과 완전히 동등한 분, 하나님 자체다. 그런데 자기를 비움으로써 완전한 사람이 되었다. 완전한 하나님이며 완전한 사람, 이 내용은 기독교 역사의 초기에 많은 논란과 토론을 거쳐서 확정된 핵심적인 교리다. 완전한 하나님이 완전한 사람이 되었다. 우리말에서 종과 노예는 같은 말인데 어감으로 보면 노예가 더 천하다고 느껴진다. 목회자를 주님의 종이라고들 부르기도 해서 종이란 단어에는 긍정의 어감이 많다. 그렇다면 빌립보서의 이 구절에서 종보다 노예란 단어를 사용하는 것이 문맥에 더 적합하다. 하여, 이 엄청난 대조와 역설을 보라. '하나님이 노예가 되셨다!'

이 엄청난 일이 어떻게 일어났는가? 예수 그리스도 자신이 그렇게 했다. "자기를 비워서"란 표현에 주목하자. 하나님과 동등함을 스스로 버리고 비워서 종의 본질을 선택한 것은 누가 강제했거나 마지못해서 한 일이 아니다. 하나님과 동등한 예수 그리스도가 인격적인 결단으로 결정해서 걸어간 길이었다. 하나님과 동등 됨을 당연하게 생각하지 않고 자기를 비웠다는 표현에서 우리는 예수의 자기 비움을 좀 더 깊고 과격하게 해석할 수 있다.

6절을 보자. 성경의 번역에서 오늘날 사람들에게 좀 더 쉽게 이해되도록 번역하는 것이 좋은 점도 있지만 어떤 때는 성경 원어의 본디 뜻과 문맥을 살리지 못하기도 한다. 6절이 그렇다. 이 구절은 새번역보다 개역개정이 원어의 뜻을 더 잘 전달한다. 원어의 뜻을 직역 쪽으로 번역한 영어 성경 킹 제임스 번역(KJV)은 이 구절에서 원어의 뜻을 가장 잘 전달하고 있다. 세 번역을 비교해 보자.

> 그는 하나님의 모습을 지니셨으나, 하나님과 동등함을 당연하게 생각하지 않으시고 (새번역)

그는 근본 하나님의 본체시나 하나님과 동등 됨을 취할 것으로 여기지 아니하시고 (개역개정)

Who, being in the form of God, thought it not robbery to be equal with God (그분은 하나님의 본질이라는 자신의 존재를 하나님과 동등하게 하는 약탈물로 생각하지 않았다, KJV)

새번역은 원문의 명사 구조를 풀어서 "당연하게 생각하지 않으시고"로 번역했다. 나머지 두 번역은 원문대로 명사형으로 옮겼다. 개역개정의 "취할 것"보다 '약탈물(robbery)'로 직역한 영어 번역이 원어의 뜻을 더 분명하게 드러낸다. 이 구절을 이렇게 읽으면 해석에서 또 다른 문이 열린다. 이 구절의 표현은 강도 만나는 장면과 연관된다. 강도가 빼앗은 약탈물이 등장한다. 예수 그리스도는 본디 하나님의 본체다. 하나님과 동등함은 당연한 그분의 몫이다. 자기 것이 아닌데 억지로 탈취한 것이 아니다. 본디 상태가 그렇다. 그러나 그분은 당연한 자기 존재를 스스로 포기하고 자신을 비워 종의 본체를 가졌다. 이 엄청난 사건을 표현하느라 강도가 다른 사람의 물건을 빼앗은 상황을 생각하며 '약탈물'이란 단어를 사용했다.

6절을 이렇게 이해하면 7절의 '비우다'는 단어를 새롭게 해석할 수 있다. 이 단어의 헬라어가 '케노오'인데 목적어를 수반하여 무엇을 약탈한다는 뜻도 갖고 있다. 말하자면 강도가 다른 사람의 물건을 약탈한다고 할 때 사용되는 단어다. 강도는 다른 사람의 소유물을 약탈한다. 예수 그리스도는 자신의 소유, 아니 자기 존재의 본체, 존재 자체를 약탈했다. 빌립보서 2장 6~8절은 이 약탈을 과정을 세세하게 설명한다.

먼저, 하나님과 동등함을 당연하게 생각하지 않는다. 그리고 자신을 비운다, 곧 약탈하기 시작한다. 사람이 된다. 사람이란 존재에서도 가장 천한 노예가 된다. 사람으로 살면서 자기를 낮추는데 죽음에 이르기까지 낮춘다. 죽음에서도 당시 세계에서 가장 모욕적인 십자가 처형의 길로 스스로 걸어 들어간다. 그 죽음은 인류의 죄를 짊어지고 당하는 죽음이었기 때문에 그 어떤 사람의 죽음과도 다르다. 하나님의 본체에서 계속해서 자신을 약탈해 가는 이런 과정이 사복음서의 마지막 부분에 기록된 수난 이야기에서 아주 잘 드러난다. 우리는 십자가를 해석하고 묵상하면서 이런 과정을 이미 살펴보았다. 예수의 자기 비움은 이렇게 과격한 자기 약탈이었다. 이 비움의 종착역은 하늘 아버지에게 버림받는 상황이었다.

"엘로이 엘로이 레마 사박다니!" (마가복음 15장 34절)

이제 케노시스 기독론의 두 번째 부분 9절을 묵상하자. 첫 번째 부분 6~8절이 바닥없는 바닥까지 낮아지는 자기 약탈, 자기 비움이다. 자기 스스로 인격적인 결정으로 하늘에서 땅의 가장 낮은 곳까지 하강한다. 이제 두 번째 부분은 하늘로 상승하는 기록이다.

> 그러므로 하나님께서는 그를 지극히 높이시고, 모든 이름 위에 뛰
> 어난 이름을 그에게 주셨습니다. (빌립보서 2장 9절)

지극히 높아지는 상승의 과정은 하늘 아버지가 주도한다. 스스
로 한없이 자기 비움을 감행한 예수 그리스도를 하나님이 지극히
높인다. 자신을 낮추고 겸손하게 살면 하나님이 그를 높인다는
것은 성경의 일관된 메시지다. 그리스도인이 세상과 다르게 사는
모습이 여기에서 잘 드러난다. 기독교의 신앙 윤리에서 핵심적인
이 내용이 케노시스 기독론에 근거한다. 겸손이 교회 공동체를
하나로 묶는 끈이다. 하나님 앞에서 사는 존재로서 그리스도인과
교회는 모든 일에서 하나님의 뜻과 기준, 곧 하나님의 말씀을 따
른다. 그렇게 사는 태도와 방식이 예수 그리스도처럼 자신을 낮
추고 비우는 것이다. 이런 삶은 신앙 공동체에서 필수적일 뿐 아
니라 그리스도인과 교회가 어느 사회에 존재하든지 사회적인 갈
등을 치유하고 그 사회를 아름답게 만드는 힘이기도 하다.

기독교적 윤리와 연관하여 보석 같은 책 야고보서는 구약 성경
잠언을 인용하면서 통속적인 욕심의 방식을 멀리하고 겸손의 방
식을 따르라고 권면한다. 교만을 멀리하고 겸손하게 사는 길, 하
나님에게 순종하고 악마를 물리치는 길, 높아지려는 욕망에 사로
잡혀 근심과 슬픔이 가득한 삶에서 하나님이 높여주는 복을 받아

기쁨을 누리는 삶으로 전환하는 길이다.

> 무엇 때문에 여러분 가운데 싸움이나 분쟁이 일어납니까? 여러분의 지체들 안에서 싸우고 있는 육신의 욕심에서 생기는 것이 아닙니까? 여러분은 욕심을 부려도 얻지 못하면 살인을 하고, 탐내어도 가지지 못하면 다투고 싸웁니다. (야고보서 4장 1~2절)

> 성경에 이르기를 "하나님께서는 교만한 자들을 물리치시고, 겸손한 사람들에게 은혜를 주신다" 하고 말합니다. 그러므로 하나님께 복종하고, 악마를 물리치십시오. 그리하면 악마는 달아날 것입니다. 하나님께로 가까이 가십시오. 그리하면 하나님께서 가까이 오실 것입니다. 죄인들이여, 손을 깨끗이 하십시오. 두 마음을 품은 사람들이여, 마음을 순결하게 하십시오. 여러분은 괴로워하십시오. 슬퍼하십시오. 우십시오. 여러분의 웃음을 슬픔으로 바꾸십시오. 기쁨을 근심으로 바꾸십시오. 주님 앞에서 자신을 낮추십시오. 그리하면 주님께서 여러분을 높여주실 것입니다. (야고보서 4장 6~10절)

예수 그리스도의 상승, 곧 승천이 매우 중요하다. 사복음서의 마지막에 기록된 수난 이야기와 성령의 강림으로 말씀이 본격적으로 확산하는 이야기를 담은 사도행전에서 이 점이 분명하다. 십자가 사건이라는 표현에는 네 가지가 포함된다. 죽음, 부활, 승천,

성령의 강림이다. 승천은 성령의 강림을 위한 필수 요건이다. 제자들과 함께 최후의 만찬을 드시면서 예수는 승천과 성령의 강림이 뗄 수 없이 이어져 있다고 말한다.

"그러나, 내가 너희에게 진실을 말하는데, 내가 떠나가는 것이 너희에게 유익하다. 내가 떠나가지 않으면, 보혜사가 너희에게 오시지 않을 것이다. 그러나 내가 가면, 보혜사를 너희에게 보내주겠다. (요한복음 16장 7절)

그러나 그분 곧 진리의 영이 오시면, 그가 너희를 모든 진리 가운데로 인도하실 것이다. 그는 자기 마음대로 말씀하지 않으시고, 듣는 것만 일러주실 것이요, 앞으로 올 일들을 너희에게 알려 주실 것이다. 또 그는 나를 영광되게 하실 것이다. 그가 나의 것을 받아서, 너희에게 알려 주실 것이기 때문이다. 아버지께서 가지신 것은 다 나의 것이다. 그렇기 때문에 내가, 성령이 나의 것을 받아서 너희에게 알려 주실 것이라고 말한 것이다." (요한복음 16장 13~15절)

이 상승에 결정적으로 중요한 일, 곧 구원의 성취가 따라온다. 구원을 이루는 것이 그리스도가 자기를 약탈하면서까지 비움을 감행한 최종 목적이다. 하나님이 예수 그리스도를 지극히 높인 목적도 이것이다. 케노시스 기독론의 마지막 부분 10~11절이 이 내용을 담고 있다.

> 그리하여 하늘과 땅 위와 땅 아래 있는 모든 것들이 예수의 이름 앞에 무릎을 꿇고, 모두가 예수 그리스도는 주님이시라고 고백하여, 하나님 아버지께 영광을 돌리게 하셨습니다. (빌립보서 2장 10~11절)

이 부분은 인류를 포함하여 존재하는 세계 전체가 구원받는다는 것, 즉 구원론적으로 해석해야 한다. 얼핏 생각하면 10~11절을 상승을 담고 있는 9절에 붙여서 세 구절 모두를 상승으로 묶는 것이 자연스럽다고 볼 수도 있다. 그러나 9절과 달리 10~11절은 구원의 성취를 담고 있다. 모든 사람과 만물이 예수를 그리스도로 인정하고 믿으면서 그분 앞에 무릎을 꿇는다. 이것이 구원이며 복이다. 그리하여 하나님의 뜻이 결정적으로 성취되어 하나님의 영광이 드러난다.

10~11절에 구약 성경 이사야 45장 23절이 인용되어 있다. 모두가 주님 앞에 무릎을 꿇는다는 표현이다. 이사야의 이 구절은 구원을 설명하는 문맥 안에 있다. 이사야는 바벨론에 포로로 끌려가 있는 이스라엘 민족이 고국으로 돌아오면서 구원받는다고 예언한다.

> 땅 끝까지 흩어져 있는 사람들아! 모두 나에게 돌아와서 구원을

받아라.

"내가 하나님이며, 나밖에 다른 신은 없기 때문이다. 내가 나를 두고 맹세한다. 나의 입에서 공의로운 말이 나갔으니, 그 말이 거 저 되돌아오지는 않는다."

모두가 내 앞에 무릎을 꿇을 것이다. 모두들 나에게 충성을 맹세 할 것이다. (이사야 45장 22~23절)

빌립보서 2장 9절의 상승이 10~11절에 기록된 구원 사건의 토 대라는 것, 곧 승천과 성령의 강림이 뗄 수 없이 하나로 이어져 있 다는 것을 신약의 에베소서와 구약의 시편에서도 확인할 수 있다. 에베소서는 전체 6개 장에서 앞의 세 장은 구원의 가르침이고 뒤 의 세 장은 그 구원을 받은 사람이 살아야 하는 삶의 윤리에 관한 가르침이다. 4장은 구원받은 사람이 마땅히 살아야 하는 신앙 윤 리를 시작하는 부분이다. 에베소서의 저자 사도 바울은 교회 공동 체에 관해서 말한다. 구원받은 사람은 근본적으로 교회에 속한다. 교회는 세상 한가운데 존재한다. 교회는 말세에 세상을 구원하는 하나님의 비밀이다. 에베소서 4장의 이 본문이 아주 중요하다.

그러므로 주님 안에서 갇힌 몸이 된 내가 여러분에게 권합니다. 여러분은 부르심을 받았으니, 그 부르심에 합당하게 살아가십시 오. 겸손함과 온유함으로 깍듯이 대하십시오. 오래 참음으로써 사랑으로 서로 용납하십시오. 성령이 여러분을 평화의 띠로 묶어서, 하나가 되게 해 주신 것을 힘써 지키십시오. 그리스도의 몸도 하나요, 성령도 하나입니다. 이와 같이 여러분도 부르심을 받았을 때에 그 부르심의 목표인 소망도 하나였습니다. (에베소서 4장 1~4절)

그러나 하나님께서는 우리 각 사람에게, 그리스도께서 나누어 주시는 선물의 분량을 따라서, 은혜를 주셨습니다. 그러므로 성경에 이르시기를 "그분은 높은 곳으로 올라가셔서, 포로를 사로잡으시고, 사람들에게 선물을 나누어 주셨다" 합니다. 그런데 그분이 올라가셨다고 하는 것은 먼저 그분이 땅의 낮은 곳으로 내려오셨다는 것을 말하는 것이 아니고 무엇이겠습니까? 내려오셨던 그분은 만물을 충만하게 하시려고, 하늘의 가장 높은 데로 올라가신 바로 그분이십니다.

그분이 어떤 사람은 사도로, 어떤 사람은 예언자로, 어떤 사람은 복음 전도자로, 또 어떤 사람은 목사와 교사로 삼으셨습니다. 그것은 성도들을 준비시켜서, 봉사의 일을 하게 하고, 그리스도의 몸을 세우게 하려고 하는 것입니다. 그리하여 우리 모두가 하나님의 아들을 믿는 일과 아는 일에 하나가 되고, 온전한 사람이 되어서, 그리스도의 충만하심의 경지에까지 다다르게 됩니다. (에베소서 4장 7~13절)

온몸은 머리이신 그리스도께 속해 있으며, 몸에 갖추어져 있는 각 마디를 통하여 연결되고 결합됩니다. 각 지체가 그 맡은 분량대로 활동함을 따라 몸이 자라나며 사랑 안에서 몸이 건설됩니다. (에베소서 4장 16절)

이 본문에서 시편 68편을 인용한 8절이 빌립보서의 케노시스 본문과 직결된다. 에베소서와 시편의 내용을 보자.

그러므로 성경에 이르시기를 "그분은 높은 곳으로 올라가서서, 포로를 사로잡으시고, 사람들에게 선물을 나누어 주셨다" 합니다. (에베소서 4장 8절)

주님께서는 사로잡은 포로를 거느리시고 높은 곳으로 오르셔서, 백성에게 예물을 받으셨으며, 주님을 거역한 자들도 주 하나님이 계신 곳에 예물을 가져왔습니다. (시편 68편 18절)

두 구절을 비교하면 두 가지 차이점이 드러난다. 먼저 시편의 내용은 주님의 승리를 개선장군에 비유했다. 전장에서 사로잡은 포로들과 전리품을 갖고 개선장군이 오르는 "높은 곳"은 많은 사람이 볼 수 있게 높여 놓은 단을 말한다. 개선장군의 행진이 높은 단으로 향한다. 기본적으로는 땅에서 진행되는 수평의 방향이다. 에베소서는 시편의 이 구절을 그리스도의 승천을 예언한 것으로 해석한다. 에베소서의 "높은 곳"은 하늘이다. 죄와 악을 이긴 예수 그리스도가 개선장군으로서 하늘로 오른다. 행진 방향이 수직이다.

또 하나의 차이점이 있다. 시편에서는 개선장군이 전장의 전리품 외에 자신을 환영하는 사람들에게서도 예물을 받는다. 에베소서에서는 개선장군인 예수 그리스도가 사람들에게 선물을 나누어 준다. 8절이 포함된 에베소서 4장의 문맥에서 이 점이 명백하다. 예수 그리스도의 승천 후에 성령이 강림한다. 성령은 교회 공동체의 그리스도인 각 사람에게 적합한 은혜를 준다. 교회 공동체 안의 다양한 직분이 그것이다. 이런 은혜의 기능들이 한데 어우러지면서 그리스도인 각 사람이 그리스도를 닮아갈 뿐 아니라 교회 공동체가 든든히 세워지면서 하나님의 구원을 세상에 전한다.

빌립보서의 그리스도 찬가 또는 케노시스 기독론을 묵상했다. 그리스도의 자기 비움, 하나님이 그리스도를 높이면서 충만하게 채움, 구원의 선물을 나눔이다. 비움, 채움, 나눔이다. 이 세 단어는 구약에서 신약으로 흐르는 하나님의 섭리를 설명하는 기본 틀이기도 하다.

주님께서 말씀하신 대로 길을 떠났다

신구약 성경 전체를 해석하는 방법이 여러 가지다. 그 가운데 예수 그리스도의 십자가 사건을 중심으로 구원론적으로 해석하는 것이 가장 전통적이다. 이 시각으로 성경을 보면 세 단어에 성경 66권을 다 담을 수 있다. 창조, 타락, 구원이다. 창세기 1~2장에 창조 이야기가 나온다. 창세기 3~11장에 타락한 세상의 모습이 나온다. 창세기 12장에 타락한 세상을 구원하려는 삼위일체 하나님의 근본 기획이 있다. 12장부터 구약의 나머지와 신약 전체가 여기에 걸리는 구원의 이야기다.

창조와 구원은 서로 교차하는 개념으로도 쓰인다. 구원하는 일을 새로운 창조로 표현하는 구절이 많다. 말하자면 구원은 새로운 창조이기도 하다. 하나님은 늘 새롭게 창조함으로써 구원의 섭리를 이루어 간다. 고린도후서 5장 17절이 그런 본문이다. 성경 전체의 마지막 책 요한계시록은 그 결론 부분에서 구원의 완성인 영원한 하나님 나라의 모습을 새로운 창조라고 말한다.

누구든지 그리스도 안에 있으면, 그는 새로운 피조물입니다. 옛 것은 지나갔습니다. 보십시오, 새것이 되었습니다. (고린도후서 5장 17절)

나는 새 하늘과 새 땅을 보았습니다. 이전의 하늘과 이전의 땅이 사라지고, 바다도 없어졌습니다. 나는 또 거룩한 도성 새 예루살 렘이, 남편을 위하여 단장한 신부와 같이 차리고, 하나님께로부 터 하늘에서 내려오는 것을 보았습니다. 그 때에 나는 보좌에서 큰 음성이 울려 나오는 것을 들었습니다.

"보아라, 하나님의 집이 사람들 가운데 있다. 하나님이 그들과 함 께 계실 것이요, 그들은 하나님의 백성이 될 것이다. 하나님이 친 히 그들과 함께 계시고, 그들의 눈에서 모든 눈물을 닦아 주실 것 이니, 다시는 죽음이 없고, 슬픔도 울부짖음도 고통도 없을 것이 다. 이전 것들이 다 사라져 버렸기 때문이다."

그 때에 보좌에 앉으신 분이 말씀하셨습니다.

"보아라, 내가 모든 것을 새롭게 한다."

또 말씀하셨습니다.

"기록하여라. 이 말은 신실하고 참되다." (요한계시록 21장 1~5절)

성경의 내용을 창조, 타락, 구원의 순서대로 살피면 창세기 1~2장이 근원적인 창조를 담고 있다. 삼위일체 하나님은 말씀으 로 세상을 창조한다. 창세기 1장에 엿새 동안 하나님이 모든 것을 만드는 이야기가 나오는데 "하나님이 말씀하시기를 … 하시니, 그 대로 되었다"는 표현이 반복된다. 창조는 말씀이 현실이 된 것이 다. 말씀대로 나타난 현상이 세상이다. 존재하는 모든 것은 근본 적으로 선하다는 것이 기독교의 가치관이다. 다만 인간의 욕심이 그것을 망가뜨린다. 하나님의 뜻에 따라서 사는 사람에게 모든 것은 선하다. 창세기 1장의 창조 이야기를 마무리하는 31절이 이를 말한다. 디모데전서 4장 4~5절은 이 구절을 받고 있다.

> 하나님이 손수 만드신 모든 것을 보시니, 보시기에 참 좋았다. 저녁이 되고 아침이 되니, 엿샛날이 지났다. (창세기 1장 31절)

> 하나님께서 지으신 것은 모두 다 좋은 것이요, 감사하는 마음으로 받으면, 버릴 것이 하나도 없습니다. 모든 것은 하나님의 말씀과 기도로 거룩해집니다. (디모데전서 4장 4~5절)

말씀과 기도를 합해서 말씀 묵상이라고 한다. 하나님의 말씀을 살피고 기도하며 창조의 본디 뜻을 깨닫고 사는 것이 사람의 본분이며 행복이다. 창세기 3장에 타락 사건이 기록되어 있다. 타락의 본질은 말씀에 순종하지 않는 것이다. 하나님이 만드신 에덴동산에 아담과 하와가 살게 되는데 뱀의 모양으로 등장하는 사탄이 최초의 사람을 유혹한다. 사람이 유혹에 빠져 하나님의 말씀을 의심하고 기어이 말씀을 거역한다. 동산 중앙에 있는 생명의 나무와 지식의 나무에 관한 것은 말씀에 순종하느냐 순종하지 않느냐는 근본 내용에 비하면 부차적이다. 두 나무는 말씀이 삶이 되느냐를 판가름하는 기능을 한다.

창세기 3장의 타락 사건으로 죄가 세상에 들어왔다. 이후의 창세기 이야기는 사람들이 점점 악해진다는 내용이다. 사람이 얼마나 악해졌는지 하나님이 자신이 세상을 창조한 것을 후회하기까지 한다. 성경에 하나님이 유한한 사람처럼 묘사되는 경우가 있다. 어떤 일을 후회하거나 예측하지 못한 것처럼 분노하거나 한번 시행해서 뜻을 이루지 못하거나 하는 경우다. 사람이 악해지는 것을 보고 하나님이 창조를 후회한다는 표현도 이런 것이다. 이런 표현들은 사람이 하나님의 행위를 좀 더 잘 이해하게 하려는 서술 방식이다. 아무튼, 하나님이 후회한다는 내용을 보자.

> 주님께서는, 사람의 죄악이 세상에 가득 차고, 마음에 생각하는 모든 계획이 언제나 악한 것뿐임을 보시고서, 땅 위에 사람 지으셨음을 후회하시며 마음 아파하셨다. 주님께서는 탄식하셨다.
> "내가 창조한 것이지만, 사람을 이 땅 위에서 쓸어버리겠다. 사람뿐 아니라, 짐승과 땅 위를 기어 다니는 것과 공중의 새까지 그렇게 하겠다. 그것들을 만든 것이 후회되는구나." (창세기 6장 5~7절)

하나님이 노아 시대에 무시무시한 홍수를 일으켜 세상을 쓸어버린다. 사람 가운데서는 노아 내외와 세 아들 내외 여덟 명, 다른 모든 동물은 암수 한 쌍씩을 노아가 만든 방주로 구원한다. 홍수 이후에 노아의 가족 여덟 명을 통하여 다시금 삶이 이어지고 후손이 퍼진다. 그러나 사람은 홍수 이전보다 더욱 악해진다. 홍수로 세상을 쓸어버림으로써 죄악을 해결하려던 계획이 이루어지지 못했다. 창세기 11장에 성경 전체를 통틀어 사람이 가장 심하게 타락한 장면이 나온다.

인간의 극심한 타락을 기록한 성경 본문을 생각하면 얼른 창세기 19장의 소돔과 고모라가 떠오른다. 로마제국 전성기에 있었던 타락의 목록 로마서 1장도 떠오른다. 그러나 타락의 구조를 깊이 살피면 창세기 11장에 기록된 타락이 가장 심하다. 바벨탑을 쌓던 사람들이 가진 목표는 탑 꼭대기를 하늘에 닿게 하고 사람의 이름을 내는 것이었다. 창조주고 뭐고 신은 필요 없고 사람 스스로가 신이 되는 인간신(人間神)이 목표였다. 성경에서 가장 중대한 죄는 우상숭배다. 인간신의 추구는 다양한 형태의 우상숭배 가운데서도 가장 심각한 타락이다.

바벨탑 사건 이후에 하나님은 무슨 생각을 하셨을까? 성경에 명시적으로 기록되어 있지 않은 상황을 성경의 기록을 근거로 하여 거룩한 상상력을 동원하여 묵상하자. 사람과 창조 세계를 사랑하는 하나님의 마음은 당연히 여전했다. 하나님은 철저하게 근본적으로 구원의 과정을 기획한다. 이런 것이다. '한 사람을 선택한다. 그 사람에게 말씀에 순종하는 훈련을 시켜서 그의 후손 대대로 이어지게 한다. 그 후손이 큰 민족을 이루면서 말씀을 삶으로 살아내는 민족이 얼마나 큰 복을 받는지 다른 모든 민족에게 보여준다. 그리고 마지막에는, 내가 직접 세상에 내려간다.'

하나님이 부른 한 사람이 아브라함이고 그의 후손이 이스라엘 민족이다. 하나님이 아브라함을 만든 훈련 항목은 사실 한 가지,

말씀에 순명(殉命)하는 것이다. 창세기 12장 이후에 전개되는 아브라함 이야기에 이 점이 명백하다. 순명(殉命)의 순(殉)은 따라 죽는다는 말이다. 명(命)은 목숨 또는 명령을 뜻한다. 하나님 말씀의 명령에 목숨을 바쳐 따르는 것이 순명이다. 세상이 두 쪽이 나도, 하늘이 무너져도, 그 어떤 상황에서도 목숨을 바쳐 말씀이 삶이 되는 길을 걷는 것이다.

하나님이 이스라엘 민족에게 내려준 가장 큰 선물이며 동시에 큰 사명이 말씀이다. 처음에는 아브라함에게 구두로 주었고 나중에 모세를 통해서 기록으로 주었다. 말씀대로 사는 것을 통하여 이스라엘 민족은 하나님의 백성이 되고 하나님은 이스라엘의 하나님이 된다. 하나님이 이런 구상을 품고 아브라함을 부른다. 그 장면이 창세기 12장 1~4절이다.

아 잠깐, 이 중대한 장면을 보기 전에 하나님이 아브라함에게 예비 질문을 던진다고 생각하자. 창세기 1장부터 이어지는 흐름을 고려해 보면 지금 하나님이 아브라함을 부르는 것이 얼마나 중요한 일인지 모른다. 하나님과 아브라함 사이에 다음의 대화가 진행된다고 상상해 본다. 아브라함은 원래 이름이 아브람이었는데 나중에 하나님이 이름을 아브라함으로 바꾸어 준다. 일반적으로 익숙한 아브라함을 사용하자.

근본적인 구원의 계획을 구상한 하나님이 어느 날 아브라함을 찾아왔다. 아브라함은 하나님의 방문을 받고 기뻐하면서 놀란다.

"아니, 하나님, 바쁘실 텐데 이렇게 저한테까지 오셨습니까?

참 반갑습니다."

"너에게 긴하게 할 말이 있어서 왔다. 그런데 내가 전하려는 내용이 워낙 중요한 것이어서 그 얘기에 앞서서 몇 가지 예비적인 질문을 좀 해야겠다. 이 질문에 답하는 네 얘기를 들어보고 나서 그 중요한 얘기를 해야 할지 말아야 할지를 결정해야겠다."

"그렇게 중요한 말씀이라고요? … 하나님, 말씀하십시오. 제가 대답하겠습니다."

"그래, 첫 번째 질문이다. 너는 내가 세상의 모든 것을 만든 창조주라는 것을 믿고 있느냐?"

"물론입니다, 하나님! 하나님께서 보이는 것과 보이지 않는 것, 모든 것을 만드셨지요. 제가 믿습니다!"

"그래, 고맙구나. 그러면 다음 질문이다. 사람이든 사물이든 그 어떤 사안이든 세상의 모든 것에 관해서 누구보다 내가 가장 잘 안다는 것을 네가 인정하고 믿느냐?"

"당연합니다, 하나님! 하나님께서 그 모든 것을 만드신 분이니까요, 만드신 하나님이 가장 잘 아신다는 것은 당연지사지요."

"자, 그러면 다음 질문이다. 앞의 질문에 연관되기도 하는데, 아브라함 네게 연관된 것이다. 네가 너를 아는 것보다 내가 너를 더 잘 안다는 것을 인정하느냐?"

"예? 제가 저를 아는 것보다 하나님이 저를 더 잘 아신다고요? … (아브라함이 잠시 생각한다. 하나님의 명령에 온전히 순종하지 못한 자기 모습이 떠오른다.) 그렇습니다! 가만히 생각해 보니까 보통은 제 문제야 제가 가장 잘 안다고 생각하고 사는데, 정확하게 말한다면 저에 관한 것도 하나님께서 더 잘 아시는 게 당연하지요! 전지전능하신 하나님이시잖습니까!"

"그래 아브라함아, 네 믿음이 훌륭하다. 마지막으로 한 가지만 더 묻자. 내가 너무 여러 가지를 묻는 것 같지만 오늘 너에게 말하려는 내용이 워낙 중요해서 그렇다."

"별말씀을요, 하나님. 말씀하십시오!"

"아브라함아, 내가 너를 사랑하고 있다는 것을 아느냐? 네가 태어나기 전부터, 아주 깊이 너를 사랑한다는 것을 말이야."

"… (아브라함이 하나님을 감사의 눈길로 바라본다.) 예, 하나님! 감사합니다. 하나님께서 저를 그토록 사랑하신다니, 감사합니다! 제가 그 사실을 믿습니다!"

"이제 되었다. 네 대답을 듣고 보니 내가 하려는 얘기를 너에게 전해도 좋겠다. 잘 들어라. 네가 대답한 대로 내가 사람을 비롯하여 세상 모든 것을 만든 창조주다. 당연히 내가 모든 것을 가장 잘 안다. 내가 만든 사람이 죄를 지어 타락했고 그 때문에 다른 피조물도 망가져서 내 마음이 얼마나 아픈지 모른다. 그래서 내가 사람을 비롯하여 세상 전체를 구원할 계획을 세웠고 이제 실행하려 한다. 어떻게 하면 사람이 행복하게 살 수 있는지 그 창조의 원리를 너에게 알려주겠다. 내가 말하는 대로만 살면 사람이 분명히 행복해지고 또 사람을 통해서 다른 모든 피조물이 아름답게 된다. 아브라함아, 잘 들어라."

"하나님, 잠깐만요, 제가 기록할 준비를 하겠습니다!"

"아니야, 쓸 필요 없다. 아주 간단하다."

하나님이 아브라함에게 창세기 12장 1~3절 내용을 말씀한다.

> 1절: 여호와께서 아브람에게 이르시되 너는 너의 고향과 친척과 아버지의 집을 떠나 내가 네게 보여 줄 땅으로 가라
>
> 2절: 내가 너로 큰 민족을 이루고 네게 복을 주어 네 이름을 창대하게 하리니 너는 복이 될지라
>
> 3절: 너를 축복하는 자에게는 내가 복을 내리고 너를 저주하는 자에게는 내가 저주하리니 땅의 모든 족속이 너로 말미암아 복을 얻을 것이라 하신지라

1절은 비우라는 명령이다. 내용을 보면 지연과 혈연을 떠나라는 것이다. 자신을 비우는 것 가운데서 이보다 더 힘든 것이 세상에 없다. 사람으로 존재하면서 어쩌면 결코 떠날 수 없는 것이다. 이것까지 비우고 떠나라는 것, 오로지 말씀에 순명하라는 명령이다. 2절은 비우라는 명령에 순종한다는 전제 위에 하나님이 채운다는 약속이다. 하나님이 복을 준다. 아니, 아브라함을 복 자체가 되게 한다. 3절은 하나님이 채우는 것으로써 세상의 모든 민족에게 나누어 주면서 살게 된다는 희망이다. 보통은 누구든지 소유에 한계가 있다. 그러나 하나님이 아브라함을 복 자체로 만들어 주어 하나님의 복이 아브라함을 통해서 흐르게 된다. 아브라함은 복의

통로가 된다. 하나님으로부터 흘러나오는 복은 결코 다함이 없다. 1절은 비움, 2절은 채움, 3절은 나눔이다. 하나님이 이 얘기를 마치고 아브라함에게 말씀한다.

"아브라함아, 내 얘기는 이제 끝났다. 이제 네 차례다. 나는 창조주로서 사람이 행복하게 되고 더 나아가서 다른 모든 사람과 피조물까지 행복하게 만드는 삶에 관하여 모든 것을 다 말해주었다. 조금이라도 말하지 않고 남긴 것은 없다. 이제는 너에게 달렸다. 내가 사람을 창조할 때 나의 형상을 따라 만들었다. 그 핵심이 인격적인 자유의지를 준 것이다. 아브라함아, 내 얘기를 들었으니까 이제 네가 생각하고 인격적으로 판단하여 결정하면 된다. 내 얘기에 따르든지 따르지 않든지, 그것은 네 결정이고 네 책임이고 네 삶이다."

아브라함이 어떻게 반응했을까? 참고로, 창세기 12장 1절 이하의 내용은 하나님이 아브라함을 처음 부른 장면이 아니다. 아브라함에 관련된 성경 본문을 종합하면 하나님이 아브라함을 처음 부른 것은 아브라함이 갈대아 땅 우르에 살고 있을 때였다. 아브라함은 하나님의 부름을 받고 고향을 떠난다. 하지만 하나님이 지시한 목적지 가나안 땅까지 가지 않고 하란에서 도중하차한다. 하나님이 하란에 사는 아브라함을 다시 찾아오는데 그 장면이 창세기 12장 1절 이하의 본문이다. 하나님이 아브라함을 두 번째 부른다. 아브라함이 그 말씀에 반응한 내용이 4절에 나온다. 개역개정과 새번역으로 이 구절을 보자.

> 이에 아브람이 여호와의 말씀을 따라갔고…. (창세기 12장 4절, 개
> 역개정)

> 아브람은 주님께서 말씀하신 대로 길을 떠났다. (창세기 12장 4절,
> 새번역)

아브라함이 말씀을 따라갔다. 말씀이 삶이 되었다. 말씀으로 창
조된 처음 세상이 아름다운 까닭은 말씀이 삶으로 흐르고 있어서
였다. 말씀이 삶으로 이어지는 길이 끊어지는 것이 바로 죄요 악
이다. 끊어진 이 길이 아브라함의 삶에서 다시 이어진다. 말씀대
로 길을 떠났으니 이제 시작이다. 아브라함, 이삭, 야곱으로 이어
지며 큰 민족이 되는 이스라엘을 통하여 하나님의 구원이 진행될
것이다. 말씀으로 사는 수많은 사람이 이 길을 걸을 것이다. 열두
지파로 구성된 구약의 이스라엘 민족은, 참 아쉽게도 말씀이 삶이
되는 사명에 실패한다. 그러면서 하나님이 직접 세상에 내려온다.
말씀 자체인 하나님이 사람의 몸을 입고 세상에 내려온 성육신 사
건이다.

　말씀에 모든 것을 바쳐서 순명(殉命)한 예수 그리스도를 통하여
하나님은 열두 제자로 교회 공동체를 세운다. 교회를 통하여 말
씀이 삶이 되는 하나님 나라가 사회와 역사의 한가운데서 작동하
기 시작한다. 교회는 하나님이 세상을 구원하는 말세의 비밀 병기
다. 그리스도인은 이 땅에서 하나님 나라를 현재진행형으로 경험

하며 산다. 성경 말씀을 비움, 채움, 나눔의 가르침을 따라 살아내면서 예수의 재림과 세상의 종말을 향하여 희망하며 걷는다. 이런 사람들의 모임인 교회는, 그래서 세상의 소금이며 빛이다.

비움, 채움, 나눔의 가르침을 중심으로 구약과 신약의 축이 이어진다. 구약 성경은 장차 세상에 오는 예수 그리스도를 증언한다. 신약 성경은 이미 와서 세상에서 활동한 예수 그리스도 그리고 언제인가 나중에 재림하는 예수 그리스도를 증언한다. 신구약 성경은 삼위일체 하나님이 주권적인 섭리로 진행하는 구원의 이야기다.

'말씀삶 운동'

기억은 점점 퇴색하지만 온몸으로 삶을 바치는 증인들의 증언은 늘 새롭다. 사회와 역사에 현존하는 교회는 종종 삶으로 증언하지 않았다. 퇴색하는 기억 정도뿐인 성경 지식이나 신학적 논리를 절대 진리인 양 강변했다. 현재도 그런 일이 일어난다. 앞으로도 그런 슬픈 일이 있을 것이다. 통속적으로는 작게 보이는데 실은 위대한 것들이 있다. 그런 것들은 예외 없이 인격과 일상, 곧 삶과 존재로 말씀을 증언하면서 일어난다. 말씀이 삶이 되는 일을 '말씀삶 운동'이라고 부른다. 이 일은 역사 속에서 진행되는 하나님의 의지다. 하나님의 섭리가 이 거룩한 운동을 이끌어간다. 이 운동으로써 하나님 나라가 살아 움직인다.

신약 이야기를 마치면서 신약 성경의 본문 내용을 전달하는 것이 지혜로운 방법이겠다. 기독교를 대표하는 성경 구절 요한복음 3장 16절을 묵상하다가 신약 성경 여러 책의 3장 16절 내용이 요한복음 3장 16절과 긴밀하게 이어진다는 것을 발견했다. 뭐, 이상한 일도 아니다. 신약 성경뿐 아니라 신구약 전체가 예수 그리스도를 증언하고 있으니 어느 구절이라도 서로 통하는 것이 자연스럽다. 이 구절들이 '말씀삶 운동'의 근거며 능력이며 희망이다.

요한복음 3장 16절은 기독교의 증언에서 핵심이다. '심장의 증언'이다. 이 구절에 신구약 성경에 담긴 구원의 가르침이 압축되어 있다.

하나님께서 세상을 이처럼 사랑하셔서 외아들을 주셨으니, 이는 그를 믿는 사람마다 멸망하지 않고 영생을 얻게 하려는 것이다. (요한복음 3장 16절)

갈라디아서 3장 16절은 이 심장의 증언이 구약과 일맥상통하게 이어져 있다는 것을 보여준다. 아브라함을 부를 때 하나님은 당신의 아들 그리스도를 보낼 것을 이미 계획했다.

그런데 하나님께서 아브라함과 그 후손에게 약속을 말씀하실 때에, 마치 여러 사람을 가리키는 것처럼 '후손들에게'라고 말씀하시지 않고 단 한 사람을 가리키는 뜻으로 '너의 후손에게'라고 말씀하셨습니다. 그 한 사람은 곧 그리스도이십니다. (갈라디아서 3장 16절)

디모데전서 3장 16절은 심장의 증언을 좀 더 구체적으로 서술한 말씀이다. 하나님이 사람이 된 일부터 시작해서 승천하고 만국에 전파된 것까지 여기에 담겨 있다.

이 경건의 비밀은 참으로 놀랍습니다. "그분은 육신으로 나타나시고, 성령으로 의롭다는 인정을 받으셨습니다. 천사들에게 보이시고, 만국에 전파되셨습니다. 세상이 그분을 믿었고, 그분은 영광에 싸여 들려 올라가셨습니다." (디모데전서 3장 16절)

요한일서 3장 16절은 심장의 증언을 실천하기 위한 신앙 윤리의 대강령이다. 예수 그리스도의 십자가에서 나타난 하나님의 사랑을 믿고 그 은혜를 누리는 사람은 마땅히 모든 사람, 곧 이웃을 사랑해야 한다. 더구나 소외된 사람을 사랑하는 일은 절대적인 사항이다. 사랑하지 않고서는 그리스도인이 아니고 교회가 아니다.

그리스도께서 우리를 위하여 자기 목숨을 버리셨습니다. 이것으로 우리가 사랑을 알게 되었습니다. 그러므로 우리도 형제자매를 위하여 목숨을 버리는 것이 마땅합니다. (요한일서 3장 16절)

디모데후서 3장 16절은 심장의 증언이 구체적으로 무엇에 근거해서 무엇을 통해서 진행되느냐를 명확하게 보여준다. 성경이 삶으로 이어지는 것이 그리스도인을 그리스도인답게, 교회를 교회답게 한다.

모든 성경은 하나님의 영감으로 된 것으로서 교훈과 책망과 바르게 함과 의로 교육하기에 유익합니다. (디모데후서 3장 16절)

베드로후서 3장 16절은 삶의 현장에서 심장의 증언을 가능하게 만드는 성경을 잘못 해석하지 말라고 경고한다. 성경을 제멋대로 해석하면 망한다. 더구나 자기 이익이나 자기 집단의 이권을 위해 의도적으로 계속해서 잘못 해석하면 무서운 심판을 받는다.

바울은 모든 편지에서 이런 것을 두고 말하고 있는데, 그 가운데는 알기 어려운 것이 더러 있어서, 무식하거나 믿음이 굳세지 못한 사람은, 다른 성경을 잘못 해석하듯이 그것을 잘못 해석해서, 마침내 스스로 파멸에 이르고 말 것입니다. (베드로후서 3장 16절)

에베소서 3장 16절은 심장의 증언이 어떤 힘으로 살아 움직이는지를 보여준다. 하나님은 성령으로 우리와 동행한다. 하나님의 영이며 그리스도의 영인 성령이 일하지 않으면 기독교적인 그 어떤 것도 결코 진행되지 못한다.

아버지께서 그분의 영광의 풍성하심을 따라 그분의 성령을 통하여 여러분의 속 사람을 능력으로 강건하게 하여 주시고 (에베소서 3장 16절)

고린도전서 3장 16절은 심장의 증언이 어떤 힘으로써 작동되느냐를 보여준다. 특히 그리스도인이 여러 가지 상황에서 어려움에 빠져 있을 때 자신 안에 성령 하나님이 동행하고 있다는 사실을 기억하라고 격려한다.

> 여러분은 하나님의 성전이며, 하나님의 성령이 여러분 안에 거하
> 신다는 것을 알지 못합니까? (고린도전서 3장 16절)

요한계시록 3장 16절은 심장의 증언을 실천하는 일, 곧 말씀이
삶이 되는 일에 어정쩡하거나 적당하게 처신하는 그리스도인과
교회에 강력하게 경고하고 있다. 말씀 앞에서는 예와 아니오 둘
중 하나를 선택해야 한다. 다른 길은 없다.

> 네가 이렇게 미지근하여, 뜨겁지도 않고 차지도 않으니, 나는 너
> 를 내 입에서 뱉어 버리겠다. (요한계시록 3장 16절)

골로새서 3장 16절은 심장의 증언을 교회 사역의 현장에서 구
체적으로 어떻게 실행하느냐를 보여준다. 그리스도인들이 소그
룹으로 모여 각자의 말씀묵상을 나누며 찬양하고 기도하는 것이
다. 말씀묵상 소그룹, 곧 '교회 안의 작은 교회(Ecclesiola in ecclesia)'
가 기독교 사역을 힘차게 이어지게 한다.

> 그리스도의 말씀이 여러분 가운데 풍성히 살아 있게 하십시오. 온
> 갖 지혜로 서로 가르치고 권고하십시오. 감사한 마음으로 시와 찬
> 미와 신령한 노래로 여러분의 하나님께 마음을 다하여 찬양하십

시오. (골로새서 3장 16절)

여기에서 하나님 나라가 작동한다. 교회는 이 사역으로 말씀삶 운동에 동참하며 사회와 역사를 변혁한다.

고마움을 전합니다

가을입니다. 가만히 생각하니 살아오면서 제가 무어 이룬 것이 있다면 제 주변 분들이 있어서였습니다. 걸어온 길을 남과 견주어 그리 빠지지 않는다고 여긴 것이 철없어서였습니다. 사람이 살면서 타인과 실존의 우열을 비교하는 것이 얼마나 못된 것인가를 알았습니다. 하물며 존재 자체를 두고 무어라도 비교한다면 그건 아주 심각한 악입니다. 사람은 본디 타인과 더불어 사는 존재입니다. 삶의 본질을 깊이 묵상하며 해석한다면 타자(他者)는 타아(他我)입니다. 내가 살면서 만나는 다른 사람은 곧 나의 거울이며 그들 안에 내가 있습니다.

보통 쓰는 타자(他者)란 말의 국어사전 뜻에는 다른 사람뿐 아니라 사물도 이미 들어 있습니다. 누구도 혼자서 살 수 없습니다. 내 삶에서 만나는 모든 사람과 직접 만나지는 않아도 이 시대를 시간의 여행자로 걷는 모든 이가 나의 이웃입니다. 내 삶이 그 품에서 존재할 수밖에 없는 지구행성의 환경 자체가 또 나의 이웃입니다. 생각이 깊은 예언자들이 지난 세기 전반부터 경고한 기후 위기의 심각성은 이제는 지구촌 사람 누구에게나 발등의 불입니다. 산과 강, 해와 바람, 동물과 나무를 형제자매로 여기며 살았던, 사는 이들이 그립습니다.

다른 사람과의 관계, 환경과의 관계를 소중하게 보듬는 것이 사회와 세상을 아름답게 만드는 길입니다. 이 두 가지 관계가 근본적으로는 창조주와의 관계에 걸려 있습니다. 관계를 망각한 기술의 발전과 물질문명의 풍요로움이 치닫는 종착역은 인간신(人間神)의 교만입니다. 제동장치가 없는 욕망의 전차는 모두의 파멸입니다. 신약의 사람들을 공부하고 묵상하면서 사람됨의 본질을 조금은 알았습니다. 예수 그리스도, 이분이 제 삶의 시금석임을 깨달았습니다.

이 책이 나오게 된 것은 근본적으로 하나님의 은혜이며 현실적으로 주변 분들의 도움입니다. EBS출판부의 모든 관계자들, 열 번의 영상을 만들어 주신 제작진에 머리 숙여 고마움을 전합니다. 추천사를 써 주신 분들에게 각별히 고마움을 전합니다. 제가 목회하는 교회의 교우들에게 특별히 고마움을 전합니다. 지난여름 휴가 내내 남편을 이 책을 쓰는 데 내어준 아내에게 마음 깊이 고마움을 전합니다. 이 책이 기독교 신앙을 갖지 않은 일반 독자들에게도 쉽게 읽히도록 삼위일체 하나님과 관련된 단어에 경어 표현을 쓰지 않았습니다.

지나온 여름이 길었습니다. 이제 가을입니다.

EBS·클래스ⓔ 시리즈 40

말씀이 삶이 되다
신약의 사람들

1판 1쇄 발행일 2023년 10월 31일

지은이 | 지형은

펴낸이 | 김유열
편성센터장 | 김광호
지식콘텐츠부장 | 오정호
단행본출판팀 | 기획 장효순, 최재진, 서정희 | 마케팅 최은영 | 제작 정봉식
북매니저 | 윤정아, 이민애, 정지현, 경영선

책임편집 | 황한나   디자인 | 피차   인쇄 | 우진코니티

펴낸곳 | 한국교육방송공사(EBS)
출판신고 | 2001년 1월 8일 제2017-000193호
주소 | 경기도 고양시 일산동구 한류월드로 281
대표전화 | 1588-1580   홈페이지 | www.ebs.co.kr
전자우편 | ebsbooks@ebs.co.kr

ISBN 978-89-547-7910-4 04300
    978-89-547-5388-3 (set)

ⓒ 2023, 지형은